Inquirição da criança vítima de
violência sexual:
proteção ou violação de direitos?

Conselho Editorial
André Luís Callegari
Carlos Alberto Molinaro
César Landa Arroyo
Daniel Francisco Mitidiero
Darci Guimarães Ribeiro
Draiton Gonzaga de Souza
Elaine Harzheim Macedo
Eugênio Facchini Neto
Giovani Agostini Saavedra
Ingo Wolfgang Sarlet
José Antonio Montilla Martos
Jose Luiz Bolzan de Morais
José Maria Porras Ramirez
José Maria Rosa Tesheiner
Leandro Paulsen
Lenio Luiz Streck
Miguel Àngel Presno Linera
Paulo Antônio Caliendo Velloso da Silveira
Paulo Mota Pinto

Dados Internacionais de Catalogação na Publicação (CIP)

A991i   Azambuja, Maria Regina Fay de.
     Inquirição da criança vítima de violência sexual : proteção ou violção de direitos ? / Maria Regina Fay de Azambuja. 2. ed. rev. e atual. – Porto Alegre : Livraria do Advogado, 2017.
     250 p. ; 23 cm.
     Inclui bibliografia.
     ISBN 978-85-69538-81-3

     1. Crianças - Crime sexual. 2. Crime contra a criança. 3. Crianças - Violência - Família. 4. Direito das crianças. 5. Direitos fundamentais - Crianças. 6. Crianças - Proteção. 7. Brasil. Constituição (1988). I. Título.

CDU	343.615-053.2
CDD	341.5562

Índice para catálogo sistemático:
1. Lesões corporais contra crianças   343.615-053.2

(Bibliotecária responsável: Sabrina Leal Araujo – CRB 10/1507)

Maria Regina Fay de Azambuja

Inquirição da criança vítima de
violência sexual:
proteção ou violação de direitos?

2ª EDIÇÃO
revista e atualizada

Porto Alegre, 2017

© Maria Regina Fay de Azambuja, 2017

Projeto gráfico e diagramação
Livraria do Advogado Editora

Capa
Priscila Menegassi
Designer Gráfico

Pintura da Capa
Clara Pechansky
Menina pintando. Acrílico s/tela, 50x60cm. 2003

Revisão
Rosane Marques Borba

Direitos desta edição reservados por
Livraria do Advogado Editora Ltda.
Rua Riachuelo, 1300
90010-273 Porto Alegre RS
Fone: 0800-51-7522
editora@doadvogado.com.br
www.doadvogado.com.br

Impresso no Brasil / Printed in Brazil

Dedico aos profissionais das diversas áreas do conhecimento comprometidos com a garantia dos direitos fundamentais à criança e ao adolescente.

Dedico esta segunda edição ao Arthur, com a esperança de que as alegrias da infância alimentem o amor à vida.

Agradeço ao Prof. Dr. Eduardo de Oliveira Leite a gentileza de apresentar a primeira edição da obra aos leitores.

Agradeço ao Dr. Alexandre Morais da Rosa, à Dra. Arlene Mara de Souza Dias e à Dra. Elisabete Borgianni a gentileza de comentar a respeito da contribuição do presente livro aos leitores da segunda edição.

Agradeço à Prof. Dra. Ana Mariza Filipouski a revisão desta segunda edição.

Agradeço à Artista Plástica Clara Pechansky a oportunidade que me concedeu de ilustrar a capa com uma de suas obras.

Apresentações à segunda edição

Dra. Elisabete Borgianni

Assistente Social Judiciária, Doutora em Serviço Social pela PUC/SP
e Presidente da Associação dos Assistentes Sociais e
Psicólogos da Área Sociojurídica do Brasil – AaspBrasil

O livro *Inquirição da criança vítima de violência sexual: proteção ou violação de direitos*, de autoria de Maria Regina Fay de Azambuja, agora em segunda edição, passou a ser de leitura obrigatória para os Assistentes Sociais que atuam nas políticas públicas, bem como no Sistema de Justiça, desde que veio a público, em 2011.

Membro do Ministério Público do Rio Grande do Sul, a autora tem reconhecida atuação na área de proteção dos direitos da infância, assim como fala com a experiência de quem trabalhou como voluntária em programa hospitalar de atenção às crianças vítimas de violência, especialmente a sexual.

Sua preocupação central é com o recurso indevido à oitiva infantil para a obtenção da prova, no âmbito da Justiça Criminal, e o total descuido em relação à sua condição de pessoa em fase especial de desenvolvimento.

Suas observações são calcadas na realidade empírica, capturadas por meio de importante pesquisa e também de dados colhidos ao longo de vários anos de estudo sobre a matéria.

Aliás, esses anos de experiência acentuam a força argumentativa e o lastro crítico-analítico de seus argumentos para afirmar que, no caso de crianças vítimas de violência, o melhor que se tem a fazer é ouvi-las por equipes interdisciplinares e não as inquirir no ambiente judicial. Nesse sentido, sua tese de fundo é a de que não se deve jogar nos ombros da criança o ônus da prova, o que confirma a importância e o valor da contribuição de seus achados frente à justiça e à proteção dos Direitos da Infância.

Digo isto também a partir da experiência concreta de quem atua como assistente social judiciária no Tribunal de Justiça de São Paulo, considerado um dos maiores do mundo em número de processos.

Por desempenhar minhas atribuições profissionais como auxiliar do Juízo da Infância e elaborar centenas de estudos que subsidiam Juízes em suas decisões, tenho clareza do quanto é falacioso o discurso de que a "escuta especial" de crianças – ainda que em salas "protegidas", com métodos que "reduziriam os danos" de sua exposição ao Judiciário –, difere da pura inquirição e da extração da verdade a todo custo.

Relatos de colegas que atuam em diferentes Fóruns do Estado e do Brasil vêm confirmando o que Dra. Maria Regina encontrou em suas pesquisas: no âmbito da Justiça Criminal não há qualquer preocupação em proteger os direitos da criança, e ela é tratada como outra testemunha qualquer, chegando a ser conduzida coercitivamente quando não deseja falar, mas há determinação judicial de que compareça ao Fórum.

Outros relatos impressionantes, ouvidos na condição de presidente de associação de assistentes sociais e psicólogos, dão conta das absurdas perguntas dirigidas às crianças nessas inquirições, assim como da despreocupação do Judiciário com o *day after* de sua exposição. Tem sido frequente nos Tribunais que a criança seja ouvida somente depois de decorridos vários meses do possível abuso. Muito grave também é que, depois de "ouvida pelo Judiciário", seja largada à própria sorte, retorne à casa sem a oportunidade de falar a respeito do fato de ter incriminado alguém de suas relações afetivas e familiares, o que pode ter consequências graves para todo o núcleo familiar e para a saúde psicológica da depoente. Esse grave dano não é visto ou levado em conta em nenhum momento pela Justiça Criminal.

Por problematizar tudo isso, a obra da Dra. Maria Regina é de leitura imprescindível, principalmente aos Assistentes Sociais, que atuam no interior do Sistema de Justiça, área polarizada por determinações antitéticas que tanto visam a garantir direitos quanto a responsabilizar civil ou penalmente alguém.

— # —

Dra. Arlene Mara de Souza Dias

Advogada, psicóloga e mediadora judicial. Mestre em Psicologia pela UFPA e em Direito Processual Civil pela Universidade Estácio de Sá/RJ. Professora de Psicologia Jurídica e de Direito Civil da Universidade Federal do Oeste do Pará – UFOPA. Professora de Direito Civil da Universidade da Amazônia - UNAMA. Membro da Comissão de Defesa dos Direitos da Criança e Adolescente da OAB/PA.

Maria Regina Fay de Azambuja, já consagrada como referência nacional na discussão da temática da inquirição da criança vítima de violência sexual, aborda o tema, nesta obra, de forma ímpar. A leitura de

Inquirição da criança vítima de violência sexual: proteção ou violação de direitos? externa um indiscutível domínio do assunto, denota coerência e revela um profundo comprometimento com a causa. Entre os méritos do texto, está o de ressaltar a necessidade de avaliação do abusador, sem a qual não há como estabelecer o risco do cometimento de novos atos. É incompreensível que o Judiciário volte a atenção para a avaliação da vítima e ignore a necessidade de também avaliar o abusador, privando-se da oportunidade de propor possíveis instrumentos preventivos ao abuso sexual.

Outro ponto relevante do texto diz respeito à reflexão quanto à diferença entre inquirição e escuta da criança: a inquirição busca a produção de provas com o intuito de elevar as estatísticas de condenação, sem considerar os prejuízos à criança, enquanto a escuta implica reconhecimento dos desejos e sentimentos infantis, além de respeito à condição de ser em pleno desenvolvimento físico-psíquico-emocional. O grande problema da inquirição de crianças vítimas de violência é que, nessa condição, elas deixam de ser vítimas e passam a ser testemunhas-chave da acusação, cujos relatos poderão levar os acusados à prisão.

A autora também destaca a necessidade de discutir medidas judiciais cabíveis ao abusador, os meios para tanto e suas possíveis consequências. Neste sentido, a inquirição poderá ter efeitos deletérios sobre a criança, desprezando aspectos relevantes do seu desenvolvimento psíquico-emocional por parte da maioria dos profissionais do direito, já que, em alguns contextos, este fato pode ser mais traumatizante que o próprio abuso. Por isso é imprescindível falar sobre a escuta especial de crianças e adolescentes, pioneiramente chamada de depoimento sem dano, adotado quando inexistem vestígios físicos do abuso. A expressão "depoimento sem dano" foi alterada para depoimento ou "escuta" especial, mas ainda há que se pensar se "escuta" é a denominação mais apropriada.

Outro ponto importante tratado pela autora diz respeito à forma como são realizadas as escutas, uma vez que os Tribunais que as adotam costumam fazer algumas adaptações procedimentais. Não há uma uniformização, o que abre perspectiva para compensar com improviso a ausência de infraestrutura ou de profissionais com formação especializada. Em que pese a importância desses fatos, chama a atenção a deficiente percepção de boa parte dos responsáveis pela criança no sentido de avaliar a necessidade da referida inquirição, especialmente quando envolve pessoas de baixa renda e pouca escolaridade, o que dificulta um olhar mais crítico. Além disso, a redação do art. 201, *caput,* do Código de Processo Penal, cumulada com o art. 15 do ECA, permite ao magistrado deferir o pedido fundamentado de dispensa do depoimento, levando em consideração aspectos ligados ao processo de desenvolvimento de cada criança. Também, por outro lado, a Constituição Federal assegura, em seu art. 5°, LXIII, o direito ao silêncio a todo cidadão, o que, necessariamente, envolve a criança.

Antes de se colocar contra ou a favor da "escuta" especial, Maria Regina Fay de Azambuja busca discutir os procedimentos adotados no referido instrumento para assegurar um tratamento digno e humanitário à criança enquanto sujeito de direito, em atendimento aos princípios da proteção integral e melhor interesse da criança, o que transforma sua reflexão em instrumento necessário à formação dos profissionais que buscam aprofundar seus conhecimentos em relação a esse tema.

— # —

Dr. Alexandre Morais da Rosa
Advogado, Doutor em Direito pela UFPR.
Juiz de Direito do Tribunal de Justiça de Santa Catarina e professor de
Direito Penal da Universidade Federal de Santa Catarina/UFSC
e da Universidade do Vale do Itajaí/UNIVALI.

O cuidado e preocupação com a oitiva de crianças costuma ser objeto de acaloradas discussões. Todas partem da pressuposição de que o modelo formal, típico de processo-crime, mostra-se inservível pela hostilidade e ausência de frequência comunicativa, além de não atender especificidades nem respeitar as crianças.

Qual a finalidade do procedimento? Pode-se dizer que a obtenção de provas sobre a conduta criminalizada seria o objetivo do ato judicial, mas a premissa esbarra no fato de que as crianças precisam compreender a indagação e, mais do que isso, que o formulador da pergunta também seja sensível ao fato de que não está falando com um adulto em miniatura.

Por isso, caminhar no sentido de qualificar os agentes processuais (Ministério Público, Defensores e Magistrados) pode ser uma das vias de solução, não necessariamente a melhor. Um depoimento é designado, com dia e hora marcados, pelo magistrado, a despeito de limitações temporais, de estímulo e contextuais. Por outro lado, existem diversas modalidades técnicas, reconhecidas pelo Conselho Federal de Psicologia, capazes de respeitar o tempo e o modo como se pode falar sobre o acontecido.

Enfim, a forma de indagação respeita o ritmo, as possibilidades, as aproximações e, também, o direito de não falar. Afinal de contas, a criança tem o direito, e não o dever de falar. Nesse modelo, alheio aos agentes processuais, o desempenho da função é típico de profissional habilitado.

A proposta do Depoimento Especial, antigo Depoimento Sem Dano, busca realizar um *mix* das duas formas de abordagem, partindo do controle da gestão da prova: é o juiz quem coordena, controla, sugere e atua na busca de verificação da conduta imputada.

Reside aqui a manipulação maior: diante de sua incapacidade de indagar, o juiz instrumentaliza profissionais de outras áreas (Psicologia e Serviço Social, em regra), com a finalidade de servirem como canais de suas inferências (dissonância cognitiva), ou seja, de suas crenças a respeito do acontecido, pré-julgamentos e opiniões que não compreendem o universo simbólico da criança e recorrem a linguagens e conceitos completamente diferentes. Não sem razão, portanto, os Conselhos de Psicologia e Serviço Social declararam a prática antiética. Há uma manipulação de saberes e funções, transformando o compromisso ético do profissional (psicólogo e assistente social) tendo em vista a satisfação de pretensões de outras ordens, no fundo, inquisitórias.

Mesmo cheio de boas intenções e razões aparentemente louváveis, a prática do Depoimento Especial objetifica a criança, instrumentaliza o profissional psi ou o assistente social, transformando a ação única e exclusivamente em fonte de prova para possível condenação, sintoma maior da dissonância cognitiva. Se, de fato, queremos respeitar as crianças vítimas, é preciso valorizar o que já foi construído sobre a questão do trauma, evitando a revitimização.

O Depoimento Especial preocupa-se com uma única questão: melhorar a qualidade da prova para condenação, fingindo respeito à criança vítima. Há técnicas qualificadas para obtenção de provas, como perícia, quesitos, etc., capazes de, ao mesmo tempo, servirem como fonte de prova e garantia de dignidade às crianças vítimas. O espetáculo do bem apresentado pelo Depoimento Especial atende a interesses estranhos ao da criança, por isso, minha recusa visceral ao procedimento.

Maria Regina Fay de Azambuja, na obra *Inquirição da criança vítima de violência sexual: proteção ou violação de direitos?*, agora publicada em segunda edição, se dedica a recuperar o tema desde a sua origem e é fonte interessante de leitura para fundamentar o seu estudo e problematização.

— # —

Apresentação à primeira edição

O nome de Maria Regina Fay de Azambuja está definitivamente vinculado à proteção da criança e do adolescente em situação de risco. Desde seu primeiro trabalho – *Violência sexual intrafamiliar: é possível proteger a criança?* – até sua mais recente produção – *Inquirição da criança vítima de violência sexual: proteção ou violação de direitos?* – a qual tenho, agora, a honra e a satisfação de prefaciar, a autora sempre deixou clara sua preocupação fundamental de proteger, a qualquer preço, este segmento menos favorecido da sociedade brasileira. Um país com índices preocupantes de miserabilidade é, necessariamente, um país vulnerável à exploração e à violência infantil, como de resto comprovam todas as estatísticas nacionais sobre a matéria.

A atuação da Dra. Maria Regina Fay de Azambuja, quer na qualidade de promotora, enquanto membro do Ministério Público do Rio Grande do Sul, quer enquanto docente, em suas aulas e conferências por todos admiradas, quer na qualidade de autora, em livros e artigos imantados de elevado senso de justiça e sensibilidade, sempre granjeou respeito tanto dos segmentos mais cultos da intelectualidade brasileira, especialmente daquela parcela oriunda do mundo jurídico, como, igualmente, dos leigos, a quem suas teses, estudos e reflexões sempre se dirigem com entusiasmo e convicção renovados.

É que, a par de seu profundo conhecimento, já materializado em obras de indiscutível valor, Maria Regina Fay de Azambuja consegue imprimir, em tudo que faz (enquanto operadora do Direito) e em tudo que produz (na qualidade de autora) a força inquebrantável de sua convicção pessoal. Em outras palavras – e para que não paire nenhuma dúvida sobre nossa afirmação –, ela transfere para sua atuação os mesmos valores, os mesmos princípios e as mesmas premissas que sempre nortearam sua trajetória humana e profissional: defender sempre o interesse maior das crianças; proteger sempre os direitos fundamentais dos seres menos favorecidos que, conforme sabemos, desbordam nas extremidades de nossa existência: infância e velhice.

Só esta consideração inicial já garante à autora uma posição de destaque na sociedade brasileira; porque sem se perder no remanso perigoso das meras ideologias (que nada acrescentam, só confundem e, quase sempre, geram o caos) ou das tendências *modernizantes*, ocas e vazias (ditadas pelo modismo da mídia inexpressiva), ou as *invencionices* que têm pontuado a literatura jurídica familiarista brasileira, Maria Regina Fay de Azambuja se destaca pelo poder maravilhoso de defender suas posições científicas e atemporais (e, por isso mesmo, duradouras) com a serenidade somente encontrável nas pessoas realmente sábias.

Tudo, absolutamente tudo, no pensamento dela, é fruto de exaustiva reflexão, profundo espírito crítico e cuidadoso exame da realidade fática que lhe cerca no tormentoso mundo jurídico. Quando se leem os seus trabalhos sente-se, desde logo, a cautela própria do cientista ao fazer afirmações e elaborar eventuais conclusões. É que, desvinculada de grupos e tendências, Maria Regina traçou sua trajetória com independência e autonomia, só comprometida com a verdade científica e sem fazer concessões a eventuais modismos passageiros que em nada contribuem à evolução da ciência e à melhoria da condição humana.

Ademais, Maria Regina sempre pontuou seu fecundo pensamento pela intensa preocupação com o social, em verdadeira democratização do conhecimento, revelando não só o escopo principal do verdadeiro escritor comprometido (escrever para os outros) mas, sobretudo, demonstrando que "as ciências não se destinam à produção de um saber desinteressado e contemplativo. As teorias científicas existem para serem *aplicadas*, para trazerem benefícios práticos à sociedade. Nunca é demais acentuar que as ciências são um *produto social* e, nessa perspectiva, a atividade científica há de ser uma atividade necessariamente engajada, comprometida com a problemática que a realidade social contém", como já afirmara agudamente Agostinho Ramalho Marques Neto. Esta passagem do mundo teórico aos benefícios palpáveis no mundo da realidade, que tão bem materializa o *engajamento* social, tem acompanhado a trajetória de Maria Regina, em todos seus empreendimentos, atividades e projetos existenciais.

Como já foi afirmado no Prefácio de sua obra anterior, *Violência sexual intrafamiliar*, a autora vem materializando sua atuação profissional e intelectual com um grande compromisso, do qual nunca se afastou: a proteção integral da criança e a luta pelo reconhecimento e garantia dos direitos fundamentais que, certamente, devem acompanhar as crianças e os adolescentes.

A visão que Maria Regina tem do mundo infantil nos remete à proposta revolucionária defendida por Janusz Korczak que, no início do século passado, teve a coragem de denunciar o tratamento discriminatório da infância em duas obras fundamentais, *Comment aimer un enfant* e, especialmente, no trabalho decisivo, intitulado *Le droit de l'enfant au respect*. As noções de desvalorização da figura da criança, da sua marginalização do mundo adulto, do desrespeito à integridade física e mental da criança, tão caras no universo de Korczak, retornam veementes e permeiam, ora sutilmente, ora com vívida intensidade, o trabalho que ora tenho a alegria de ler e apreciar.

É que, como a própria autora reconhece em seu trabalho, "enquanto desconhecer aspectos referentes às condições de vida, saúde física e mental, nível de escolaridade da família, da criança e do abusador, o sistema de justiça permanecerá desarticulado, deixando de contribuir para o aperfeiçoamento das políticas públicas voltadas a esta parcela da população". E, ainda, a necessidade de mudança da *cultura* nacional ancorada em mitos e dogmas que não mais se sustentam na atual fase de evolução da proteção dos direitos infantis: "Mudar condutas que se encontram enraizadas na cultura é tarefa que apresenta grande grau de dificuldade".

Em impecável desdobramento de plano, revelador de seguro domínio temático, a presente obra – *Inquirição da criança vítima de violência sexual: proteção ou violação de direitos?* – divide-se em três partes perfeitamente encadeadas, introduzindo o leitor, num primeiro momento, no plano do dever-ser, ou melhor, daquilo que Eduardo Zanoni chamou, com grande propriedade, de *direito-desejado*, perceptível no mundo da norma.

Assim, o trabalho abre com a análise da normativa internacional e seus reflexos na legislação brasileira, onde fica nítida a distância de uma proteção desejada que, nem sempre, atende à expectativa maior do mundo infantil: segurança e amor. Como Korczak já afirmara (para grande perplexidade dos estudiosos), a família, que teria a função de proteger os seus membros, não é sagrada, mas *extremamente cruel*.

De nada adiantam *Declarações universais*, nem tampouco *Convenções universais*, se não houver uma consciência maior a iluminar os corações e mentes dos Homens, no sentido não só de superar, mas também de compreender melhor o processo de produção da violência no ambiente intrafamiliar. É fundamental escancarar as portas da Verdade familiar, sem medo nem preconceito, e acusar o mal, doa a quem doer e custe o que custar. A violência doméstica não é uma *questão menor,* como pretendem alguns, mas uma tragédia que aflige milhares de seres indefesos em milhares de lares brasileiros.

Como bem apreciou Maria Regina, "é na família que a violência praticada contra a criança adquire maior relevância, em especial a violência física, a psicológica, a negligência e a violência sexual".

Num segundo momento, o trabalho enfrenta a trágica problemática da infância e do direito à proteção, perpassando todos os meandros tortuosos da violência infringida às crianças, quer de natureza física, quer de natureza emocional, que comprometerão definitivamente seu desenvolvimento positivo na sociedade, tanto na adolescência, quanto na fase adulta, comprometendo, em visão macro, toda a sociedade brasileira. A função do Conselho Tutelar, assim como a atuação da Justiça Criminal, é rigorosamente revista para que atentem a pontos fundamentais que ainda – e lamentavelmente – se encontram no terreno dos meros projetos, sem repercussão concreta na melhoria da efetiva proteção das crianças e adolescentes.

Nesse sentido, as considerações finais são altamente preocupantes quando afirmam a "desconexão entre os sistemas protetivo e punitivo, além do franco descumprimento da legislação atual", confirmadoras da irrelevância de uma normativa nacional (ou internacional) dissociada da realidade cotidiana.

Não é mais possível, no atual estágio de evolução da humanidade, e, igualmente, do nível atingido pelas ciências e pela propagação do conhecimento, sem limites ou fronteiras, que a criança continue a ser vitimizada, em manifesta desconsideração de seus mais elementares direitos fundamentais. Com esta acusação, Maria Regina não só pretende alertar, mas também acordar todos os envolvidos no processo (operadores do direito, especialistas ou leigos) para que vençam a barreira do silêncio e da negligência, unindo-se em cruzada global contra qualquer forma de descriminação a todas as crianças.

A reconstrução histórica da normativa internacional e de sua eventual recepção no ambiente nacional (Primeira parte) funciona como pano de fundo expressivo ao acompanhamento da tragédia, na medida em que nos convencemos de que o Direito (aqui considerado apenas como norma) distanciado da realidade é nulo, uma falácia inexpressiva e sem efeito na maior expectativa da criança: fugir da opressão que inexoravelmente cerca sua condição, desde o nascimento até a maturidade.

Na terceira parte, a autora enfrenta a outra versão da realidade ao abordar, com rara coragem e grande perspicácia metodológica – via recurso interdisciplinar incomum em trabalhos deste gênero –, a díade abusador e vítima face ao Poder Judiciário do Rio Grande do Sul. É o que Zanoni, a quem já nos referimos, chama de *direito-vivenciado*. Os dois planos se sucedem, se intercalam e se subsumem. A verdade só pode ser apreciada e enfrentada no cotejo das duas realidades, do *desejado* e do *vivenciado*.

O aporte de Maria Regina, na contextualização dos dois planos, revela-se de transcendental importância, porque aponta as expectativas de um direito-desejado, ainda não suficientemente inserido, absorvido e reconhecido no terreno do *vivenciado*.

A constatação, realizada em minuciosa pesquisa em "oitenta e oito casos de violência sexual praticados contra crianças ou adolescentes", no período compreendido entre 1999 e 2000, revela não só os atores da violência, em manifesta oposição às pretensões de proteção veiculadas pelo mundo jurídico (na Primeira parte) mas reafirma, sem mitos nem preconceitos, a face oculta de uma realidade que se procura esconder, mascarar e subestimar, porque dói, machuca e arrasa. No desenrolar da tragédia, o sistema judiciário tenta assumir posição de efetiva defesa dos interesses em jogo, mas a análise dos dados e dos fatos vai revelando a insuficiência, a inadequação de recursos e meios (produção de prova, inquirição da vítima, ausência de qualificação técnica, etc.), nem sempre apropriados ao grau de vitimização enfrentado pelas crianças.

É o duro reverso da moeda; do direito desejado não mais correspondendo ao direito-vivenciado. Da áspera realidade face a recursos, jurídicos ou metajurídicos, insuficientes, inapropriados, quando não inoperantes.

Como diria, ainda uma vez, Janusz Korczak, se de um lado defendemos os direitos da criança, de outro os espoliamos com violência, na medida em que ela não é ouvida, ou ouvida de modo equivocado. Ao inquiri-la, "exige-se que repita a experiência traumática que vivenciou", desconsiderando "os sentimentos de angústia, medo e culpa que costumam acompanhá-la", conclui Maria Regina.

Claro está, e nenhuma dúvida perpassa meu pensamento, ao término da leitura do contundente trabalho de Maria Regina Fay de Azambuja, que o seu grito de alerta será por todos ouvido, e que sua iniciativa, novamente materializada, de "contribuir para despertar a atenção e o interesse de todos os profissionais ... que interagem com a criança ... de modo a levar adiante ... a luta e os esforços pela garantia de direitos assegurados à infância" produzirá bons frutos, como já temos testemunhado ao longo de sua vocacionada carreira.

São mulheres como ela que, sem alarde e ufanismo, no silêncio enriquecedor da pesquisa e na faina diária da atividade profissional, realizada com convicção e elevado senso de justiça e sensibilidade, vão tecendo os fios da mudança de condutas e pensamentos, capazes de gerar um mundo melhor, com maior espaço para o respeito e amor às crianças brasileiras e do mundo inteiro.

Entrego, assim, o presente trabalho ao mundo jurídico brasileiro, bem como a todos os interessados no melhor destino de nossas crianças, tão vulneráveis, fragilizadas e sofridas, na certeza de que as teses aqui expostas frutificarão em políticas públicas capazes de proteger o bem maior da uma nação: as crianças e os adolescentes.

Curitiba, março de 2011.

Prof. Dr. Eduardo de Oliveira Leite

Doutor em Direito, advogado familiarista,
professor Titular na Faculdade de Direito da UFPR
e autor de diversas obras de Direito de Família.

Sumário

Lista de siglas..23

Introdução...25

1. A criança na ótica da normativa internacional e seus reflexos na legislação brasileira..29

1.1. Aspectos históricos internacionais e a concepção da infância: de sujeito de necessidades a sujeito de direitos...31

1.1.1. Declaração de Genebra de 1924..31

1.1.2. Declaração Universal dos Direitos Humanos.....................................33

1.1.3. Declaração dos Direitos da Criança..39

1.1.4. Convenção das Nações Unidas sobre os Direitos da Criança.....................41

1.2. A criança no ordenamento jurídico brasileiro..47

1.2.1. Antes da Constituição Federal de 1988..47

1.2.2. A Constituição Federal de 1988 e a legislação infraconstitucional...............51

2. Infância e direito à proteção...59

2.1. A criança e os direitos fundamentais à liberdade, ao respeito e à dignidade........61

2.2. Violência praticada contra a criança..65

2.2.1. Aspectos históricos..69

2.2.2. Políticas públicas voltadas à infância no Brasil................................74

2.3. Infância e violência doméstica: desafio de conhecimento.....................87

2.3.1. Violência física, emocional e negligência..89

2.3.2. Violência sexual na infância..95

2.3.2.1. Conceito e particularidades...96

2.3.2.2. Violência sexual como síndrome do segredo e da negação............103

2.3.3. Suspeita ou confirmação de maus-tratos praticados contra a criança e o Conselho Tutelar...107

2.3.4. Violência sexual e suspensão ou destituição do poder familiar: princípios de interpretação previstos no Estatuto da Criança e do Adolescente..111

3. Violência sexual intrafamiliar: repercussões sociais, legais e psíquicas...............119

3.1. O *corpus* examinado: comarca e vara de origem, resultado da sentença, pena aplicada ao réu, recursos interpostos e julgamento pelo Tribunal de Justiça.......121

3.2. Características da violência sexual observada: intrafamiliar e extrafamiliar........123

3.3. Sujeitos implicados na questão da violência sexual contra a criança: a família, a vítima e o abusador......124

    3.3.1. A família......125

    3.3.2. A vítima......135

    3.3.3. O abusador......141

3.4. Crimes de estupro e estupro de vulnerável......153

3.5. Conselho Tutelar: elo de ligação entre a comunidade e o sistema de justiça......160

3.6. Sistema de justiça e violência sexual intrafamiliar: produção da prova e direito da criança......162

    3.6.1. Estudo social: instrumento de proteção à criança e à família......163

    3.6.2. Vestígios físicos e dano psíquico......169

    3.6.3. Inquirição da vítima como meio de produzir prova......178

3.7. Qualificação profissional e violência sexual: formação de defensores dos direitos da criança......190

    3.7.1. O cuidador......191

3.8. Os textos legais e a vida como ela é: ação interdisciplinar e proteção à criança....197

Considerações finais......213

Obras consultadas......231

Lista de siglas

ANDI – Agência de Notícias dos Direitos da Infância
AVP – Atentado Violento ao Pudor
CEARAS – Centro de Estudos e Atendimento Relativos ao Abuso Sexual
CECRIA – Centro de Referência, Estudos e Ações sobre Crianças e Adolescentes
CF – Constituição Federal
CIDH – Comissão Interamericana de Direitos Humanos
CP – Código Penal
CRAI – Centro de Referência ao Atendimento Infanto-Juvenil
CRAMI – Centro Regional de Atenção aos Maus-Tratos na Infância
CRAS – Centro de Referência da Assistência Social
CREAS – Centro de Referência Especializado de Assistência Social
DECA – Departamento Estadual da Criança e do Adolescente
DSM-IV – Manual Diagnóstico e Estatístico de Transtornos Mentais (*Diagnostic and Statistical Manual of Mental Disorders – DSM*)
DST – Doença Sexualmente Transmissível
ECA – Estatuto da Criança e do Adolescente
FCBIA – Fundação Centro Brasileiro para a Infância e Adolescência
FEBEM – Fundação Estadual do Bem-Estar do Menor
FUNABEM – Fundação Nacional do Bem-Estar do Menor
HIV – *Human Immunodeficiency Virus*
IBGE – Instituto Brasileiro de Geografia e Estatística
LDB – Lei de Diretrizes e Bases da Educação Nacional
LOAS – Lei Orgânica da Assistência Social
OAB – Ordem dos Advogados do Brasil
OMS – Organização Mundial da Saúde
ONU – Organização das Nações Unidas
NOB – Norma Operacional Básica
PAEFI – Serviço de Proteção e Atendimento Especializado a Famílias e Indivíduos
PAIF – Serviço de Proteção e Atendimento Integral à Família
PNAS – Política Nacional de Assistência Social

PNDH	– Programa Nacional de Direitos Humanos
PUCRS	– Pontifícia Universidade Católica do Rio Grande do Sul
SAM	– Serviço de Atendimento ao Menor
SEDH	– Secretaria Especial dos Direitos Humanos da Presidência da República
SIPIA	– Sistema de Informação para a Infância e a Adolescência
STF	– Supremo Tribunal Federal
STJ	– Superior Tribunal de Justiça
SUAS	– Sistema Único de Assistência Social
TJRS	– Tribunal de Justiça do Estado do Rio Grande do Sul
UFPel	– Universidade Federal de Pelotas
UNESCO	– *United Nations Educational, Scientific and Cultural Organization*
UNFPA	– Fundo de População das Nações Unidas
UNICEF	– Fundo das Nações Unidas para a Infância

Introdução

Estudo, desde longa data, o tema da violência sexual praticada contra a criança, em especial a de natureza intrafamiliar. O interesse pelo tema decorre de vários fatores. Os profissionais que atuam nas diversas áreas do sistema de proteção, como a educação, a saúde e a justiça, enfrentam inúmeras dificuldades para intervir nos casos que envolvem violência sexual intrafamiliar, gerando sentimentos de negação, de resistência, ou a necessidade de alargar os conhecimentos sobre este tema que cada vez mais é levado ao Conselho Tutelar, à escola, aos equipamentos da assistência social, aos serviços de saúde e ao sistema de justiça.

A investigação que embasou o presente trabalho partiu do seguinte questionamento: estarão as instituições que compõem o sistema de justiça preparadas para proteger a criança, em especial quando ela é vítima de violência sexual intrafamiliar?

Por integrar o Ministério Público e me dedicar ao trabalho na área da infância e juventude, percebo o despreparo dos profissionais com formação na área do direito para garantir a efetiva proteção da criança vítima. O Ministério Público é parte, ao lado do Poder Judiciário, da Defensoria Pública, dos advogados e dos técnicos, do sistema de justiça. Segundo a Constituição Federal, o Ministério Público é uma instituição permanente, essencial à função jurisdicional do Estado, a quem compete a defesa da ordem jurídica, do regime democrático e dos interesses sociais e individuais indisponíveis. Desde 1988, desempenha relevante papel na defesa dos direitos da criança. Com o novo regime constitucional, "o Ministério Público passou a ter uma fisionomia muito mais voltada para a solução dos problemas sociais, deixando de lado a antiga postura de instituição direcionada unicamente para a persecução criminal" (Bordalho, 2007, p. 377). As novas atribuições contribuíram para a necessidade de aprofundar o estudo em áreas que antes não despertavam tanta atenção, onde se inclui a violência sexual praticada contra a criança.

O tema, embora sempre presente nas relações familiares, chegando a ser tratado por Freud (1919), somente nas cinco últimas décadas tem merecido estudos mais específicos e já reúne, na atualidade, vasto material bibliográfico e inúmeras decisões judiciais proferidas pela justiça brasileira. Na literatura internacional, os estudos iniciaram por Tardieu (1890) e Johnson (1890), que, por primeiro, constataram a existência de vestígios de violência física em crianças. Tardieu realizou estudo a partir de achados obtidos em autópsias que levaram à constatação de maus--tratos em crianças; Johnson, a partir da frequência de múltiplas fraturas em crianças. Caffey (1946), Woolley e Evans (1955) e Kempe (1961) são, igualmente, importantes pelas valiosas contribuições que trouxeram. Furniss (1993), por sua vez, trata especificamente o tema da violência sexual sob o enfoque interdisciplinar, tornando-se referência na área. Mais recentemente, Sebald, Ann M (2008); Bridgewater (2016); Murphy, Molly; Bennett, Nicole; Kottke, Melissa (2016) produzem estudos sobre a violência sexual na infância. No âmbito nacional, autores como Teixeira (1978), Thomas (1980), Zaslavsky e Nunes (1985), Gazal *et al.* (1988), Azevedo e Guerra (1988), Lippi (1990), Tetelbom (1991), Zavaschi (1991), Farinatti (1992), Santos *et al.* (1998), Ferreira (1999), Faleiros (2000), Mees (2001), Braun (2002), Azambuja (1999, 2004, 2010), Day *et al.* (2003), Salvagni (2006), Santos e Dell'aglio (2008) aprofundaram, sob enfoques diversos, o estudo da violência sexual praticada contra a criança.

Os estudos mostram que, ao longo da história, a posição da criança vem se alterando. Começou a figurar na pauta dos debates internacionais a partir de 1914, com a instituição da *Save The Children Fund Internacional Union* e da *Union Internationale de Secours aux Enfants*, sediada em Genebra, um ano depois. Em 1921, foi criada a *Union International de Protection à l'Enfance*. Várias iniciativas se seguiram, em nível internacional, preparando terreno para maior conscientização da importância da proteção à infância, culminando, em 1989, com a *Convenção das Nações Unidas sobre os Direitos da Criança*, que constitui o marco referencial a orientar o tratamento dispensado à criança na virada do século.

O presente estudo, que procura considerar os conhecimentos já disponíveis a respeito do tema e aplicá-los à realidade próxima, de modo a poder fundamentar uma possível resposta à pergunta investigativa, está dividido em três capítulos. O primeiro, intitulado *A criança na ótica da normativa internacional e seus reflexos na legislação brasileira*, elaborado com base em pesquisa bibliográfica, procura examinar a situação da criança, abordando aspectos históricos da normativa internacional ligados à concepção da infância. No âmbito internacional, destacam-se a Declaração de Genebra, a Declaração Universal dos Direitos Humanos, a Declaração dos Direitos da Criança e a Convenção das Nações Unidas sobre os Direitos da Criança. No âmbito nacional, são analisadas as repercussões da conquista da criança como sujeito de direitos, afirmadas na Constituição Federal de 1988 e na legislação infraconstitucional.

26   *Maria Regina Fay de Azambuja*

O segundo capítulo, intitulado *Infância e direito à proteção*, aborda as diversas formas de violência praticadas contra a criança no ambiente familiar, com ênfase na violência sexual e suas particularidades. No contexto familiar, são apresentados os deveres dos pais e as situações que colocam a criança em situação de maior vulnerabilidade, exigindo, em alguns casos, o ajuizamento de ações de suspensão e/ou destituição do poder familiar a partir de comunicações feitas ao Conselho Tutelar. Embora recorra a outros estudos e pesquisas, toma por principal referência o trabalho de Tilman Furniss que, datado de 1993, é ainda basilar na área, sustentando, com profundidade, a importância de uma abordagem interdisciplinar para o atendimento do tema. Assim, seguindo a linha de Furniss, adota conceitos e denominações ali presentes, como a palavra *abusador*, para se referir ao autor da violência sexual. O capítulo refere-se também, em razão da relevância do tema para o estudo apresentado, às políticas públicas de enfrentamento à violência praticada contra a criança.

O terceiro capítulo, *Violência sexual intrafamiliar: repercussões sociais, legais e psíquicas,* apresenta a análise de dados colhidos no período compreendido entre maio de 2007 e julho de 2009, através de exame de oitenta e oito processos judiciais que envolvem violência sexual praticada contra crianças e adolescentes, em tramitação no Rio Grande do Sul de 1999 a 2010, bem como os dados extraídos de decisões do Tribunal de Justiça do Rio Grande do Sul, publicados após o período de exame dos processos, especialmente acórdãos referentes a recursos interpostos pelas partes, buscando revisar decisões de primeiro grau.

Para conhecer o perfil da vítima, da família e do abusador, a pesquisa realizou estudo exploratório, de natureza qualitativa, mediante amostragem, com a intenção de tabular dados mais relevantes e buscar maior familiaridade com o tema, de modo a colaborar com os conhecimentos que vêm sendo construídos por especialistas e pesquisadores.

Com base nos dados colhidos, bem como no conhecimento da complexidade dos problemas que envolvem o comportamento humano, procura avaliar em que medida os procedimentos adotados conseguem assegurar a efetiva garantia do superior interesse da criança, quando ela é vítima da violência sexual intrafamiliar, como determinam a normativa internacional, a Constituição Federal de 1988 e a legislação infraconstitucional.

Os achados quantitativos são também suporte para uma análise qualitativa, com a intenção de explorar o universo dos significados, motivos, aspirações, crenças, valores e atitudes correspondentes a um espaço mais profundo das relações, dos processos e dos fenômenos que não podem ser reduzidos à operacionalização de variáveis objetivas. Em outras palavras, a pesquisa não busca apenas estabelecer categorias homogêneas, mas, por ser construída com base em documentos, pode oferecer contribuição útil para outros tipos de investigações qualitativas, tanto da área do Serviço Social quanto do Direito ou da Psicologia.

Em sua ambição mais profunda, tem em vista problematizar a atuação do sistema penal quando trata de violência sexual praticada contra a criança, possibilitando investir não só na punição do abusador, mas, em especial, na garantia dos direitos arrolados no artigo 227 da Constituição Federal. A complexidade e as dificuldades presentes nas várias etapas do processo desencadeado pela suspeita ou confirmação de abuso sexual praticados contra uma criança apontam para a necessidade de maior qualificação dos profissionais desde sua formação inicial, mas também em investimentos de trabalho interdisciplinar, reunindo a área da saúde e da assistência social em uma ação conjunta com o direito, em prol da integridade física e emocional das vítimas. É fundamental investir em resultados de intervenção menos danosos à criança e ao grupo familiar, uma vez que, com um só olhar, não é possível dar conta das vicissitudes que a prevenção dessa forma de violência está a exigir.

1. A criança na ótica da normativa internacional e seus reflexos na legislação brasileira

A história dos direitos fundamentais é também uma história que desemboca no surgimento do moderno Estado constitucional, cuja essência e razão de ser residem justamente no reconhecimento e na proteção da dignidade da pessoa humana e dos direitos fundamentais do homem.

Ingo Sarlet

O conceito referente à infância, inserido na legislação atual, deriva de conquistas galgadas ao longo dos séculos. Assim, o que parece fundamental numa época histórica e numa determinada civilização, pode não ser em outras épocas e culturas (BOBBIO, 2004, p. 38). As mudanças na percepção, no entendimento e no sentido da infância refletem-se diretamente nas relações que se estabelecem entre a criança, e o adulto, nos âmbitos familiar e social, bem como nas diversas relações com o Estado e com a legislação.

As expressões *infância*, *infante*, em sua origem latina, estão ligadas à ideia de ausência da fala. Através dos tempos, segundo Lajolo (1997),

(...) fomos acreditando sucessivamente que a criança é a tabula rasa onde se pode inscrever qualquer coisa, ou que seu modo de ser adulto é predeterminado pela sua carga genética, ou, ainda, que as crianças do sexo feminino já nascem carentes do pênis que não têm, ou, então, tudo isso, ou nada disso, ou então, ou então, ou então... (p. 228).

Diversas áreas do conhecimento, em especial, a Psicologia, a Biologia, a Pedagogia e a Psicanálise, debruçaram-se sobre este período da vida, contribuindo para afastar a concepção que via a criança como um *adulto em miniatura*. Furniss (1993), ao tratar da violência, sugere definir a infância "como dependência estrutural em relação a algum adulto para cuidados físicos, emocionais, cognitivos e sociais e para proteção, devido à falta de maturação biológica" (p. 16).

Na Antiguidade, existiram práticas que envolviam inúmeras formas de violência à criança, referendadas pela própria legislação, como demonstram o Código de Hamurábi (1728-1686 a.C), as Leis de Rômulo (Roma), a Lei das XII Tábuas (303-304), entre outras, indicando a vulnerabilidade da infância frente ao adulto. Na Idade Média, a infância "não passou tão ignorada, mas foi antes definida de forma imprecisa e, por vezes, desdenhada" (HEYWOOD, 2004, p. 29). Terminava por volta dos sete anos, provavelmente em razão de ser a idade em que dominavam a palavra. A mortalidade infantil era alta, e as mulheres costumavam ter muitos filhos, "na esperança de que dois ou três sobrevivessem" (POSTMAN, 1999, p. 31). A alta taxa de mortalidade impedia os adultos de estabelecerem uma forte ligação com os bebês. No final do século XIV, as crianças não eram mencionadas em legados ou testamentos, talvez "um indício de que os adultos não esperavam que elas vivessem muito tempo" (p. 32).

Nas sociedades ocidentais, a noção de infância é uma invenção tardia. Durante parte da Idade Média e da Idade Moderna, as crianças foram consideradas adultos em miniatura. Por volta do século XVI, forma-se um novo sentimento da infância, e a criança, "por sua ingenuidade, gentileza e graça, se tornava uma fonte de distração e de relaxamento para o adulto, um sentimento que podemos chamar de paparicação" (ARIÈS; DUBY, 1990, p. 158).

Nos séculos XVI e XVII, são registradas crianças usando roupas diversas das utilizadas pelos adultos, sugerindo o início de uma nova visão em torno dessa fase da vida (ARIÈS; DUBY, 1999, p. 157).

John Lucke, na obra intitulada *Da educação das crianças*, um dos clássicos da pedagogia europeia do século XVIII, alertava os pais para a importância da prevenção "como o meio mais eficaz de preservar a saúde dos filhos" (ARIÈS,1991). Rousseau, no mesmo período, afirmava que "a criança é importante em si mesma, e não meramente como um meio para um fim", sustentando que "a infância é o estágio da vida em que o homem mais se aproxima do estado de natureza" (DAY *et al.*, 2003).

O processo de reconhecimento da infância como fase especial de desenvolvimento foi lento e deixou muitas vítimas ao longo da história da humanidade. Na Inglaterra, em 1780, "as crianças podiam ser condenadas por qualquer um dos mais de duzentos crimes cuja pena era o enforcamento" (POSTMAN, 1999, p. 67). Em contrapartida, somente em 1814, foi aprovada, na Inglaterra, previsão legal que tornava o ato de roubar uma criança delito passível de indiciamento. Nos Estados Unidos, o costume de comemorar o aniversário de uma criança "não existiu no decorrer de quase todo o século dezoito", sinalizando que o reconhecimento da idade é hábito cultural relativamente recente (p. 11). No Brasil, em 1854, o Decreto nº 1.331-A, de 17 de fevereiro, vedava que os meninos que padecessem de moléstias contagiosas, os que não tivessem sido vacinados e os escravos frequentassem a escola, refletindo a mentalidade da época (artigo 69).

O sentimento de infância, entendida como fase diferente da vida adulta, "não surgiu da noite para o dia; precisou de quase duzentos anos para se transformar num aspecto aparentemente irreversível da civilização ocidental" (p.42). No campo da normativa internacional, como veremos a seguir, as medidas foram, da mesma forma, lentas e gradativas, construídas ao longo da história que antecedeu a elaboração dos primeiros documentos.

1.1. ASPECTOS HISTÓRICOS INTERNACIONAIS E A CONCEPÇÃO DA INFÂNCIA: DE SUJEITO DE NECESSIDADES A SUJEITO DE DIREITOS

Somente no final do século XVIII e início do século XIX, a infância começou a adquirir maior visibilidade, florescendo uma crescente ideia de que as crianças representavam fontes humanas essenciais, dependendo delas o futuro das nações.

Com o surgimento de organizações não governamentais, cuja finalidade era atuar em prol da defesa e proteção das crianças, novas concepções encontraram eco, "aspecto que se teria revelado determinante para a criação da Sociedade das Nações, organismo que esteve na origem da proclamação de 1924" (MONTEIRO, 2006, p. 117).

1.1.1. Declaração de Genebra de 1924

Os primeiros passos, de acordo com o mesmo autor, foram dados pela ativista britânica Eglantyne Jebb, na tentativa de buscar proteção às crianças vítimas da primeira Guerra Mundial. Com este intuito, iniciou, em 1914, a *Save The Children Fund International Union*, seguida, um ano após, pela *Union Internationale de Secours aux Enfants*, sediada em Genebra. Suas iniciativas não pararam por aí. Em 1921, em Bruxelas, criou a *Union Internationale de Protection de l'Enfance* e, em agosto de 1923, redigiu uma carta que apresentava as bases de um trabalho de proteção permanente à infância, aclamada pela opinião pública e adotada pelo Conselho Geral da União Internacional de Socorro às Crianças.

Inquirição da criança vítima de violência sexual

Em 1919, a criação do Comitê de Proteção à Infância, por iniciativa da Sociedade das Nações, alertou para a relevância da criança. Como decorrência de sua criação, a Assembleia da Liga das Nações, em 26 de setembro de 1924, aprovou, por unanimidade, a *Declaração dos Direitos da Criança da Sociedade das Nações*, posteriormente denominada de *Declaração de Genebra*, constituindo-se a primeira formulação de um direito internacional da infância, que afirmava "a necessidade de proclamar à criança uma proteção especial". O documento, ainda que não tenha obtido "o impacto necessário ao pleno reconhecimento internacional dos direitos da criança, talvez até como decorrência do próprio panorama histórico que já se desenhava e do previsível insucesso da Liga das Nações" (SOUZA, 2001, p. 2), estabeleceu:

> (...) os direitos da criança aos meios para seu desenvolvimento material, moral e espiritual; ajuda especial em situações de fome, doença, incapacitação ou orfandade; prioridade no atendimento em situações difíceis; imunidade contra exploração econômica; e educação em um ambiente que inspire um sentido de responsabilidade social (UNICEF, 2009, p. 13).

Em 1946, a fusão entre a União Internacional de Socorro às Crianças e a Associação Internacional de Proteção à Infância deu origem à União de Proteção à Infância e à primeira declaração em defesa desta parcela da população, cujo texto, em 1948, "sofre ligeiras alterações que, de certa forma, enriqueceram o conteúdo de sua primeira versão", pois enumerava "aquilo que a humanidade deve proporcionar à criança, mas, como primeira inovação, fá-lo a partir da criança: não diz a humanidade deve ajudar, alimentar, mas a criança deve ser ajudada, alimentada" (MONTEIRO, p. 117-118).

A Declaração de Genebra, sem caráter vinculativo, foi composta de um pequeno preâmbulo, cinco artigos, na primeira versão, e seis, na segunda. Em ambas as versões, buscou, do ponto de vista dessa pesquisadora,

> (...) promover uma conscientização, cada vez mais notória, de que o adulto tem irrefutáveis deveres de proteção para com a criança, sejam eles no sentido de preservar a sua integridade física (protegê-la da fome, da angústia, do abandono, tal como é evocado no seu artigo III, bem como da exploração, como é indiciado no artigo V), sejam no sentido de preservar a sua moralidade (protegê-la da desorientação, do desencaminhamento e de tudo quando pudesse influenciar negativamente o seu tenro espírito e um saudável desenvolvimento da moral, como se pode constatar nos seus artigos II e III) (p. 118).

Apesar de ter sido aprovada pelos Estados-Membros de uma assembleia internacional, não era dotada de caráter cogente, não evocava, de forma precisa e clara, "obrigações a serem seguidas pelos Estados signatários", nem acenava para a criança como sujeito de direitos-liberdades, "circunscrevendo o conteúdo do texto àquilo que era devido: proteção e defesa" (p. 118).

O contexto histórico, calcado em nefastas consequências da guerra, de certa forma, explica os princípios contidos no documento: a proteção da criança independente de raça, nacionalidade e crença; a sua condição de extrema vulnerabilidade e incapacidade de assumir o cuidado pessoal, não devendo as nações deixar de ajudar, proteger e prestar socorro; a necessidade de a criança se desenvolver no campo material, moral e espiritual; a afirmação do dever da família com a criança, e, em especial, o dever dos pais; o dever de recolher e socorrer a criança das catástrofes e, por último, a necessidade de a criança se beneficiar de uma preparação para a vida, devendo ser protegida de toda e qualquer forma de exploração.

Em que pese a *Declaração de Genebra* ter se limitado a explicitar seis princípios, deixando à consciência jurídica de cada Estado-Membro sua efetiva aplicação, foi o "primeiro documento de salvaguarda para a criança, muito em virtude de uma progressiva conscientização pública em prol das necessidades de proteção e provisão de que a infância carecia" (p. 123). Este fato abriu espaço para novas reflexões, no campo internacional, que culminaram com a conquista da condição de sujeito de direitos.

1.1.2. Declaração Universal dos Direitos Humanos

> *Todas as pessoas nascem livres e iguais em dignidade e direitos. São dotadas de razão e consciência e devem agir em relação umas às outras com espírito de fraternidade.*
>
> Artigo 1º

Os direitos humanos resultam de um longo debate entre filósofos e juristas que se estendeu por vários séculos e, enquanto *adquirido axiológico*, o conceito está em constante processo de elaboração e redefinição. O exame dos documentos, desde os tempos mais remotos, mostra que "se perde na origem dos tempos o reconhecimento de que os seres humanos são criaturas especiais, que nascem com certas peculiaridades" (DALLARI, 1998, p. 3).

O Cilindro de Ciro, hoje no *British Museum*, é considerado o primeiro registro de uma declaração de direitos humanos, escrito por Ciro, rei da Pérsia (hoje Irã), por volta de 539 a.C. (OLIVEIRA, 2010). Descoberto em 1879, foi traduzido, em 1971, pela ONU, em todos os idiomas oficiais. Ele apresentava características inovadoras, pois declarava a liberdade de religião e a abolição da escravatura.

Inquirição da criança vítima de violência sexual

Conforme Carrion (1997), na Antiguidade, os direitos humanos eram em grande parte desconhecidos. Na Grécia Clássica, eram relativamente observados, pois a vida dos gregos antigos é condicionada pela existência da cidade-Estado, a *polis*, numa absorção do indivíduo pela *polis, onde* os direitos políticos são afirmados. Após o estoicismo, o cristianismo ressalta o "valor infinito do ser humano individual e da unidade do gênero humano", o que é exemplificado com a Epístola aos Gálatas, que declara: "não há judeu, nem grego; não há servo, nem livre; não há homem, nem mulher; porque todos vós sois um só em Jesus Cristo". No constitucionalismo moderno, no entanto, é observada a "afirmação dos direitos humanos, tanto no que diz respeito aos direitos individuais, como aos direitos políticos, cristalizando-se nas declarações de direitos"[1] (p. 53).

Outros documentos, como a Carta Magna da Inglaterra (1215) e a Carta de Mandén (1222, Império de Mali), são associados aos *direitos humanos*, assim como o conceito de *cidadania romana,* na Antiga Roma. No entanto, há quem sustente que o conceito tem sua origem no Ocidente, tendo sido "nos países ocidentais onde a ideia de direitos humanos primeiramente ganhou impulso, tornando-se gradualmente um alicerce da identidade política das democracias liberais do final do século XVIII em diante" (BIELEFELDT, 2008).

Divergem as teorias sobre a origem cultural dos direitos humanos. Muitas correntes são descritas na literatura. John Locke (1632-1704) sustentava que o homem, por sua própria natureza, "tem direitos inatos, que nem ele mesmo pode alienar nem o Estado pode subtrair ou restringir" e que "os direitos fundamentais do homem não são passíveis de questionamento porque derivam da própria natureza do homem" (MACHADO, 2003, p. 60). Oliveira (2010) assinala ainda que, para Locke, "os direitos naturais não dependiam da cidadania nem das leis de um Estado, nem estavam necessariamente limitados a um grupo étnico, cultural ou religioso em particular". A *Declaração Universal dos Direitos Humanos*, assim como outros documentos internacionais, filia-se a esta corrente: todos os homens nascem livres e iguais em dignidade.

Já, para outros, "os direitos do homem são direitos históricos, que emergem gradualmente das lutas que o homem trava por sua própria emancipação e das transformações das condições de vida que essas lutas traduzem". Segundo Bobbio (2004), "os direitos ditos humanos são o produto não da natureza, mas da civilização humana; enquanto direitos históricos, eles são mutáveis, suscetíveis de transformação e de ampliação" (p. 51-52). O autor declara:

---

[1] As citações entre aspas transcrevem expressões e frases utilizadas por Carrion (1997).

> Quando os direitos do homem eram considerados unicamente como direitos naturais, a única defesa possível contra a sua violação pelo Estado era um direito igualmente natural, o chamado direito de resistência. Mais tarde, nas Constituições que reconheceram a proteção jurídica de alguns desses direitos, o direito natural de resistência transformou-se no direito positivo de promover uma ação judicial contra os próprios órgãos do Estado (p. 5).

Dentro desta perspectiva histórica, as primeiras declarações de direitos foram declarações dos direitos individuais e políticos. Após a Primeira Guerra Mundial, "seu conteúdo ampliou-se significativamente, abrangendo matéria econômica e social, caracterizando-se as declarações dos direitos também como declarações dos direitos econômicos e sociais", o que se constitui em uma das "grandes diferenças existentes entre o constitucionalismo clássico, de base individualista, e o constitucionalismo social, impulsionado em grande parte pela luta da classe trabalhadora" (CARRION, 1997, p. 54).

Em termos de *gerações de direitos* ou, mais modernamente, *dimensões de direitos*, denominação utilizada por Paulo Bonavides e Cançado Trindade (1998), fala-se em três dimensões das declarações de direitos.

Segundo Carrion, a primeira correspondia "aos clássicos direitos individuais e políticos" (p. 54) ou seja, direito à vida, à liberdade, à propriedade, à segurança pública, à proibição da escravidão e da tortura, a igualdade perante a lei, a proibição da prisão arbitrária, o direito a um julgamento justo, o direito ao *habeas corpus*, o direito à privacidade do lar e ao respeito de própria imagem pública, a garantia de direitos iguais entre homens e mulheres no casamento, direito de religião e de livre expressão do pensamento, entre outros; a segunda, *aos direitos econômicos, sociais* e culturais: direito à seguridade social, direito ao trabalho e à segurança no trabalho, ao seguro contra o desemprego, direito a um salário justo e satisfatório, direito ao lazer e ao descanso remunerado, à proteção especial da maternidade e da infância, direito à educação pública gratuita e universal, direito a participar da vida cultural da comunidade, entre outros, e a terceira dimensão refere-se aos novos direitos, "relacionados em grande parte com as novas preocupações da sociedade contemporânea: minorias, meio-ambiente, informática, engenharia genética"(p. 54), entre outros. Tosi (2002) ainda acrescenta uma quarta dimensão de direitos humanos, entendida como

> (...) uma categoria nova de direitos ainda em discussão e que se refere aos direitos das gerações futuras que criariam uma obrigação para com nossa geração, isto é, um compromisso de deixar o mundo em que vivemos, melhor, se for possível, ou menos pior, do que recebemos, para as gerações futuras. Isto implica uma série de discussões que envolvem todas as três gerações de direitos, e a constituição de uma nova ordem econômica, política, jurídica e ética internacional (p. 6).

Autores como Trindade (1998) ressaltam a integração dos direitos humanos:

> Nunca é demais ressaltar a importância de uma visão integral dos direitos humanos. As tentativas de categorização de direitos, os projetos que tentaram – e ainda tentam – privilegiar certos direitos às expensas dos demais, a indemonstrável fantasia das *gerações de direitos*, têm prestado um desserviço à causa da proteção internacional dos direitos humanos. Indivisíveis são todos os direitos humanos, tomados em conjunto, como indivisível é o próprio ser humano, titular desses direitos (p. 120).

O período mais importante na história dos Direitos do Homem situa-se entre 1945-1948. As atrocidades e as tragédias decorrentes da Segunda Guerra Mundial motivaram a criação da Organização das Nações Unidas (ONU), com o fim de "estabelecer e manter a paz no mundo". O flagelo decorrente da Segunda Guerra faz nascer "a necessidade de reconstrução do valor dos direitos humanos, como paradigma e referencial ético a orientar a ordem internacional" (PIOVESAN, 2016, p. 58).

Nesse sentido, através da Carta das Nações Unidas, em 20 de junho de 1945, inicia-se

> (...) a tentativa internacional de erigir os direitos fundamentais em categoria indisponível e inegociável de bem jurídico internacional. Apesar de não definir expressamente os direitos fundamentais em espécie, seu valor é inestimável porque, enquanto define os propósitos da Organização das Nações Unidas, expressa firmemente o intuito da mesma na proteção de diretos fundamentais do homem (SANTOS, 2004, p. 1).

Em 1945, na Conferência de Yalta, realizada na Inglaterra, os Estados Unidos e a URSS, abalados pela barbárie da guerra e desejosos de construir um mundo sob novos alicerces, estabeleceram as bases de uma futura *paz que* definia áreas de influência das potências e acertava a criação de uma organização multilateral capaz de realizar negociações sobre conflitos internacionais, objetivando evitar guerras, promover a paz e a democracia, além de fortalecer os direitos humanos.[2] O documento serviu de base para dois importantes tratados de direitos humanos da ONU: o *Tratado Internacional dos Direitos Civis e Políticos* e o *Tratado Internacional dos Direitos Econômicos, Sociais e Culturais*, ratificados pelo Estado brasileiro em 1992. Esses documentos, datados de 1966, ao lado da *Declaração Universal dos Direitos Humanos* (1948) e dos dois Protocolos Facultativos de 1966 e 1989, constituem a chamada *Carta Internacional dos Direitos do Homem.*

Em 10 de dezembro de 1948, as Nações Unidas proclamam a *Declaração Universal dos Direitos Humanos*, considerada a maior prova histórica do *consensus omnium gentium* sobre um determinado sistema de valores

---

[2] Ver, a esse respeito, contribuições de Vieira (2008).

(BOBBIO, 2004, p. 47). A infância, embora não tenha sido a questão central da Declaração, vem referida no artigo 25.2, que anuncia: "a maternidade e a infância têm direito a ajuda e assistência especiais; todas as crianças, nascidas dentro ou fora do matrimônio, gozam da mesma proteção social". No artigo 26, por sua vez, vem afirmado que "toda pessoa tem direito à educação, devendo ser gratuita, pelo menos a correspondente ao ensino elementar fundamental". No ponto 2 do mesmo artigo, é dito que "aos pais pertence a prioridade do direito de escolher o gênero de educação a dar aos filhos".

Ainda que desfrute de extraordinária importância até os dias de hoje, a Declaração não obriga juridicamente que todos os Estados a respeitem. Devido a isto, a partir do momento em que foi promulgada, fez-se necessária a preparação de inúmeros documentos que especificassem os direitos ali presentes, como veio a ocorrer no período compreendido entre 1945 e 1966.

A *Declaração Universal dos Direitos Humanos* foi adotada na forma de resolução, não possuindo força de lei, mas, nas palavras de Piovesan (2008), com "força jurídica vinculante" (p. 144). Tem como propósito, nos termos de seu preâmbulo, "promover o reconhecimento universal dos direitos humanos e das liberdades fundamentais a que faz menção a Carta da ONU, particularmente nos artigos 1º (3) a 55". Sua natureza jurídica vinculante "é reforçada pelo fato de, na qualidade de um dos mais influentes instrumentos jurídicos e políticos do século XX, ter-se transformado, ao longo dos mais de cinquenta anos de sua adoção, em direito costumeiro internacional e princípio geral do Direito Internacional" (p. 146). Para Dallari (1998), embora não tenha a eficácia jurídica de um tratado ou de uma Constituição, "é um marco histórico, não só pela amplitude das adesões obtidas, mas, sobretudo, pelos princípios que proclamou, recuperando a noção de direitos humanos e fundando uma nova concepção de convivência humana, vinculada pela solidariedade". Seu descumprimento, por parte das nações, "acarreta sanções de várias espécies, como o fechamento do acesso a fontes internacionais de financiamento e aos serviços de organismos internacionais, além de outras consequências de ordem moral e material" (p. 6). Em outras palavras, instituiu um sistema contemporâneo internacional de direitos humanos, "orientado de forma especial pela garantia dos direitos inerentes à dignidade da pessoa humana, a qual se constitui em verdadeiro fundamento dos direitos humanos, operando-se uma clara restrição à soberania nacional dos Estados" (FLORIANO, 2008, p. 1).

O sistema internacional de proteção aos direitos humanos que nasce quando deve e pode nascer, como alerta Piovesan (2006, p. 11), constitui-se no legado maior da chamada *era dos direitos*. Sua definição aponta para uma pluralidade de significados, e a *Declaração dos Direitos Humanos* representa o marco maior do processo de reconstrução de direitos. Caracterizada por universalidade, indivisibilidade e interdependência, a Declaração afirma que a condição humana é o requisito único para a titularidade de direitos e considera o ser humano como essencialmente moral, dotado de unicidade existencial e dignidade. Para a autora, a indivisibilidade se justifica "porque a garantia dos direitos civis e políticos é condição para a observância dos direitos sociais, econômicos e culturais e vice-versa", consagrando a visão integral dos direitos humanos (p. 13-14).

Na mesma trilha, revela que a *Declaração de Viena de 1993* "estende, renova e amplia o consenso sobre a universalidade e indivisibilidade dos direitos humanos", afirmando "a interdependência entre os valores dos direitos humanos, da democracia e do desenvolvimento" (p. 19). Reitera, ainda, a concepção introduzida pela Declaração de 1948 ao afirmar, em seu § 5º, que "todos os direitos humanos são universais, interdependentes e inter-relacionados; a comunidade internacional deve tratar os direitos humanos globalmente de forma justa e equitativa, em pé de igualdade e com a mesma ênfase" (p. 16). Dois aspectos que caracterizam a concepção contemporânea de direitos humanos são consagrados pela *Declaração de Viena de 1993*: a) o alcance universal dos direitos humanos; b) a unidade indivisível e interdependente desses direitos.

Segundo a mesma autora, o reconhecimento dos direitos humanos foi marcado, no primeiro momento, "pela tônica da proteção geral, que expressava o temor da diferença, com base na igualdade formal". Contudo, esta visão não foi suficiente, fazendo-se necessária "a especificação do sujeito de direito, que passa a ser visto em sua peculiaridade". Algumas populações, como as mulheres, as crianças, as pessoas com deficiência, entre outras categorias vulneráveis, "exigem uma resposta específica e diferenciada" (p. 24).

Um dos importantes desdobramentos do reconhecimento dos direitos humanos situa-se no fato de o Estado deixar de exercer, com exclusividade, a sua proteção, isto é, "não se deve restringir à competência nacional exclusiva ou à jurisdição doméstica exclusiva, porque revela tema de legítimo interesse internacional" (p. 15). Nessa linha, surgem sistemas regionais de proteção, "que buscam internacionalizar os direitos humanos nos planos regionais, particularmente na Europa, América e África", ao lado de "um incipiente sistema árabe e a proposta de criação de um sistema regional asiático", os quais se complementam, interagindo em benefício dos indivíduos protegidos (p. 17-18).

A democracia é conquista recente e, somente no século XX, o regime democrático e participativo foi estabelecido como modelo de organização política. No caso latino-americano, o processo de democratização data da década de oitenta, propiciando a incorporação de importantes instrumentos internacionais de proteção aos direitos humanos pelos estados da América Latina. Entretanto, não há direitos humanos sem democracia, nem democracia sem direitos humanos e, em termos de sistema interamericano de proteção,

> (...) a região ainda convive com as reminiscências do legado dos regimes autoritários ditatoriais, com uma cultura de violência e de impunidade, com baixa densidade de estados de Direitos e com a precária tradição de respeito aos direitos humanos no âmbito doméstico. (PIOVESAN, 2016. p. 5).

Os *Pactos Internacionais de Direitos Humanos*, indiscutivelmente, por refletirem a consciência ética contemporânea compartilhada pelos Estados, proporcionaram mudança de paradigma[3] experimentada no final da década de oitenta e início dos anos noventa na área da proteção à infância, como demonstram os documentos que passam a ser examinados.

1.1.3. Declaração dos Direitos da Criança

Seguindo a *Declaração dos Direitos Humanos*, em 20 de novembro de 1959, tem-se a Declaração dos Direitos da Criança,[4] que se constitui em "um guia para a atuação, tanto privada como pública, em favor da criança" (SOUZA, 2001, p. 2). Algumas iniciativas a antecederam, valendo mencionar a intervenção da ONU, através do Conselho Econômico e Social, que apresentou, em 1946, "um conjunto de diretrizes, cujo intuito se centraria, basicamente, em conscientizar as nações para uma efetiva necessidade de atualizar a *Declaração dos Direitos da Criança*, promulgada, em 1924" (MONTEIRO, 2006, p. 124). Das recomendações advindas, decorreu a criação do UNICEF e da secção da UNESCO, ambas em atividade até os dias atuais.

Passados quase sessenta anos da *Declaração dos Direitos da Criança*, a situação da infância ainda apresenta extrema vulnerabilidade, mostrando o quão difícil é transformar os propósitos da própria humanidade em

---

[3] Para Thomas Kuhn, um paradigma é compartilhado por membros de uma comunidade e esta é constituída por pessoas que compartilham um paradigma. Paradigma "é um mito fundador de uma dada comunidade científica. Consiste geralmente num sucesso científico"; "(...) um paradigma inaugura uma tradição de investigação, e uma comunidade científica define-se pela adesão dos seus membros a essa tradição" (KUHN, 2008).

[4] "A criança gozará de proteção especial e disporá de oportunidades e serviços a serem estabelecidos em lei ou por outros meios de modo que possa desenvolver-se física, mental, espiritual e socialmente de forma saudável e normal, assim como em condições de liberdade e dignidade. Ao promulgar lei com este fim, a consideração fundamental a que se atenderá será o interesse superior da criança" (PEREIRA; MELO, 2000).

Inquirição da criança vítima de violência sexual

ações concretas. Neste contexto de desrespeito aos direitos infantojuvenis, Wilmes Roberto Teixeira, médico, especialista em medicina legal, declara que, no Brasil do início do século XXI, há cerca de 400 mil a meio milhão de crianças menores de quatro anos espancadas por ano, estimativa baseada na experiência americana: "Não temos estatísticas, temos estimativas. Quarenta mil dessas crianças ficam em estado grave e quatro mil morrem" (DURAN, 2008, p. 1).

A situação da infância no mundo piorou, como denuncia um dramático relatório divulgado pelo UNICEF, em dezembro de 2005, em Londres. O documento menciona a realidade de milhões de meninos e meninas explorados no trabalho, privados de educação e saúde ou utilizados como escravos sexuais. É também o que diz o relatório das Nações Unidas, denominado *Situação Mundial da Infância 2006: excluídos e invisíveis*: "As crianças que vivem na rua estão à vista de todos, mas não dispõem de serviços básicos nem da proteção mais elementar". Para o UNICEF, crianças e adolescentes que sofrem maus-tratos e estão em situação de abandono ficam *virtualmente invisíveis*, tanto para a sociedade quanto para os governos. Já para a Organização das Nações Unidas para Alimentação e Agricultura (FAO), seis milhões de crianças em todo o mundo morrem vítimas da fome e da desnutrição a cada ano, conforme declara a Rede ANDI Brasil.[5]

Apesar de ser compromisso assumido por países que integram as Nações Unidas, a proteção de crianças contra todas as formas de violência ainda está longe de ser cumprida. De acordo com o relatório *Estudo das Nações Unidas sobre a Violência contra Crianças*, em 2004, chegava a 218 milhões o número de crianças trabalhando, sendo 126 milhões delas em atividades consideradas perigosas. Segundo a Organização Internacional do Trabalho, em 2015, 5 milhões de crianças no mundo trabalhavam em condições análogas à escravidão, sendo que 85 milhões executavam tarefas consideradas perigosas no trabalho infantil.[6]

A *Declaração dos Direitos da Criança*, proclamada trinta e cinco anos após a *Declaração de Genebra*, é composta de dez princípios básicos, a saber: a) a criança gozará de todos os direitos enunciados na declaração, sem discriminação ou distinção por motivo de raça, cor, sexo, língua, religião, opinião pública ou de outra natureza; b) a criança gozará de proteção especial a fim de lhe facultar o desenvolvimento físico, mental, moral, espiritual e social, em condições de liberdade e dignidade; c) desde o nascimento, a criança tem direito a um nome e a uma nacionalidade; d) a criança gozará os benefícios da previdência social; e) à criança incapaci-

---

[5] Disponível em: <www.andi.org.br/infancia-e-juventude/page/rede-andi-brasil>.

[6] Disponível em: <www.andi.org.br>. Acesso em 08 jun. 2016.

tada física, mental ou socialmente, será proporcionado o tratamento, a educação e os cuidados especiais exigidos pela sua condição peculiar; f) para o desenvolvimento completo e harmonioso, a criança necessita de amor e compreensão; g) a criança terá direito a receber educação, que será gratuita e compulsória, pelo menos no ensino fundamental; h) a criança figurará, em quaisquer circunstâncias, entre os primeiros a receber proteção e socorro; i) a criança gozará proteção contra quaisquer formas de negligência, crueldade e exploração; j) a criança gozará de proteção contra atos que possam suscitar discriminação racial, religiosa ou de qualquer outra natureza.

Apesar de inúmeras dificuldades para garantir o conteúdo da Declaração *dos Direitos da Criança*, nos trinta e cinco anos que medeiam os documentos internacionais de 1924 e 1959, os avanços são evidentes, como assinala Fernandes (2004):

> (...) todos os textos são concordes em reconhecer que a criança tem direitos específicos em relação aos direitos dos adultos e, devido a sua fragilidade e dependência, necessita do apoio de uma instância exterior para exercer (...). Mas, entre a Declaração de 1924 e a Declaração de 1959, já há uma diferença significativa na natureza dos direitos da criança que lhe são reconhecidos. Na Declaração de 1924, a criança é objeto de direitos; na Declaração de 1959, a criança é também sujeito de direitos (p. 29).

A elaboração da *Declaração dos Direitos da Criança* resultou do trabalho da Comissão dos Direitos Humanos da ONU, que se estendeu por nove anos. Para alguns autores, ao afirmar que "a humanidade deve dar à criança o melhor de seus esforços", passou a constituir-se como marco moral para os direitos da criança, dotada de força obrigacional, na mesma linha da *Declaração dos Direitos Humanos*.

No plano prático, as reflexões não se encerraram com a sua aprovação. Toda a luta pela efetivação, quer dos direitos humanos, quer dos direitos específicos da criança, tem uma longa trajetória, envolvendo inúmeras iniciativas no campo internacional. Neste contexto, em que pese a força obrigacional que lhe foi atribuída, como se sabe,

> (...) não conseguiu se traduzir em medidas efetivas de proteção à criança, consubstanciando-se, mais, no embrião de uma nova doutrina relativa aos cuidados com a criança, de uma nova maneira de enxergar o indivíduo detentor de direitos e prerrogativas, do que num instrumento ativo de consolidação de tais direitos e prerrogativas (SOUZA, 2001, p. 2).

1.1.4. Convenção das Nações Unidas sobre os Direitos da Criança

Entre as mais nefastas consequências da guerra e das catástrofes, evidencia-se a fragilidade vivenciada pelas crianças. Sem família e sem referências afetivas, a infância experimenta privações de toda ordem, não raro com consequências para seu desenvolvimento físico, emocional e social.

No Ano Internacional da Criança, em 1979, comemoravam-se os vinte anos da *Declaração dos Direitos da Criança*. Um ano antes, proposta dirigida à ONU, por iniciativa da Polônia, impulsionou a criação, no ano seguinte, de um grupo de discussão, de caráter interdisciplinar, incumbido de traçar princípios comuns à população infantil. O grupo, formado por representantes de quarenta e três países, organizado pela Comissão de Direitos Humanos da ONU, redigiu o texto que veio a dar origem, em 1989, à *Convenção das Nações Unidas sobre os Direitos da Criança*.

A Convenção foi o primeiro instrumento internacional a apresentar as obrigações dos Estados com a infância, constituindo-se em um tratado de direito internacional público que representa o mínimo que cada nação deve garantir às suas crianças. O governo brasileiro, em 26.01.90, ratificou o documento, vindo o texto a ser aprovado pelo Decreto Legislativo nº 28, de 14.9.90, promulgado pelo Decreto Presidencial nº 99.710, de 21.11.90.[7] O tratado mereceu o maior número de adesões de toda a história da humanidade, tendo sido ratificado por cento e noventa e um países.[8] O Timor Leste foi o último país a validar o documento, o que ocorreu em 16.4.2003.

Entre os princípios estabelecidos pela Convenção, cabe destacar o reconhecimento dos direitos fundamentais à sobrevivência, ao desenvolvimento, à proteção e à participação; a proteção integral da criança; a prioridade imediata para a infância; o princípio do interesse maior da criança e o direito à convivência familiar e comunitária, entre outros. Não se pode mais desconhecer que "a necessidade de uma prioridade máxima para a infância foi a recomendação da ONU, em setembro de 1990, na Reunião de Cúpula Mundial em favor da infância, com representantes dos governos de todo o mundo" (PEREIRA, 1992a, p. 25).

---

[7] O Brasil é também firmatário de outros documentos internacionais voltados à infância e à juventude. Entre eles, vale mencionar: Regras Mínimas das Nações Unidas para a Administração da Justiça da Infância e da Juventude (Regras de Beijing, 1985); Regras Mínimas das Nações Unidas para a Proteção dos Jovens Privados de Liberdade, 1990; Diretrizes das Nações Unidas para a Prevenção da Delinquência Juvenil (Diretrizes de Riad, 1990); Declaração Mundial sobre a Sobrevivência, a Proteção e o Desenvolvimento da Criança nos anos 90 e Plano de Ação para a sua Implementação, além da Convenção de Haia, relativa à proteção das crianças e à cooperação em matéria de adoção internacional, concluída em 29 de maio de 1993 (incorporado à legislação brasileira pelo Decreto Legislativo nº 63, de 19.4.95).

[8] Para dar uma dimensão da importância desse número, vale considerar que a Convenção de Prevenção e Punição de Crimes Genocidas demorou trinta anos para ser ratificada e a Convenção para Eliminação de todas as formas de Discriminação das Mulheres foi assinada há dezessete anos, pendendo ainda de ratificação pelos Estados Unidos.

O avanço no reconhecimento dos direitos humanos colabora para o aperfeiçoamento dos instrumentos de proteção à criança no cenário mundial e, em especial, na América Latina. A *Convenção das Nações Unidas sobre os Direitos* da *Criança* reforça a ideia da não exclusão das crianças e dos adolescentes, possibilitando a aplicação de seus princípios em países com culturas diferentes, a partir da ratificação quase universal hoje verificada, sinalizando para o fato de que as particularidades culturais devem ficar em segundo plano sempre que entrarem em conflito com os direitos humanos.

A infância e a adolescência, por serem períodos da vida em que há maior vulnerabilidade, têm ficado, historicamente, à margem da proteção, sem possibilidade de participar das decisões que lhes dizem respeito, sem inserção nas políticas públicas e sem o atendimento de suas necessidades básicas, hoje guindadas à condição de direitos. Nesse sentido, a *Convenção das Nações Unidas sobre os Direitos da Criança*, indiscutivelmente, representa, no cenário mundial, possibilidade de assegurar-lhes melhor qualidade de vida, valendo ressaltar a observação lançada por Bruñol (2001):

> A Convenção representa uma oportunidade, certamente privilegiada, para desenvolver um novo esquema de compreensão da relação da criança com o Estado e com as políticas sociais, e um desafio permanente para se conseguir uma verdadeira inserção das crianças e seus interesses nas estruturas e procedimentos de decisão dos assuntos públicos (p. 92).

Para a Convenção de 1989, criança é toda a pessoa até dezoito anos incompletos, não havendo distinção especial para a adolescência, como veio a ocorrer, no Brasil, com o artigo 227 da Constituição Federal de 1988, seguido, em 1990, pelo Estatuto da Criança e do Adolescente. O caráter interdisciplinar e a diversidade de sistemas jurídicos, que precisaram ser compatibilizados durante os debates que antecederam sua promulgação, justificam o longo período destinado aos trabalhos. Somente dez anos após, em 1989, o grupo, formado por representantes de 43 países-membros da Comissão de Direitos Humanos, concluiu a proposta de Convenção, submetida à Assembleia Geral das Nações Unidas. Ela, como assinala Pereira, "completa a Declaração, não a substitui", pois, enquanto esta é "uma afirmação de princípios de caráter meramente moral", sem encerrar obrigações específicas, "a Convenção tem forma coercitiva e exige uma tomada de decisão por parte de cada Estado que a subscreve e ratifica", incluindo mecanismos de controle para verificar o cumprimento de suas disposições e obrigações" (1992b, p. 1).

Em 20 de novembro de 1989, o texto final é submetido à aprovação pela Assembleia Geral das Nações Unidas, através da Resolução 44/25, vindo a se constituir na *Convenção sobre os Direitos da Criança*, composta por 54 artigos, considerado o mais importante marco na garantia dos direitos daqueles que ainda não atingiram os dezoito anos. Antes mesmo da sua aprovação pela Assembleia Geral das Nações Unidas,[9] o Brasil já havia incorporado em seu texto constitucional as novas diretrizes, com a promulgação da Carta de 1988.

Embora se afirme que "a ideia do valor intrínseco da pessoa humana deite raízes já no pensamento clássico e no ideário cristão" (SARLET, 2006, p. 29), estando latente desde os primórdios da civilização, o reconhecimento e a proteção dos direitos humanos são conquistas recentes, constituindo-se a base das Constituições democráticas modernas. Para Bobbio, "direitos do homem, democracia e paz são três momentos necessários do mesmo movimento histórico: sem direitos do homem reconhecidos e protegidos, não há democracia; sem democracia, não existem as condições mínimas para a solução pacífica dos conflitos" (2004, p. 21).

A *Convenção das Nações Unidas sobre os Direitos da Criança*[10] afirma, entre outros, o direito de a criança conhecer e conviver com seus pais, a não ser quando isso for incompatível com seu melhor interesse; o direito de manter contato com ambos os genitores, caso seja separada de um ou de ambos; as obrigações do Estado, nos casos em que as separações resultarem de ação do Poder Judiciário, assim como a obrigação de promover proteção especial às crianças, assegurando ambiente familiar alternativo apropriado ou a sua colocação em instituição, considerando sempre o ambiente cultural da criança.

A efetiva proteção à vida e ao desenvolvimento (artigo 6°); à nacionalidade e à filiação (artigo 7°); à não discriminação por motivos raciais, sociais, sexuais (artigo 2°); à vida familiar (artigos 8°, 20 e 21); à locomoção (artigo 10); à própria manifestação em juízo e a um procedimento judicial especial, fundado no devido processo legal, no contraditório e na ampla defesa (artigos 12 e 40); à liberdade de expressão, pensamento e associação (artigos 13, 14 e 15); à intimidade (artigo 16); à religião (artigo 30); ao lazer (artigo 31); à saúde (artigo 24); à previdência social (artigo 26); à educação (artigos 28 e 29), são guindadas à condição de direito, revolucionando os parâmetros anteriores e exigindo uma qualidade de vida mais adequada ao desenvolvimento físico, mental, espiritual, moral e social da criança.

---

[9] A Convenção das Nações Unidas sobre os Direitos da Criança está redigida em árabe, chinês, espanhol, francês, inglês e russo (artigo 54 da Convenção sobre os Direitos da Criança). Em 2015, o Sudão do Sul e a Somália ratificaram a Convenção e comprometeram-se com a sua implementação. Os Estados Unidos da América são, então, o único país que não ratificou o tratado histórico.

[10] A Convenção das Nações Unidas sobre os Direitos da Criança, adotada pela Assembleia Geral das Nações Unidas, em 20.11.89, foi ratificada pelo Brasil em 26.01.90, aprovada pelo Decreto Legislativo n° 28, de 14.9.90, vindo a ser promulgada pelo Decreto presidencial n° 99.710, de 21.11.90.

A *Convenção das Nações Unidas sobre os Direitos da Criança*, embora seja relevante no âmbito nacional e internacional, pois eleva as obrigações políticas e humanitárias das nações com a infância, é ainda pouco manuseada e assimilada pelos diversos segmentos sociais, o que vem a comprometer sua aplicação em maior escala pelos povos firmatários. Para exemplificar, o artigo 3, n° 1, determina que todas as ações relativas às crianças, levadas a efeito por instituições públicas ou privadas de bem-estar social, tribunais, autoridades administrativas ou órgãos legislativos, devem considerar, primordialmente, o interesse maior da criança,[11] sem determinar, entretanto, o que isso vem a ser.

A aplicação do princípio do interesse maior da criança (*the best interest*), mencionado na normativa internacional, considera, sobretudo, "as necessidades da criança em detrimento dos interesses dos pais, devendo realizar-se sempre uma análise do caso concreto" (PEREIRA, 1999, p. 3). Não se trata de conceito fechado, definido e acabado. Relaciona-se diretamente com a dignidade da pessoa humana, fundamento da República e alicerce da ordem jurídica democrática. Nas palavras de Moraes, "é na dignidade humana que a ordem jurídica (democrática) se apoia e constitui-se" (2006, p. 117). Não há como pensar em dignidade da pessoa sem considerar as vulnerabilidades humanas, passando a nova ordem constitucional a dar precedência aos direitos e às prerrogativas de determinados grupos considerados frágeis, daí exigirem a especial proteção da lei. No que tange à infância, o estabelecimento de um sistema especial de proteção, por parte do ordenamento jurídico, funda-se nas diferenças que esta parcela da população apresenta frente a outros grupos de seres humanos, autorizando a aparente quebra do princípio da igualdade, por serem "portadoras de uma desigualdade inerente, intrínseca", recebendo "tratamento mais abrangente como forma de equilibrar a desigualdade de fato e atingir a igualdade jurídica material e não meramente formal" (MACHADO, 2003, p. 123). Ilustrativa se mostra decisão do Tribunal de Justiça de Minas Gerais ao referir que "o princípio constitucional do melhor interesse da criança surgiu com a primazia da dignidade humana perante todos os institutos jurídicos e em face da valorização da

---

[11] Ver acórdãos que versam sobre o Superior Interesse da Criança: STJ, Recurso Ordinário em Mandado de Segurança n° 19103/RJ; STJ, Recurso Ordinário em Mandado de Segurança n° 11064/MG; STJ, Recurso Especial n° 1.172.067; STJ, Conflito de Competência n° 108.442; STJ, Medida Cautelar n° 16.357; STJ, Recurso Especial n° 1.032.875; STJ, Recurso Especial n° 916.350; TJRGS, Agravo de Instrumento n° 70015391758; TJRGS, Agravo de Instrumento n° 70016798654; TJRGS, Agravo de Instrumento n° 70015902729; TJRGS, Agravo de Instrumento n° 70014814479; TJRGS, Apelação Cível n° 70014552947.

pessoa humana em seus mais diversos ambientes, inclusive no núcleo familiar".[12]

A *Convenção das Nações Unidas sobre os Direitos da Criança*, sintetizando as conquistas da humanidade em prol da infância, estabelece, como prioridade imediata para as nações, "a vida e o desenvolvimento normal das crianças, desvinculado de posições partidárias ou de mudanças políticas e econômicas" (PEREIRA, 1992b, p. 3), o que serve de referencial para a redação do artigo 227 da Constituição Federal de 1988. O mencionado dispositivo constitucional resultou de emendas populares, subscritas por mais de 150.000 eleitores, representando a vontade de parcela da população brasileira que já percebia a urgência de mudar a forma de conceber e atender a infância, chamando a família, a sociedade e o poder público à responsabilidade para a garantia de direitos fundamentais agora reconhecidos expressamente na Constituição brasileira, segundo Amaral e Silva (1989, p. 12).

O princípio do interesse maior da criança encontra seu fundamento no reconhecimento da peculiar condição de pessoa humana em desenvolvimento atribuída à infância e à juventude. Crianças e adolescentes, expressões adotadas pela Constituição Federal de 1988, são pessoas que ainda não desenvolveram completamente sua personalidade, estão em processo de formação, no aspecto físico (motricidade, endocrinologia, desenvolvimento da saúde em geral), psíquico, intelectual (cognitivo), moral e social. Vale ainda lembrar que, conforme Machado, "os atributos da personalidade infantojuvenil têm conteúdo distinto dos da personalidade dos adultos" (2003, p. 115), pois trazem uma carga maior de vulnerabilidade, autorizando a quebra do princípio da igualdade: enquanto os primeiros estão em fase de formação e desenvolvimento de suas potencialidades humanas, os segundos estão na plenitude de suas forças.

A *Convenção das Nações Unidas sobre os Direitos da Criança*, para os países que a ratificaram, como é o caso do Brasil, passa a ter caráter coercitivo e cogente. O documento prevê a apresentação de relatórios sobre as medidas adotadas com vistas a tornar efetivos os direitos nela reconhecidos e sobre os progressos alcançados no desempenho desses direitos. O prazo para apresentação do primeiro relatório era de dois anos a partir da data de entrada em vigor para cada Estado-Parte e, a partir de então, a cada cinco anos, novos relatórios seriam apresentados ao Comitê (artigo 44, nº 1, letras "a" e "b", da *Convenção das Nações Unidas sobre os Direitos da Criança*). Como signatário, desde 1990, o Brasil assumiu o

---

[12] BRASIL. Tribunal de Justiça de Minas Gerais. *Apelação nº 1.0647.13.002668-3/002*, julgado em 19 de março de 2015, 4ª Câmara Cível, Relator Des. Dárcio Lopardi Mendes, São Sebastião do Paraíso.

compromisso com a Organização das Nações Unidas (ONU) de apresentar tais relatórios. Contudo, desde o início, entrega-os com atraso. A primeira avaliação, que deveria ser feita em 1992, só foi organizada em 2002 e apresentada em novembro de 2003, onze anos depois da data prevista. Naquele momento, o Brasil era o único dos 192 países signatários da Convenção que nada havia enviado (ANDI, 2009b).

O segundo relatório foi entregue em 2012, com nove anos de atraso. Após ele ter sido entregue, representantes da sociedade civil elaboraram um II Relatório Alternativo, o qual foi submetido à análise, na 70ª pré-sessão, ocorrida em 3 de fevereiro de 2015.

Em 2013, após a entrega do relatório oficial pelo Governo Federal, a Associação Nacional dos Centros de Defesa da Criança e do Adolescente – ANCED/Seção DCI Brasil – e um conjunto de organizações brasileiras construíram e entregaram, em 2014, relatório com considerações da sociedade civil sobre a situação de crianças e adolescentes. Em fevereiro de 2015, as referidas organizações foram ouvidas pelo Comitê, em sessão fechada, ocorrida em Genebra, na Suíça, contando pela primeira vez na história com a presença de adolescentes (do Estado do Pará) que relataram cenários de violações de direitos infantojuvenis no Brasil.[13]

A normativa internacional, a começar pela *Declaração de Genebra*, em 1924, até a aprovação da *Convenção das Nações Unidas sobre os Direitos da Criança*, em 1989, influenciou a concepção da infância posta na legislação brasileira, como passaremos a examinar.

1.2. A CRIANÇA NO ORDENAMENTO JURÍDICO BRASILEIRO

No âmbito nacional, é recente a conquista da condição de direitos atribuída à infância. As mudanças legislativas foram sendo gradativamente construídas, refletindo a cultura de cada período de nossa história. De um modo geral, podem ser subdivididas em dois momentos principais: antes e depois da Constituição Federal de 1988.

1.2.1. Antes da Constituição Federal de 1988

No Brasil, embora as primeiras sementes do direito social possam ter surgido com a Constituição de 1824, ao estabelecer a gratuidade do ensino

---

[13] Ver: ANCED. *Relatório sobre violações de Direitos Humanos de crianças e adolescentes no Brasil será apresentado à ONU*. Disponível em: <http://www.anced.org.br/?p=5272>. Acesso em: 22 set. 2016.

primário (artigo 179, inciso XXXII), aquela Carta não fazia qualquer referência à infância ou à adolescência.[14] A não imposição de sanção ao descumprimento da mencionada norma, assim como a não oferta de meios ao seu cumprimento, contribuíram para a ineficácia do direito posto.

A Doutrina Penal do Menor surgiu com a codificação criminal de 1830, mantendo-se, no Código Penal de 1890, ambos os regramentos oriundos do período em que vigia a Constituição de 1824. Até então, o país dispunha apenas de Códigos Penais retribucionistas que se limitavam, no máximo, a estabelecer a redução de um terço da pena se o réu fosse menor de vinte e um anos.

O Código Civil (Lei nº 3.071, de 1º.01.1916), já revogado, e o primeiro Código de Menores (Decreto nº 17.943-A, de 12.10.1927) entraram em vigor na vigência da Constituição Republicana de 1891. Até 1935,

> (...) o órgão do Estado responsável pela criança era a Secretaria da Segurança Pública; entre 1935 a 1967, a Secretaria da Justiça e Negócios do Interior assumiu a responsabilidade pelos problemas da criança; a partir de 1967, este âmbito foi ocupado pela Secretaria de Promoção Social (FERREIRA, 1996, p. 325).

A primeira imposição de limite mínimo de idade ao trabalho somente ocorreu com a Constituição Federal de 1934, quando passou a ser vedado o trabalho de menores de quatorze anos, o trabalho noturno aos menores de dezesseis e, em indústrias insalubres, aos menores de dezoito anos e às mulheres (artigo 121, § 1º, alínea "d").

A Constituição de 1937 atribuiu à União a incumbência de fixar as bases e determinar os quadros da educação nacional, traçando as diretrizes que deveriam obedecer à formação física, intelectual e moral da infância e da juventude (artigo 15, inciso IX). Cabia, ainda, à União, a competência privativa para traçar as normas fundamentais de proteção da saúde, especialmente no que se referia à vida da criança (artigo 16, inciso XXVII). A mencionada Carta Política abriu caminho para a edição do Decreto-Lei nº 3.200, de 19.4.1941, que passou a prever compensações às famílias que tivessem oito ou mais filhos brasileiros, até dezoito anos, ou incapazes de trabalhar, que vivessem às suas custas. Sob sua égide, criou-se o Departamento Nacional da Criança, através do Decreto-Lei nº 2.024/40, órgão supremo de coordenação das atividades nacionais voltadas à proteção da maternidade, infância e juventude, o que torna possível afirmar, de acordo com Coelho (1994, p. 265), que, apesar do autoritarismo, a Constituição de 1937, inspirada pelo idealismo fascista, representou importante passo para a maior atenção e proteção às crianças.

---

[14] Sobre o assunto, recorremos a dados históricos arrolados por CAMPANHOLE; CAMPANHOLE (2000).

A obrigatoriedade e gratuidade do ensino primário foram afirmadas na Carta de 1946 (artigo 168, incisos I e II), mantendo-se a proibição do trabalho aos menores de quatorze anos e o trabalho aos menores de dezoito, em indústrias insalubres e em trabalho noturno (artigo 157, inciso IX). Ela também estabeleceu a obrigatoriedade de assistência à infância e à adolescência, além do amparo às famílias de prole numerosa (artigo 146).

Em 1967, a nova Carta apresentou um retrocesso em termos de proteção jurídica à infância. Contrariando o texto das Convenções Internacionais n° 5, de 1919, e n° 58, de 1936, ratificadas pelo Brasil, que fixavam a idade mínima de quatorze anos, o artigo 158, inciso X, reduziu para doze anos a idade mínima para o trabalho. Por falta de regulamentação, a obrigatoriedade da educação aos que apresentassem deficiências, prevista no artigo 169, § 2°, restou inócua.

Na vigência da Emenda Constitucional n° 1, de 17 de outubro de 1969, foi promulgado o segundo Código de Menores (Lei n° 6.697/79). Com ele, passou a vigorar, no Brasil, o modelo tutelar, representado pela Doutrina da Situação Irregular, ampliando-se a abrangência da norma: de preocupação restrita ao menor delinquente e desassistido, a lei também abarcou os menores que se encontravam em situação irregular, conforme definido no artigo 2° do referido diploma legal, incluindo no alvo de sua atenção, entre outros, os privados de condições essenciais à sua subsistência, saúde e instrução obrigatória, em razão da falta, da ação ou omissão dos pais ou responsável.

Embora o novo modelo tenha representado um avanço em relação ao anterior, o segundo Código de Menores é passível de muitas críticas. Na sua vigência, não estava o Juiz de Menores incumbido de fundamentar as decisões, detendo poderes praticamente ilimitados, uma vez que não se sujeitava a critérios objetivos e podia, por exemplo, decidir a internação de uma criança ou adolescente, por tempo indeterminado, pelo fato de estar perambulando pela rua. Não havia distinção de estabelecimentos de acordo com a situação do interno; abandonados e infratores ocupavam, indistintamente, os mesmos espaços institucionais. Na hipótese de o interno não seguir a medida recomendada pelos técnicos (educacional, psicopedagógica, ocupacional, profissionalizante, entre outras), poderia ser mantido na instituição até completar vinte e um anos (artigo 41, § 3°, Lei n° 6.679/79), idade em que seria transferido ao Juízo das Execuções Penais.

Na sua vigência, recaíam na figura do juiz funções tutelares e penais, cabendo-lhe administrar situações de pobreza e abandono, assim como as que decorriam da prática de um ato infracional. Crianças e adolescentes estavam sujeitos a um processo inquisitorial, sobrepondo-se a verdade

Inquirição da criança vítima de violência sexual

formal aos direitos da pessoa humana. Tratados como objetos da análise investigatória, podiam ter sua intimidade vasculhada. Enquanto ao adulto eram asseguradas garantias constitucionais, como o princípio do contraditório e da ampla defesa, além da presença obrigatória de um defensor, à criança ou ao adolescente não eram oferecidos direitos semelhantes.

Referindo-se aos desastrosos reflexos da Doutrina da Situação Irregular, descreve Paula (2002):

> O reconhecimento do papel preponderante do direito positivo na construção do justo representa, de certa forma, garantia contra a subjetividade do julgador. A experiência do Direito do Menor, onde a discricionariedade da autoridade judiciária era uma das suas características principais, foi desastrosa na medida em que o bem-estar do menor justificava toda sorte de aniquilamento de garantias fundamentais, entre as quais as relacionadas à paternidade e maternidade. Mas a observação não vai a ponto de rechaçar a importância do papel do juiz na criação do direito; apenas realça o valor da lei como garantia em um Estado Democrático de Direito (p. 64-65).

No decorrer dos anos oitenta, foram feitos diversos questionamentos sobre a Política Nacional de Bem-Estar do Menor e o Código de Menores, instrumentos que tiveram seu nascedouro no regime autoritário. Paralelamente, ampliaram-se as denúncias sobre a gravíssima situação enfrentada pela infância brasileira, a constante violação dos seus direitos e as condições degradantes de tratamento nas FEBEM, que acabaram por contextualizar as rebeliões que, por essa época, aconteceram em várias partes do país.

O Governo Federal, convencido de que a sistemática em vigor não se mostrava apta a solucionar o problema do aumento de jovens nas ruas, os quais buscavam sobreviver através do trabalho ambulante, da esmola ou do furto, criou, através da FUNABEM e em parceria com o UNICEF, o Projeto Alternativas de Atendimento aos Meninos de Rua, que vigorou entre 1983 e 1987, aproximadamente. Entre os resultados práticos desta articulação nacional, que reuniu educadores e lideranças de instituições de caráter comunitário e religioso, merece destaque a fundação, em 1985, do Movimento Nacional dos Meninos e Meninas de Rua, que teve importante papel de mobilização nos anos seguintes.[15]

Em 1986, iniciaram-se as mobilizações em torno da Assembleia Nacional Constituinte. Formaram-se dois grupos que tiveram um papel decisivo nos novos rumos dos direitos da criança em nosso país: a Comissão Criança e Constituinte e o Fórum Nacional de Defesa dos Direitos da Criança, que reunia o Movimento Nacional dos Meninos e Meninas de Rua, a CNBB, a Associação dos Fabricantes de Brinquedos, a ABI, entre

---

[15] O desenvolvimento deste tema está apoiado nos estudos de Guerra (1998) e Gonzalez (1996).

outros movimentos da sociedade civil organizada. Cada um formulou propostas distintas, posteriormente fundidas em uma única, que resultou na inclusão dos artigos 227 e 228 à Constituição Federal de 1988.

1.2.2. A Constituição Federal de 1988 e a legislação infraconstitucional

Ao longo da história do Brasil, a criança sofre os reflexos da cultura dominante, que também se reflete na evolução do ordenamento jurídico. Em vista disso, a preocupação do legislador, que já esteve restrita basicamente ao âmbito penal, na vigência da Constituição Federal de 1988, volta-se para a garantia de direitos, antes considerados no plano das necessidades da criança.

Os debates e as discussões que se travaram, em nível internacional, no período que antecedeu a década de 1980, originaram compromissos entre os povos em torno da infância e impulsionaram mudanças profundas no ordenamento jurídico brasileiro. Mesmo antes de firmar a *Convenção das Nações* Unidas *sobre os Direitos da Criança*, o Brasil já havia inserido, na Constituição de 1988, promulgada em 5 de outubro do mesmo ano, através do artigo 227, os princípios da Doutrina da Proteção Integral, assegurando à nação brasileira, novamente, posição de destaque no cenário mundial. Pela primeira vez, um texto constitucional do país apresentava disposições expressas e minuciosas sobre os direitos da criança e do adolescente: direito à vida, à saúde, à alimentação, à educação, ao esporte, ao lazer, à profissionalização, à cultura, à dignidade, ao respeito, à liberdade e à convivência familiar e comunitária. À família, à sociedade e ao poder público, foi atribuída a responsabilidade de assegurar, a todas as crianças e os adolescentes, com absoluta prioridade, a efetivação dos direitos relacionados no artigo 227 da Constituição Federal.

Em 1988, adotando uma postura de vanguarda, o Brasil projetou-se no cenário internacional, ao incorporar em seu texto constitucional, princípios que, à luz da mentalidade vigente no planeta, não tinham ainda sido suficientemente assimilados. Doravante, mudou o enfoque jurídico: a situação irregular, antes atribuída à criança, passou a se voltar na direção da família, da sociedade e do poder público, sempre que forem desatendidos os direitos fundamentais aos menores de dezoito anos, valendo mencionar que "a Constituição não tem somente a tarefa de apontar para o futuro; tem, igualmente, a relevante função de proteger os direitos já conquistados" (STRECK, 2000, p. 45).

O artigo 227 da Constituição Federal de 1988, embasado na *Convenção das Nações Unidas sobre os Direitos da Criança*, rompeu, em definitivo, com a Doutrina da Situação Irregular. O Direito do Menor, fundamentado nos conceitos de *infância carente* e *infância delinquente*, constituía-se em "um instrumento perverso, extremamente poderoso de manutenção do *status quo* e das desigualdades sociais". Já, a Doutrina da Proteção Integral "instala uma nova ordem na matéria, afinada com a contemporânea concepção de radical proteção aos Direitos Humanos" (MACHADO, 2003, p. 54), e o Brasil é colocado em posição de vanguarda no cenário mundial ao conferir direitos fundamentais à infância e à juventude. Nesse sentido, como afirma Sarlet, os direitos fundamentais "estão vivenciando o seu melhor momento na história do constitucionalismo pátrio" e, para que este momento não viesse a ser mais mera lembrança, "com sabor de ilusão, torna-se indispensável o concurso da vontade por parte de todos os agentes políticos e de toda a sociedade" (2015, p. 70).

A Constituição Federal de 1988 criou um sistema especial de proteção dos direitos fundamentais de crianças e adolescentes nitidamente inspirado na concepção de proteção integral. Nesse aspecto, vale lembrar Bobbio, quando ressalta que

uma coisa é ter um direito que é, enquanto reconhecido e protegido; outra é ter um direito que deve ser, mas que, para ser, ou para que passe do dever-ser ao ser, precisa transformar-se, de objeto de discussão de uma assembleia de especialistas, em objeto de decisão de um órgão legislativo dotado de poder de coerção (2004, p. 97).

Na mesma linha, o artigo 5°, § 2°, da Constituição Federal de 1988 reafirma, de forma expressa, o compromisso assumido com os tratados internacionais, onde se inclui a *Convenção das Nações Unidas sobre os Direitos da Criança*, assim dispondo:

Os direitos e garantias expressos nesta Constituição não excluem outros decorrentes do regime e dos princípios por ela adotados, ou dos tratados internacionais em que a República Federativa do Brasil seja parte.

A Carta de 1988 e os tratados de direitos humanos, como enfatiza Piovesan (2016),

(...) lançam um projeto democratizante e humanista, cabendo aos operadores do direito introjetar e incorporar os seus valores inovadores; os agentes jurídicos hão de se converter em agentes propagadores de uma ordem renovada, democrática e respeitadora dos direitos humanos, impedindo que se perpetuem os antigos valores do regime autoritário, juridicamente repudiado e abolido (p. 88).

A partir da Constituição Federal de 1988, passou a ser exigida ampla revisão na legislação infraconstitucional em face dos novos princípios por ela afirmados[16]: dignidade da pessoa humana, prioridade absoluta à

---

[16] As leis podem ser constitucionais e infraconstitucionais: as primeiras são as que organizam politicamente o Estado, estabelecendo as suas funções e os limites de seus poderes em relação às pessoas que vivem em seu território; as últimas são as demais leis, não só

infância e princípio do interesse maior da criança. Nesta linha, o segundo Código de Menores, filiado à Doutrina da Situação Irregular, tornou-se ultrapassado e começou um período de discussão e de mobilização social em busca de uma legislação que privilegiasse as conquistas constitucionais de proteção integral e de atendimento prioritário à infância. Formaram-se, naquele momento, duas correntes opostas: uma defendia a revogação da legislação ordinária existente; a outra postulava apenas uma revisão, preservando a possibilidade de coexistência do Código de Menores com a Constituição Federal de 1988. Várias iniciativas, em nível nacional, foram decisivas para o sucesso da primeira corrente, cabendo destacar a Carta de Natal (19.8.89); o Encontro Nacional de Promotores de Justiça, realizado na cidade de São Paulo, em agosto de 1989; o posicionamento da Ordem dos Advogados do Brasil, através de documento elaborado em Brasília (12.10.89); a Carta-Compromisso de Belo Horizonte, extraída do XXVI Congresso Brasileiro de Pediatria (12.10.89); além da Moção apresentada pelo Conselho Nacional de Secretários de Educação, apresentada na cidade de Belém, Pará (20.10.89).[17]

A força dos movimentos sociais, unida em torno da nova proposta, aliada à ineficácia do modelo jurídico anterior, que se via incapaz de oferecer respostas ao grande número de crianças e adolescentes abandonados e marginalizados, contribuiu para o sucesso da corrente que propunha a ampla revogação do Código de Menores. Desse modo, o Estatuto da Criança e do Adolescente, através da Lei nº 8.069, de 13.7.90, elevou as crianças e os adolescentes brasileiros à condição de sujeitos de direitos, em atenção ao comando constitucional.

O Estatuto da Criança e do Adolescente foi, no cenário mundial, o primeiro diploma legal concorde com a evolução da chamada normativa internacional, notadamente com a *Convenção das Nações Unidas sobre os Direitos da Criança*, aprovada por unanimidade, em novembro de 1989, pela Assembleia Geral das Nações Unidas. A partir de então, passou a servir de parâmetro e incentivo para renovar a legislação de outros países, especialmente da América Latina. Instaurou-se, no Brasil, a partir de 1988 e 1990, nova era dos direitos da criança e do adolescente. Vencia-se, na última década do século XX, a primeira etapa de um longo processo de transformação social que perdura até os dias atuais.

A nova lei provocou mudanças radicais na política de atendimento à criança e ao adolescente, com a criação de instrumentos que viabilizam o atendimento e a garantia dos direitos dos que ainda não atingiram dezoi-

---

de direito público (por exemplo, o Código Penal) como também de direito privado (por exemplo, o Código Civil) (GUSMÃO, 2001).

[17] O detalhamento dessa questão aparece em Cury (1993, p. 215-222).

to anos. Ao lado dos direitos fundamentais, a Lei n° 8.060/90 é enfática ao afirmar em que compreende a prioridade absoluta que lhes é conferida. Diz o parágrafo único do seu artigo 4°:

A garantia de prioridade compreende:
a) primazia de receber proteção e socorro em quaisquer circunstâncias;
b) precedência de atendimento nos serviços públicos ou de relevância pública;
c) precedência na formulação e na execução das políticas sociais públicas;
d) destinação privilegiada de recursos públicos nas áreas relacionadas com a proteção à infância e à juventude.

Nesta esteira, o Estatuto da Criança e do Adolescente institui os Conselhos de Direitos, em nível nacional, estadual e municipal, criados através de lei, que passam a ser

o canal de participação e envolvimento conjunto do Estado e da Sociedade na defesa dos direitos dessa população, (...) a execução prática do disposto no artigo 204 da Constituição Federal, garantindo a participação da população na formulação e controle das políticas de atendimento (GONZÁLEZ, 1996, p. 146).

Dentro da nova proposta de política de atendimento aos direitos da população infantojuvenil, foram igualmente criados os Conselhos Tutelares, permitindo a participação popular na vida das crianças e dos adolescentes em situação de vulnerabilidade. O Conselho Tutelar

é a equipe ou comissão de pessoas instituída pelo município para zelar, a nível microssocial, casuisticamente, pela garantia dos direitos individuais das crianças e adolescentes, sem olvidar da cobrança justa dos deveres correspondentes a essa mesma clientela-alvo" (MARCHESAN, 1996, p. 254).

Sua criação, em última análise,

é uma forma de comprometer as comunidades com a solução de seus problemas, rompendo com a política de exportação, que consistia em enviar à FEBEM os jovens considerados problemáticos, e com a impunidade nas violações de direitos, devido à dificuldade de acesso ou falhas na atuação de autoridades públicas (GONZÁLEZ, 1996, p. 147).

Os mecanismos de proteção, em vigor a partir de 1990, têm possibilitado o ajuizamento de ações de responsabilidade por ofensa aos direitos assegurados à criança e ao adolescente, referentes ao não oferecimento ou à oferta irregular do ensino obrigatório, do atendimento educacional especializado às pessoas com deficiência, do atendimento em creche e pré-escola às crianças de zero a seis anos de idade, do acesso às ações e serviços de saúde; de escolarização e de profissionalização aos adolescentes privados de liberdade;[18] de ações, serviços e programas de

---

[18] BRASIL. Tribunal de Justiça do Estado do Rio Grande do Sul, Apelação e Reexame Necessário n° 70003029501, Sétima Câmara Cível, Relator Des. Luiz Felipe Brasil Santos, 12 de setembro de 2001, Santa Cruz do Sul.

orientação, apoio e promoção social da família, destinados ao pleno exercício do direito à convivência familiar por crianças e adolescentes, como consta no artigo 208 do ECA.

Entre as inovações operadas a partir de 1988, de basilar relevância, é o chamamento lançado à família, à sociedade e ao poder público, quanto ao atendimento dos direitos fundamentais da criança, elevados ao patamar de prioridade absoluta. De todos os setores há de vir o envolvimento, recaindo, de igual forma, sobre todos os segmentos da sociedade, a responsabilização pelo descumprimento dos novos deveres, hoje guindados à condição de direitos. Nesse sentido, assinala Chaves (2011):

> Flagrada a situação de risco, como por exemplo, a ocorrência de abuso sexual, cabe a qualquer pessoa da sociedade comunicar o fato à polícia, ao Conselho Tutelar, ou, ainda, ao Ministério Público ou ao Poder Judiciário, que são órgãos e entidades estabelecidas nos Municípios e cuja missão institucional é, também, protetiva (p. 345).

Negar à criança os direitos humanos fundamentais, frente ao disposto na nova Carta, passa a significar a negação à própria dignidade humana.

O Estatuto da Criança e do Adolescente permitiu profundas mudanças na elaboração das políticas públicas voltadas à infância, com a criação dos Conselhos de Direitos e Conselhos Tutelares, que dão ênfase à integração das áreas da saúde, educação, habitação, trabalho, lazer e profissionalização. Entre as áreas que mereceram atenção especial do legislador, está a criação de serviços especiais de prevenção e atendimento médico e psicossocial às vítimas de negligência, maus-tratos, exploração, abuso, crueldade e opressão (artigo 87, inciso III, ECA).

Como desdobramento da nova ordem jurídica, tanto o primeiro como o segundo Programa Nacional de Direitos Humanos (PNDH I e II), de 1996 e 2001, respectivamente, contemplam propostas de ações governamentais para a criança e o adolescente, a curto, médio e longo prazos. Posteriormente, o Decreto nº 7.037, de 21 de dezembro de 2009, no Eixo Orientador III (Diretriz 8), que trata da universalização dos direitos em um contexto de desigualdades, reafirma o direitos de opinião e participação da criança.

O moderno paradigma da infância passa a ser o mesmo da vida adulta. A construção da dignidade da pessoa humana há de começar muito cedo, para que possa se prolongar ao longo do seu viver, valendo lembrar o alerta de Sarlet (2001):

> (...) a ordem comunitária (poder público, instituições sociais e particulares), bem como a ordem jurídica, que não toma a sério a dignidade da pessoa (como qualidade inerente ao ser humano e, para além disso, como valor e princípio jurídico-constitucional fundamental) não trata com seriedade os direitos fundamentais e, acima de tudo, não leva a sério a própria

humanidade que habita em cada uma e em todas as pessoas e que as faz merecedoras de respeito e consideração recíprocos (p. 145).

As conquistas constitucionais de 1988 e o Estatuto da Criança e do Adolescente não podem ser vistos como ponto de chegada. Representam, de um lado, o aprendizado do passado e, de outro, simbolizam a força propulsora de um novo tempo, que apenas lança seus primeiros alicerces na história do Brasil. Nesse sentido, assinala Carrion (2001):

Na medida em que as Constituições costumam refletir os avanços da luta democrática, interessa diretamente aos setores populares o respeito a suas determinações. Entretanto, observamos, sobretudo nas sociedades de precária tradição democrática, uma tendência ao descumprimento das normas constitucionais que outorgam direitos e liberdades ou que limitam o poder (p. 17).

Depois da entrada em vigor do Estatuto da Criança e do Adolescente, várias leis foram editadas, seguindo a matriz constitucional, para ampliar e reforçar a proteção e a garantia de direitos à infância e à adolescência. Entre elas, merecem destaque a Nova Lei da Adoção (Lei nº 12.010/2009), que alterou dispositivos da Lei nº 8.060/90; Lei nº 12.015/2009, que mudou dispositivos do Código Penal, criando a figura do estupro de vulnerável; Lei nº 11.829/2008 e Lei nº 12.038/2009, que modificaram alguns tipos penais e infrações administrativas descritas na Lei nº 8.069/90; Lei nº 12.318/2010, que dispõe sobre a Alienação Parental; Lei nº 13.010/2014, conhecida como Lei Menino Bernardo, que estabelece o direito da criança e do adolescente de serem educados e cuidados sem o uso de castigos físicos ou de tratamento cruel ou degradante; Lei nº 13.146/2015, Estatuto da Pessoa com Deficiência, que traz dispositivos voltados à garantia do direito à educação de crianças e adolescentes com deficiência e, mais recentemente, a Lei nº 13.257/2016, Estatuto da Primeira Infância, dispondo de políticas públicas pata crianças de zero a seis anos de idade.

No mesmo período em que são observadas as primeiras conquistas no campo dos direitos humanos, abre-se caminho para a afirmação dos direitos da criança, historicamente exposta a inúmeras formas de violência. O novo marco, conforme a Associação Brasileira de Magistrados, Promotores de Justiça e Defensores Públicos da Infância e da Juventude (2010),

(...) somente foi possível em razão de uma nova visão social sobre a infância e sobre as experiências geracionais humanas, tendo em vista que outras civilizações, a seu modo e a seu tempo, construíram distintas relações intergeracionais e, em muitos casos, muito mais protetoras que as sociedades ocidentais industriais (p. 1).

A possibilidade de transitar pela história da criança, ao longo do tempo, através de suas relações familiares, sociais, institucionais e jurídicas, constitui requisito fundamental para o entendimento da violência a que esteve exposta a infância, desde a Antiguidade, em diferentes realidades socioculturais e jurídicas. A falta de ser reconhecida como sujeito de direitos, na Antiguidade, na Idade Média e em parte da Modernidade, permitiu que o ordenamento jurídico estivesse muito mais a serviço dos interesses dos adultos que da infância, valendo lembrar que "o Direito tem servido, preponderantemente, muito mais para sonegar direitos do cidadão do que para salvaguardar o cidadão" (STRECK, 2000, p. 48). Em outras palavras, como declara Pinto (1999),

> se as inclusões e exclusões de indivíduos, grupos, classes, etnias e categorias de trabalhadores foram em grande medida reflexos das condições históricas de cada período, também foram resultados de estratégias e escolhas e, em quaisquer dos casos, provocaram efeitos específicos na vida desses personagens e na sociedade brasileira em geral (p. 34).

Alertas vindos inicialmente de sanitaristas e pediatras, reforçados por pensadores de outras áreas do conhecimento, provocaram, paulatinamente, a elevação da consciência sobre a importância da infância, possibilitando ao mundo jurídico despertar para a necessidade de garantir o reconhecimento de direitos fundamentais a esta parcela da população.

Ao longo da história, a criança passou de *res* a sujeito de direitos. Seus interesses migraram da esfera estritamente privada para a esfera pública. Velhas práticas foram, pouco a pouco, sendo substituídas. Na atualidade, diferentemente do que já se fez em outros tempos, a legislação brasileira oferece meios de exigir do Estado a garantia de atendimento especializado às crianças portadoras de necessidades especiais, por exemplo, visando à reabilitação e à inclusão social. A falta ou a escassez de recursos materiais não mais se constituem em motivo para o encaminhamento de crianças à roda dos expostos, ou mesmo para destituição do poder familiar dos pais, devendo a família, doravante, à luz da legislação vigente, ser incluída em programas oficiais de auxílio, com vistas a, sempre que possível, manter a criança em sua família natural. A criança e o adolescente possuem todos os direitos fundamentais inerentes à pessoa humana, e lhes são asseguradas oportunidades e facilidades que lhes facultem o desenvolvimento físico, mental, moral, espiritual e social, em condições de liberdade e igualdade. Em flagrante oposição às velhas regras, no Brasil do século XXI, segundo reza o artigo 5º da Lei nº 8.069/90, nenhuma criança será objeto de qualquer forma de negligência, discriminação, exploração, violência, crueldade e opressão, e será punido, na forma da lei, qualquer atentado, por ação ou omissão, aos seus direitos fundamentais.

O novo, nesta virada de século, vem simbolizado pelas sementes plantadas pelo ordenamento jurídico. Se, ao longo da história e das diferentes culturas, nossas legislações legitimavam situações de violência praticadas contra a criança e o adolescente, na atualidade, observa-se um brusco rompimento com os velhos paradigmas, a partir da adoção

Inquirição da criança vítima de violência sexual

da Doutrina da Proteção Integral à Infância. A esperança de enraizá-la definitivamente na sociedade reside, justamente, na nova aliança que se desenha no país desde 1988: criança e adolescente são, cada vez mais, no ordenamento jurídico e na consciência do cidadão, sujeitos de direitos humanos fundamentais, dependendo estruturalmente de algum adulto "para cuidados físicos, emocionais, cognitivos e sociais, e para a proteção, devido à falta de maturação biológica" (FURNISS, 1993, p. 16). Ao século XXI é lançado o desafio de cumprir a vontade do povo brasileiro, manifestada através do artigo 227 da Constituição Federal de 1988, reduzindo as distâncias entre a norma e a realidade, como condição para o abrandamento das desigualdades sociais e como caminho inexorável para a conquista da paz.

Considerando o longo processo de reconhecimento da criança como sujeito de direitos, é preciso, no entanto, verificar: as práticas atuais do sistema de justiça, em especial, da Justiça Criminal, têm acompanhado a evolução legislativa, tratando a criança de acordo com as previsões constitucionais? Na vida cotidiana, a criança, como indica a Constituição Federal de 1988, passou a ser valorizada em sua condição de pessoa em fase especial de desenvolvimento?

Para buscar desenvolver essas perguntas de investigação será privilegiado, adiante, o enfoque da violência sexual praticada contra a criança, especialmente em relação aos processos penais em que ela é vítima.

Isso se justifica porque a universalização dos direitos humanos, na atualidade, em que pesem inúmeros esforços, permanece um dos problemas abertos do ponto de vista teórico e prático, como assevera Tosi (2002, p. 10). Ainda que a Constituição Federal de 1988, representativa da vontade do povo brasileiro, seja o suporte teórico a embasar as ações voltadas para a criança, é desafio permanente transformar a vontade popular, decorrente, entre outros fatores, do amadurecimento sociocultural da nação, em ações que afirmem a condição da criança como sujeito de direitos. No contexto histórico do movimento dos direitos humanos, os movimentos pelos direitos da infância estão acompanhados de movimentos pelos direitos da mulher, entre outros, bem como de avanços científicos na área da saúde mental da criança, capazes de influenciar as conquistas constitucionais que hoje impulsionam inúmeras mudanças na sociedade.

Examinar a presença efetiva de proteção à criança, pelo prisma dos direitos conquistados ou denunciar seu descumprimento torna-se, então, condição para o aprofundamento das circunstâncias que envolvem o tratamento dispensado pelo sistema de justiça, em especial no âmbito criminal, à criança vítima de violência sexual intrafamiliar. É o que faremos no capítulo que segue.

2. Infância e direito à proteção

De que vale ter voz
Se só quando não falo é que me entendem?
De que vale acordar
Se o que vivo é menos do que o que sonhei?
Mia Couto

O tratamento dispensado à criança na normativa internacional, Constituição Federal de 1988 e legislação infraconstitucional significa uma conquista sem precedentes na história dos direitos da infância.

Como se viu no capítulo anterior, em nível internacional, os primeiros movimentos que ressaltaram a importância da infância ocorreram em 1924, com a *Declaração de Genebra*. O próximo passo, ainda que bastante sutil, foi registrado em 1948, com a *Declaração dos Direitos Humanos*. O tema voltou ao debate, em 1959, com a *Declaração dos Direitos da Criança*, desta vez com direcionamento específico, reafirmando a importância de os povos voltarem sua atenção a esta parcela da população. Os estragos provocados por duas grandes guerras impulsionaram os países integrantes da ONU a buscarem medidas protetivas às crianças face à vulnerabilidade a que ficaram expostas. Após a Segunda Guerra, iniciaram os movimentos que culminaram com a elaboração e aprovação da *Convenção das Nações Unidas sobre os Direitos da Criança*, cujos princípios têm embasado as legislações dos países integrantes da ONU.

Embora a lei, de forma mágica, não possa mudar a realidade, constitui-se instrumento que reflete o estágio de desenvolvimento de um povo, enuncia direitos, confere legitimidade ativa e passiva para estar em juízo e permite o acesso ao Poder Judiciário sempre que as garantias legais forem ameaçadas ou violadas. Nesta linha de entendimento, "não basta ter o direito escrito nas leis, é necessário aperfeiçoar e transformá-las no concreto, dar corpo para o preconizado legalmente, uma vez que o fato de reconhecer um direito não necessariamente garantirá o seu exercício" (DEBASTIANI; BELLINI, 2007, p. 85). Vários fatores estão relacionados ao exercício da lei, valendo mencionar, "o entendimento do que significa ser portador de direitos e das formas com que se pode lutar pela sua concretização; de que, ao procurar por determinado serviço, não se busca um favor, mas a legitimidade do direito socialmente adquirido" (p. 85).

No que tange ao Brasil, as novas previsões legais voltadas à infância e juventude não baniram da realidade diversas formas de violação de direitos que, historicamente, vêm sendo praticadas contra esta parcela da população. No entanto, sua promulgação passa a exigir mudanças em todas as esferas (públicas e privadas), nas quais se incluem a família, a sociedade, as instituições governamentais e não governamentais, o poder público em geral, através da proposição de políticas que deem conta dos novos princípios constitucionais e regras legais em vigor desde 1988.

Além do reordenamento provocado pela Constituição Federal de 1988, presente no final da década de oitenta e início da década de noventa, as diversas formas de violência a que as crianças historicamente estiveram expostas passam a adquirir relevância. Pelos incômodos, prejuízos e danos que causa, a violência está na pauta dos grandes problemas enfrentados pela infância, no Brasil e no mundo. Ela tem sido objeto de estudos e pesquisas em diversas áreas do conhecimento, na tentativa de melhor conhecer suas causas, buscar meios de preveni-la e enfrentá-la. Marin (2002), ao abordar o tema, refere:

> O espetáculo da violência – uma relação de olhar e imaginação que produz gozo. Não se pode esquecer disso, e o texto freudiano, ao discutir as questões de sadismo/masoquismo, é explícito nesse sentido. Esse modelo pode ser situado nas fantasias de flagelação que Freud descreve em "Uma criança é espancada". É nítido o deslocamento do sujeito que ora é quem pratica a ação violenta, ora é quem a recebe, mas sempre no lugar de espectador (p. 28).

Muda-se, pouco a pouco, o entendimento sobre as causas e as consequências das diversas formas de violência vivenciadas pelas crianças e adolescentes. Estudos começam a ser produzidos, com maior visibilidade à proteção da infância. A Constituição Federal de 1988 valoriza o papel da família; a sociedade, antes distante das questões que envolviam a infância desprotegida, é chamada à responsabilidade ao lado do poder público, instaurando-se um novo modelo de atendimento a esta parcela da população.

Entre as modalidades de violência praticadas contra a criança, destaca-se a violência sexual intrafamiliar e os seus desdobramentos legais no que se refere à responsabilidade dos pais. Isso determina, em muitos casos, a drástica medida de suspensão ou destituição do poder familiar e compromete não só o direito à convivência familiar como os direitos fundamentais à liberdade, ao respeito e à dignidade humana.

2.1. A CRIANÇA E OS DIREITOS FUNDAMENTAIS À LIBERDADE, AO RESPEITO E À DIGNIDADE

As leis são fundamentais para a segurança da vida em sociedade e é possível definir *direito*, no sentido técnico-jurídico, como "uma pretensão positivada; um bem garantido por uma norma jurídica que corresponde a uma obrigação, cujo inadimplemento acarreta uma sanção, potencialmente imposta coercitivamente por um Estado Soberano" (MACHADO, 2003, p. 71-72).

A Constituição Federal de 1988 está embasada nas noções de *valor* e *princípio*. Conforme Gama (2008),[19] os *princípios* traduzem "mandados de otimização, com caráter deontológico, relacionando-se ao *dever-ser*, enquanto que os *valores* se situam na dimensão axiológica, ou seja, do que efetivamente *é* de acordo com um juízo do bom e do mau". Já o princípio "se encontra num grau de concretização maior que o valor, eis que já congrega a bipartição em previsão e consequência, característica da norma jurídica". O princípio "depende da mediação concretizadora do intérprete, orientado pela observância da equidade, ou da *justiça do caso concreto*"; "apresenta maior grau de generalidade, consagrando valores do ordenamento, consagrando a noção de validade universal". É importante também traçar a distinção entre *princípio* e *regra*. Enquanto o primeiro "indica suporte fático hipotético necessariamente indeterminado e aberto", o segundo "aponta suporte fático mais determinado e fechado"; uma regra "é aplicada pela técnica da subsunção, ou seja, com a concretização na realidade dos fatos da hipótese de incidência (ou suporte fático hipotético), o aplicador reconhece a incidência da regra".

Ainda, de acordo com o autor, na atualidade, os princípios ganharam reconhecimento como força normativa, e muitas questões são solucionadas a partir "da principiologia e das técnicas de interpretação e aplicação das normas a ela referentes, o que exige maior trabalho por parte do jurista".

Indiscutivelmente, a iniciativa constitucional de declarar, dentre os Direitos Fundamentais[20] da população infantojuvenil, os valores da *liberdade*, do *respeito* e da *dignidade*, representou avanço significativo em nos-

---

[19] Relativamente a esta questão, todas as expressões entre aspas retomam textualmente o que se encontra nas p. 63 a 65 da obra de Guilherme Calmon Nogueira da Gama, *Princípios constitucionais e Direito de Família*: família, criança, adolescente e idoso (São Paulo, Atlas, 2008).

[20] Direitos Fundamentais, segundo José Afonso da Silva, "são situações jurídicas, objetivas e subjetivas, definidas no direito positivo, em prol da dignidade, igualdade e liberdade da pessoa humana" (2002, p. 179).

so ordenamento jurídico, assertiva com a qual concorda PEREIRA (2008, p. 137). A *Convenção das Nações Unidas sobre os Direitos da Criança*, em seu preâmbulo, esclarece que

> (...) a liberdade, a justiça e a paz do mundo se fundam no reconhecimento da dignidade inerente e dos direitos iguais e inalienáveis de todos os membros da família humana. A criança deve estar plenamente preparada para uma vida independente na sociedade e deve ser educada de acordo com os ideais proclamados na Carta das Nações Unidas, especialmente com espírito de paz, dignidade, tolerância, liberdade, igualdade e solidariedade.

O mesmo documento assinala, entre outros, a necessidade de os Estados-Partes adotarem medidas que garantam o direito de a criança expressar suas opiniões sobre todos os assuntos, consideradas sua idade e maturidade, bem como o direito de não sofrer interferências arbitrárias e ilegais em sua vida particular, sua família, seu domicílio ou sua correspondência, nem atentados ilegais a sua honra ou reputação, assegurando, desta forma, o direito fundamental à liberdade. Para Silva (1987), "liberdade é a faculdade ou poder outorgado à pessoa para que possa agir segundo a sua própria determinação, respeitados, no entanto, as regras legais instituídas" (p. 84). A liberdade garantida na Constituição brasileira, na concepção de Pereira,

> (...) como em todas as constituições do mundo democrático hodierno, não é apenas a liberdade física de ir, vir, ficar; é muito mais; é a garantia de fazer o que quiser, se o fazer não afrontar a lei, deixar de fazer o que não quiser fazer, se o fazer não for imposto pela lei, expressar como quiser o seu pensamento e suas convicções, professar a sua crença publicamente, seja religiosa, filosófica ou política, divulgar as suas criações de espírito no campo da literatura, das artes, da ciência e tecnologia, nos meios de comunicação; é o respeito a sua vida íntima, sua honra subjetiva e objetiva, e projeção de sua imagem na opinião pública (2008, p. 153).

No entanto, não basta a liberdade formalmente reconhecida, pois "a dignidade da pessoa humana, como fundamento do Estado Democrático de Direito, reclama condições mínimas de existência digna, conforme os ditames da justiça social como fim da ordem econômica" (GIORGIS, 2010, p. 28).

O direito ao respeito, segundo o Estatuto da Criança e do Adolescente, "abrange a proteção à vida privada, à preservação da imagem, da identidade, da autonomia, dos valores, das ideias e crenças, dos espaços e objetos pessoais" (artigo 17). Anteriormente, a *Convenção das Nações Unidas sobre os Direitos da Criança*, em seu artigo 8°, já estabelecia a obrigação dos Estados-Partes de respeito ao direito da criança, preservando sua identidade, inclusive, nacionalidade, o nome e as relações familiares, sem interferências ilícitas.

Já o conceito de dignidade da pessoa humana, que tem como elemento nuclear a autonomia e o direito de autodeterminação da pessoa, embora não se mostre claro e tampouco preciso, adquire maior visibilidade no exame dos casos práticos, quando "ela é ferida ou agredida, rebaixada a objeto ou coisa" (BATTISTELA, 2009, p. 19). Para Sarlet (2008), a dignidade da pessoa humana "é valor próprio, natural, inalienável e incondicionado" (p. 45). Vem definida como "um valor absoluto, intrínseco à essência da pessoa humana, único ser que compreende um valor interno, superior a qualquer preço, que não admite substituição equivalente" (PEREIRA, 2008, p. 150). Bühring (2014, p.31), por sua vez, assinala que a dignidade da pessoa humana "é qualidade integrante e irrenunciável da própria condição humana", não podendo e não devendo ser retirada, "pois é intrínseco, é atributo, é o esteiro do Estado Democrático de Direito, é condição de democracia", e Cretella Júnior (1995) aduz que, "erigindo-se a justiça como valor supremo numa sociedade fraterna e solidária, em que a dignidade da pessoa humana é cultuada, todo tratamento deve ser humano, não permitindo a regra jurídica constitucional nenhum tratamento degradante ou desumano" (p. 195). No que tange à criança, o desenvolvimento da inteligência, da vontade e da sensibilidade, como afirma Pereira (2008)

> (...) é que irá definir a forma de integração da criança na comunhão humana; por isso é absolutamente necessário que, desde o primeiro instante de vida, a criança seja reconhecida como pessoa e tratada como tal, pois, na realidade, se tiver condições favoráveis, poderá desenvolver suas potencialidades e contribuir para o bem-estar e o aperfeiçoamento da humanidade (p. 143).

A inclusão, no ordenamento jurídico, da garantia e do reconhecimento da dignidade humana, como fundamento e princípio basilar, é recente. Impõe-se, nas palavras de Piovesan (2008), "como núcleo básico e informador de todo o ordenamento jurídico, como critério e parâmetro de valoração a orientar a interpretação e compreensão do sistema constitucional" (p. 27). Nesse sentido, é inegável a contribuição da Declaração Universal dos Direitos Humanos não só para o ordenamento jurídico brasileiro como para as constituições democráticas modernas. No que diz respeito à criança, como examinado no capítulo anterior, outros documentos internacionais foram de igual forma decisivos para as conquistas de 1988.

Conforme Giorgis (2010):

> (...) a consagração do princípio da dignidade humana implica em considerar-se o homem como centro do universo jurídico, reconhecimento que abrange todos os seres; e que não se dirige a determinados indivíduos, mas a cada um individualmente considerado, de sorte que os efeitos irradiados pela ordem jurídica não hão de manifestar-se, a princípio, de modo diverso ante duas pessoas; daí segue que a igualdade entre os homens representa

obrigação imposta aos poderes públicos, tanto na elaboração da regra de Direito quanto em relação à sua aplicação, já que a consideração da pessoa humana é um conceito dotado de universalidade, que não admite distinções (p. 29).

Graças a isso, a dignidade da pessoa humana constitui-se, ao lado da soberania, da cidadania, dos valores sociais do trabalho e da livre iniciativa e do pluralismo político, em um dos cinco fundamentos do Estado Democrático de Direito (artigo 1º da CF/88).

O conceito de cidadania, como alerta Piovesan, em face da sistemática de monitoramento que o Direito Internacional dos Direitos Humanos instaura, vem contribuir para a sua redefinição no âmbito brasileiro, o qual se vê "alargado e ampliado, na medida em que passa a incluir não apenas direitos previstos no plano nacional, mas também direitos internacionalmente enunciados" (2016, p. 81). Já a dignidade da pessoa humana constitui-se em "um dos princípios constitucionais que orientam a construção e a interpretação do sistema jurídico brasileiro" (ARAÚJO, 2000, p. 102). Nesse contexto, à criança e ao adolescente, por serem pessoas em fase especial de desenvolvimento, foi dispensado, no ordenamento jurídico brasileiro, um "tratamento mais abrangente e efetivo" em razão de sua condição diversa da conferida ao adulto, além da maior vulnerabilidade, autorizando a aparente quebra do princípio da igualdade (MACHADO, 2003, p. 119).

O artigo 18 do Estatuto da Criança e do Adolescente, utilizando-se de uma linguagem direta e elucidativa, afirma que "é dever de todos velar pela dignidade da criança e do adolescente, pondo-os a salvo de qualquer tratamento desumano, violento, aterrorizante, vexatório ou constrangedor". Em consequência, afasta, em definitivo, qualquer resquício das doutrinas que vigoraram no período pré-constituição de 1988.

Referindo-se aos direitos à liberdade, ao respeito e à dignidade da pessoa humana, assegurados à criança e ao adolescente, Aragão e Vargas (2005) assinalam:

Estes valores transformam-se em escudos capazes de conter as manifestações abusivas, vitimizantes, resistem ao infinito, ao inexequível, ao impróprio, ao ilegal; a criança e o adolescente, pessoa em desenvolvimento, sujeito ativo dos direitos garantidos pela Constituição, como os direitos humanos, sociais e civis, participam da proteção destes vários escudos, por estarem no âmago de sua própria natureza de ser humano: (...) ao lado da instrumentalização do crescer, o homem conquista a liberdade, anseia pela igualdade e procura na significação social uma rota, uma ambientação, onde possa ter um melhor sistema de defesa e proteção (p. 28)

Sarlet (2003), em outras palavras, relativamente aos direitos fundamentais, afirma:

Acima de tudo, os direitos fundamentais – na concepção de direitos de defesa – objetivam a limitação do poder estatal, assegurando ao indivíduo uma esfera de liberdade e lhe outorgando um direito subjetivo que lhe permita evitar interferências indevidas no âmbito de proteção do direito fundamental ou mesmo a eliminação de agressões que esteja sofrendo em sua esfera de autonomia pessoal (p. 61).

Os direitos fundamentais – em especial a liberdade, a igualdade e o respeito – são instrumentos capazes de promover a tão almejada paz, entendida como "condição para a sobrevivência da humanidade" (GROSSMANN, 2006, p. 180) e como objetivo a ser buscado por todos os indivíduos. Sempre que algum direito fundamental é infringido, cria-se terreno propício às diversas formas de violência, especialmente contra as populações mais vulneráveis.

2.2. VIOLÊNCIA PRATICADA CONTRA A CRIANÇA

Várias são as formas e manifestações da violência praticada contra a criança e, onde a violência se faz presente, a cidadania, assim como o princípio constitucional da dignidade humana, estarão atingidos e dilacerados. Sarlet (2001), ao discorrer sobre o novo princípio constitucional, incorporado na Carta de 1988, alerta:

(...) onde não houver respeito pela vida e pela integridade física e moral do ser humano, onde as condições mínimas para uma existência digna não forem asseguradas, onde não houver limitação do poder, enfim, onde a liberdade e a autonomia, a igualdade (em direitos e dignidade) e os direitos fundamentais não forem reconhecidos e minimamente assegurados, não haverá espaço para a dignidade da pessoa humana e esta (a pessoa), por sua vez, poderá não passar de mero objeto de arbítrio e injustiças (p. 59).

Os ditames da normativa internacional, acolhidos pela Constituição Federal de 1988 e regulamentados pelo Estatuto da Criança e do Adolescente, não se coadunam com a realidade vivida por grande parte da infância brasileira. O Banco de Dados, em nível nacional, dos Conselhos Tutelares, indica que, desde 1997 até outubro de 2010, o Brasil atingiu marca superior a um milhão de registros de violações aos direitos de crianças e adolescentes. Mais da metade dessas violações ocorre em casa, por iniciativa da mãe (256 mil) e do pai (218 mil) e, ainda, na escola (46 mil). A maior parte das denúncias, que corresponde a 46,66% dos casos, indica violação do artigo 16 do Estatuto da Criança e do Adolescente, que trata dos direitos à liberdade de opinião e expressão, de brincar, praticar esportes, divertir-se, participar da vida familiar, comunitária e política, além do direito a refúgio, auxílio e orientação (Sistema de Informação Para a Infância e a Adolescência, 2010).

A violência, em suas inúmeras manifestações na vida social, abarca um grande número de indivíduos. Reportando-se à sociedade brasileira, Santos (1999) declara que "o suplício do corpo é permanente, o dilaceramento das pessoas é constante, tanto no espaço agrário como no espaço urbano" (p. 20).

Embora se manifeste de diversas formas e em vários espaços, é no lar que a criança se vê mais exposta ao desrespeito, quando os pais ou cuidadores não apresentam condições de protegê-la. Nesse sentido, é possível afirmar que a violência doméstica contra a criança e o adolescente

(...) representa todo ato ou omissão praticado por pais, parentes ou responsáveis contra crianças e adolescentes que – sendo capaz de causar dano físico, sexual e/ou psicológico à vítima – implica, de um lado, uma transgressão do poder/dever de proteção do adulto e, de outro, uma coisificação da infância, isto é, uma negação do direito que crianças e adolescentes têm de ser tratados como sujeitos e pessoas em condição peculiar de desenvolvimento (GUERRA, 1998, p. 32-33).

Dados trazidos pela pesquisa sobre a aplicação do Estatuto da Criança e do Adolescente, realizada pelo Centro de Empreendedorismo Social e Administração em Terceiro Setor e a Secretaria dos Direitos Humanos da Presidência da República, a partir de narrativas reais (2005-2009), demonstram a situação de vulnerabilidade a que a criança está exposta no ambiente familiar, ao apontar que a violência psicológica praticada por familiares ou responsáveis apresentou a maior taxa de frequência (36%). Seguiram-se à violência psicológica a privação do direito à alimentação (34,3%), abandono (34,2%), violência física cometida por familiares ou responsáveis (25,8%) e violação de higiene (25%) (FISCHER; SCHOEN-MAKER, 2010).

A relevância do tema acarreta associação entre o abuso infantil e problemas na vida adulta, "o que pode nos levar a pensar em um círculo vicioso que integra violência sofrida na infância com violência sofrida na vida adulta" (STREY, 2004, p. 21). Estudos realizados por Perry (1997, 2000), mencionados por Strey, sugerem que

(...) presenciar violência doméstica, como, por exemplo, o espancamento da mãe, pode ser igualmente, ou até mais traumático para as crianças e, assim, traumático para o desenvolvimento saudável do cérebro do que outros eventos traumáticos, como a vivência de guerra, sofrer doenças que ponham em risco a vida ou a perda dos pais/mães (p. 31).

A família, só recentemente reconhecida como cenário de variadas cenas de violência praticadas contra a criança, a mulher e o idoso, paulatinamente, deixa de ser idealizada como local de proteção incondicional, passando a receber um olhar mais atento às cenas reais por ela agasalhadas, permeadas, em regra, pela inversão de papéis. Para Pinto (1999b):

> Somente com o rompimento da rígida divisão entre o público e o privado, que permite repensar o último não como refúgio do cidadão, mas como espaço de relações de poder até mais perverso que o espaço público, uma vez que este, nos Estados democráticos, tem sido regulado por um contrato expresso de leis do conhecimento de todos, enquanto o espaço privado sempre foi o da opacidade, o da lei do senhor (p. 113).

A partir dessa constatação, os estudos começam a encontrar ambiente para deflagrar, entre outros, os meandros da violência praticada contra a criança, em especial, a sexual. Mees (2001) esclarece:

> Os conceitos de trauma, incesto e violência são bastante ligados em psicanálise, na medida em que os três se relacionam ao real e têm em comum a referência a uma morte do sujeito desejante, por ficar subsumido ao desejo da mãe. A violência, no sentido psicanalítico, compartilha do mesmo registro porque o ato violento é aquele que gera um rompimento com o que organiza o sujeito, desestabilizando-o. A violência merece esta designação em psicanálise quando é traumática, e o trauma o é quando toca o incesto- sempre materno-mortífero do sujeito simbólico, arriscando-o a perder seu substrato psíquico devido à emergência dessas manifestações do real (p. 105).

Segundo a Organização Mundial da Saúde, abuso infantil ou violência contra a criança são todas as formas de maus-tratos físicos e emocionais, negligência, exploração comercial ou outro tipo de exploração, que resulte em dano atual ou potencial para a saúde, sobrevivência, desenvolvimento ou dignidade, no contexto de um relacionamento de responsabilidade, confiança ou poder. É um problema sério de saúde, havendo fortes indícios de tratar-se de um fenômeno comum em todo o mundo (OMS, 1999).

No Brasil, a violência praticada contra a criança passa a integrar a pauta de debates com a afirmação dos direitos arrolados, em especial, na Constituição Federal de 1988 e no Estatuto da Criança e do Adolescente. Práticas usuais, no âmbito da família (muitas oriundas da Antiguidade), das instituições de saúde e educação, após 1990, passam a ser questionadas, provocando espaços de reflexão, e, até mesmo, num momento inicial, de revolta por parte de alguns segmentos mais resistentes à mudança.

Garantir o interesse maior da criança passa a ser "o norte a orientar aqueles que se defrontam com as exigências naturais da infância e juventude" (AMIN, 2007, p. 29), sendo dever de todos garantir, com absoluta prioridade, o direito à vida, à saúde, à alimentação, à educação, ao esporte, ao lazer, à profissionalização, à cultura, à dignidade, ao respeito, à liberdade e à convivência familiar e comunitária (artigo 227 da CF). Cada vez mais os estudos científicos vindos da área da saúde física e mental ressaltam a importância dos cuidados que devem ser dispensados ao feto e ao bebê nos primeiros anos de vida, a fim de garantir um desenvolvimento saudável. Nesse sentido, de forma inovadora, o Estatuto da Criança e do Adolescente enuncia, no artigo 8°, direitos que devem ser assegurados à gestante, no período pré e perinatal, através do Sistema Único de Saúde, com o intuito de proteger o bebê. Afirma, ainda, que "a criança e o adolescente têm direito à proteção à vida e à saúde, mediante a efetivação das políticas sociais públicas que permitam o nascimento e o desenvolvimento sadio e harmonioso, em condições dignas de existência", inaugurando nova era de proteção à infância em nosso país.

O bebê, ao nascer, apresenta uma infinidade de necessidades biológicas "que precisam ser atendidas para assegurar sua sobrevivência física – comida, água, calor, etc. –", e, de modo especial, a necessidade "de uma relação confiável, sustentável e amorosa com um provedor", que recebe o nome de *vínculo*, além da necessidade de brincar. Karen (1998) define o *vínculo* como

(...) tanto a qualidade quanto a força do laço entre pais e filhos, as maneiras como ele se forma e desenvolve, como pode ser danificado e reparado, e o impacto de longo prazo de separações, perdas, traumas e privações; além disso, é uma teoria de amor e seu lugar central na vida humana p. 3).

Tais achados não são novos. Bowlby, na década posterior à Segunda Guerra Mundial, apresentou o resultado de estudos demonstrativos de "que certos padrões de relações de apego durante a primeira infância estão associados a processos característicos de regulação emocional e a vínculos sociais no decorrer da vida" (LEACH, 2009, p. 54), justificando cientificamente a importância de cuidar das crianças nos primeiros anos de vida como forma de prevenir inúmeros problemas ao longo da vida. Para os bebês, "uma atitude de confiança básica em relação ao mundo facilita o desenvolvimento da autoestima, além da capacidade de cooperar com os demais e lidar com as frustrações ou decepções ocasionais" (p. 57). Por outro lado, bebês prematuros, com baixo peso neonatal, portadores de distúrbios evolutivos, "necessidades especiais ou com malformações congênitas, com enfermidades crônicas"; crianças com falta de vínculos parentais nos primeiros anos de vida da criança, "dificuldades de aprendizado, baixa autoestima ou comportamentos considerados difíceis", formam um grupo de maior exposição a situações de violência (ZAVASCHI *et al.*, 2011, p. 142).

Os achados na área da saúde mental levaram à edição da Lei nº 13.257, de 8 de março de 2016, Estatuto da Primeira Infância, que dispõe sobre as políticas públicas voltadas à criança de zero a seis anos de idade. O texto reafirma a necessidade de garantir acesso de todas as mulheres aos programas e políticas de saúde à mulher e de planejamento reprodutivo, bem como nutrição adequada à gestante, atenção humanizada à gravidez, ao parto, puerpério e atendimento pré-natal, perinatal e pós-natal integral no âmbito do Sistema Único de Saúde. A mesma lei prevê, entre outros, a necessidade de os profissionais que atuam no cuidado diário e frequente de crianças na primeira infância receberem formação específica e permanente para a detecção de sinais de risco para o desenvolvimento psíquico, bem como o acompanhamento que se fizer necessário.

Mesmo com os ditames legais, alguns em vigor há vinte anos, em 2008, o Relatório sobre a Situação da População Mundial, divulgado pelo Fundo de População das Nações Unidas (UNFPA), apontou o Brasil como o país com o terceiro maior índice de mortalidade infantil na América do Sul. De acordo com o estudo, a previsão para 2008 era de que, em cada grupo de mil crianças nascidas vivas no país, 23 viessem a morrer antes de completar um ano de idade. O Relatório indicava, ainda, que o número de mulheres que iriam a óbito por causa da gestação e do parto permanecia basicamente inalterado desde 1980. A média é de 536 mil mortes por ano em todo o mundo. A redução da mortalidade materna e a prevenção de lesões dependem de um melhor atendimento durante a gestação e o parto, além de serviços de emergência, em casos de complicações, e do acesso ao planejamento familiar (ANDI, 2008a). Em vista disso, conhecer a realidade da infância brasileira, em tempos passados e atuais, por mais penoso que possa parecer, é passo fundamental para o planejamento e a implementação de políticas públicas, vencendo velhas concepções que se encontram arraigadas na história da infância em nosso país.

2.2.1. Aspectos históricos

Quanto mais regressamos na história, maiores são as chances de nos depararmos com a falta de proteção jurídica à criança, aumentando as probabilidades de que tivessem sido abandonadas, assassinadas, espancadas, aterrorizadas e abusadas física e sexualmente. Exemplos são colhidos ao longo da história, assinalando-se que, no Oriente Antigo, o Código de Hamurábi (1728/1686 a.C.), em seu artigo 192, previa o corte da língua do filho que ousasse dizer aos pais adotivos que eles não eram seus pais, assim como a extração dos olhos do filho adotivo que aspirasse voltar à casa dos pais biológicos, afastando-se dos pais adotantes (artigo 193). Punição severa era aplicada ao filho que batesse no pai. Em contrapartida, se um homem livre tivesse relações sexuais com sua filha, a pena aplicada ao pai limitava-se à sua expulsão da cidade (artigo 154).

No que tange à violência sexual, na mitologia da Grécia e Roma, é possível verificar desde rapto de mulheres por deuses, rapto de mulheres por deuses travestidos de animais, mulher raptada que enlouquece por punição divina, entre outras situações (CHARAM, 1997). O principal deus da mitologia greco-romana, Zeus, "desenvolveu grande atividade sexual, conjugal e extraconjugal, amando deusas, ninfas e terráqueos,

---

Inquirição da criança vítima de violência sexual

mulheres e homens, com sua própria aparência ou assumindo a de animais ou de coisas". Zeus iniciou sua vida amorosa com Hera, sua irmã; raptou Egina, filha do rei Asopó; violou Deméter, transformando-se em touro. E, ainda,

> (...) encontrando-se Danae em uma câmera de bronze, transformou-se em chuva de ouro, e daí gerou Perseu. Teria sido um caso de posse sexual mediante fraude, o que se repetiu nos casos seguintes. Tomando novamente a forma de touro, raptou Europa, princesa de Fenícia. O pai dela ordenou que os filhos corressem o mundo para trazê-la; não o conseguindo, nunca mais retornaram para casa (p. 19-20).

Em Cartago, "segundo evidências arqueológicas, eram frequentes os sacrifícios de crianças aos Deuses" (DELFINO *et al.*, 2005, p. 39). Em Roma, a Lei das XII Tábuas, entre os anos 303 e 304, permitia ao pai matar o filho que nascesse disforme, mediante o julgamento de cinco vizinhos (Tábua Quarta) (LIMA, 1983).

O estupro, desde o tempo do Código Judaico do Velho Testamento até o feudalismo, foi tratado como crime contra a propriedade: roubar ou raptar mulher de seus proprietários de direito (pai ou marido) "destruiria o seu valor de propriedade, sobretudo no caso das virgens" (VILHENA, 2001, p. 55).

No período que antecedeu ao século XVIII, praticou-se a utilização de castigos, punição física, espancamentos com chicote, ferros e paus às crianças. Eram corretivos aplicados pelos pais como uma forma de cuidado, para que seus filhos não recebessem más influências. Acreditava-se que elas poderiam ser moldadas de acordo com os desejos dos adultos.

Lentamente, novas concepções, como a contribuição de John Locke, em *Da educação das crianças*, um dos clássicos da pedagogia europeia do século XVIII, alertava para a importância da prevenção "como o meio mais eficaz de preservar a saúde dos filhos". O mesmo autor propôs "atenção rigorosa ao desenvolvimento intelectual e à capacidade de autocontrole da criança". Também Rosseau, no século XVIII, contribuiu para o entendimento do significado da infância. Afirmava que "a criança é importante em si mesma, e não meramente como um meio para um fim", além de sustentar que "a infância é o estágio da vida em que o homem mais se aproxima do estado de natureza".

Em que pesem os estudos de Locke e Rousseau, na Inglaterra, em 1780, crianças podiam ser condenadas por qualquer um dos crimes cuja pena era o enforcamento. Entre 1730 e 1779, metade das pessoas que morreram em Londres tinha menos de cinco anos de idade.

Somente no século XIX, o filho passa a ser objeto de investimento afetivo, econômico, educativo e existencial. Neste período, ocupa posição central dentro da família que, por sua vez, torna-se lugar de afetividade, onde se estabelecem relações de sentimento entre o casal e os filhos. É também nessa época que surge o interesse de filantropos, médicos e estadistas em auxiliar crianças provenientes de famílias pobres. Em 1841, é editada uma das primeiras leis sobre a limitação do tempo de trabalho nas fábricas, voltada à proteção da infância, marcando a primeira guinada de direito liberal para um direito social. Na Europa, somente a partir de 1850, percebe-se o filho como objeto de amor dos pais, e sua morte passa a ser motivo de luto para o adulto. É também nesse período que os manuais de educação sinalizam para a prece infantil e maternal como forma de aproximar mães e filhos em torno da aprendizagem da oração.[21]

Na história do Brasil, vem de longe o desrespeito à criança. Antes mesmo do descobrimento oficial, já são encontrados registros de desproteção. Na condição de órfãs do Rei, como grumetes ou pajens, as crianças portuguesas eram enviadas nas embarcações, para casarem com os súditos da Coroa. Poucas mulheres vinham nas viagens, e as crianças eram "obrigadas a aceitar abusos sexuais de marujos rudes e violentos" (RAMOS, 1999, p. 19). Por ocasião dos naufrágios, comuns na época, "eram deixadas de lado pelos adultos, e entregues à fúria do mar" (DAY *et al.*, 2003, p. 11).

No século XVI, na Terra de Santa Cruz, a Companhia de Jesus "privilegiou as crianças indígenas com o *papel blanco*, a cera virgem, a *tabula rasa*, para escrever e inscrever-se" (CORAZZA, 2000, p. 134), com o propósito de conquistá-las e formar um exército de pequenos-Jesus com o fim de pregar e adestrar, moral e espiritualmente, os índios. Em 1554, Manoel da Nóbrega fundou, em São Vicente, o primeiro colégio de catecúmenos, formado por órfãos que vieram de Portugal e mestiços da terra. No entender da Companhia de Jesus, era necessário impor às crianças o medo e o desapreço pela carne e pelas necessidades físicas, cujo resultado fosse a

> (...) exposição do corpo à *disciplina*, não somente nas procissões, mas durante toda a semana, nas sextas-feiras em especial, ou depois de varrer as ruas, no tronco, com palmatoadas, com diversos castigos físicos, privação alimentar. Os que se negavam a participar do processo doutrinal sofriam corretivos pedagógicos para que se salvassem (CORAZZA, 2000, p. 137).

A dificuldade para lidar com as crianças abandonadas levou o Brasil, a exemplo do que já havia sido instituído na Itália, no século XII, a recorrer ao sistema da casa ou roda dos expostos. Assim, em 1726, junto à Santa Casa de Salvador, é instituída a roda dos expostos, seguindo-se, em 1738, idêntica iniciativa na cidade do Rio de Janeiro. Em São Paulo, a

---

[21] Os dados históricos aqui referidos, incluindo as citações breves, aparecem no artigo de Day e colaboradores (2003, p. 9-21).

Inquirição da criança vítima de violência sexual

roda foi implantada somente em 1825, destinando-se a receber crianças abandonadas. Em razão de estarem localizadas apenas em centros maiores, não atendiam ao grande número de expostos da época, e "parte considerável deles acabava por morrer, logo após o abandono, por fome, frio ou comidos por animais, antes de poderem encontrar uma alma caridosa que os recolhesse dos caminhos, portas de igrejas ou de casas, praças públicas ou até em monturos de lixo" (FREITAS, 1997, p. 67). A roda dos expostos de Porto Alegre, uma das treze existentes no país, funcionou junto à Santa Casa de Misericórdia, tendo sido instituída em 1837 e desativada, oficialmente, em 1940. Corazza (2000) refere:

> Exemplar da reviravolta na relação Estado-família, o sistema da Roda dispôs para o Estado, primeiramente, a absorção dos excluídos da ordem familiar, o estímulo a que vivessem para então integrá-los, e, finalmente, seu aproveitamento enquanto corpos úteis, proveitosos e lucrativos. Para a mãe de família popular, tal sistema a transformou em nutriz, mandatada pelo Estado, e foi desse modelo que ela retirou a dupla dimensão de sua condição a acompanhá-la por longo tempo: a remuneração coletiva e a vigilância médico-estatal. Para as expostas, articulou sua condição de "filhos da Pátria", produtos de um confronto entre a mulher popular e a assistência estatal, e sobre quem lançou a suspeita de se fora ou não desejado seu engendramento (p. 99).

Da documentação existente na Santa Casa de Misericórdia de Porto Alegre, extraem-se algumas manifestações de familiares, registradas no momento em que a criança era deixada na roda: "a pobre criancinha está doente e a mãe não tem leite. Deus a protegerá e a caridade dos homens" (1859); "Já está batizada, chama-se Leopoldina, nasceu livre" (1863).[22] Relatório de 1884, referente à visita realizada na região metropolitana, identificou 102 crianças oriundas da Roda dos Expostos aos cuidados de Criadeiras, tratadas como escravas, maltrapilhas, raquíticas e ignorantes; crianças isoladas do mundo, consideradas *futuros criminosos*.

Historicamente, no Brasil, as crianças pobres sempre estiveram envolvidas com o trabalho precoce.[23] Inicialmente, realizavam tarefas para os seus donos, como ocorreu com as crianças escravas da Colônia e do Império. No início do século XIX, as crianças órfãs, abandonadas ou desvalidas, eram exploradas tanto nas fábricas quanto em grandes propriedades rurais. Nas atividades domésticas de produção artesanal ou agrícola, nas

---

[22] Entre as crianças expostas na Roda, encontramos Luciana de Abreu, a quem o destino lhe reservou uma condição privilegiada se comparada com a grande maioria das crianças lá deixadas. Foi exposta, em 11.7.1847, adotada por Gaspar Pereira Viana, modesto Guarda-Livros da casa comercial de Porto Irmãos. Em 1872, formou-se professora, sendo a primeira mulher a integrar uma sociedade literária (SPALDING, 1969). Faleceu em 13.6.1880, aos trinta e três anos de idade.

[23] Os aspectos relativos à história da infância no Brasil foram obtidos predominantemente em ABREU; MARTINEZ, 1997. p. 19-38.

casas de família e nas ruas, eram registrados sérios e graves prejuízos decorrentes da exploração do trabalho infantil.

Em 1823, durante a monarquia, os documentos que traçaram um caminho para a ex-colônia portuguesa pouco referiam a palavra *criança*. O termo aparece pela primeira vez, no contexto da construção do Estado, em discursos sobre a expansão da instrução e do ensino aos habitantes do Império. Com o funcionamento das primeiras instituições de ensino de nível superior, o tema infância recebe destaque na área da medicina (ABREU; MARTINEZ, 1997, p. 21-23).

Em 1836, a importância do aleitamento materno aos recém-nascidos, abordada na tese do acadêmico Dr. Francisco Júlio Xavier, deu início a um processo de discussão sobre a educação da mulher e dos filhos, o uso indiscriminado das escravas como amas de leite, os altos índices de ilegitimidade dos nascimentos, o infanticídio e o enjeitamento de crianças, os cuidados com a saúde, a alimentação e com a higiene infantil. No período de 1836 a 1870, entre as teses apresentadas na Faculdade de Medicina do Rio de Janeiro, oitenta e uma abordavam a infância, enfocando, por exemplo, a prostituição, a exiguidade da frequência escolar, a higiene dos escravos, o infanticídio, a mortalidade nas classes populares, entre outros temas. A partir de meados do século XIX, a preocupação com a criança se estendeu a outras áreas além da medicina, motivando o envolvimento de outros setores sociais (ABREU; MARTINEZ, 1997, p. 21-23).

No final do século XIX, as descobertas de Freud e outros pensadores abriram caminho para novos entendimentos sobre a infância que tiveram repercussão internacional:

> Freud e Dewey cristalizaram o paradigma básico da infância, que vinha sendo formado desde a intervenção de prensa tipográfica: a criança como aluno ou aluna, cujo ego e individualidade devem ser preservados por cuidados especiais, cuja aptidão para o autocontrole, a satisfação adiada e o pensamento lógico devem ser ampliados, cujo conhecimento da vida deve estar sob controle dos adultos (POSTMAN, 1999, p. 77).

Antes disso, a criança era vista como um instrumento exclusivo da Igreja. Somente no início do século XX, a medicina, a psiquiatria, o direito e a pedagogia contribuem para a formação de nova mentalidade de atendimento à infância, abrindo espaços para uma concepção de reeducação, baseada em concepções científicas.

No Brasil, no campo jurídico, as primeiras discussões giraram em torno da limitação para a responsabilidade penal. Em 1830, o Código Criminal do Império determinava que os menores de quatorze anos não podiam ser submetidos ao cumprimento de penas, exceto quando reconhecido o discernimento, hipótese em que o recolhimento não poderia exceder a idade de dezessete anos (artigos 10 e 13 do Código Criminal do Império).

Pouco a pouco, começavam a serem traçadas as primeiras linhas de políticas públicas voltadas a esta parcela da população.

2.2.2. Políticas públicas voltadas à infância no Brasil

A preocupação com a existência de crianças pobres e marginalizadas, especialmente no ambiente urbano, motivou discussões em torno da infância. Em 1836, o Chefe de Polícia da Corte, Eusébio Coutinho Mattoso de Queirós, elaborou projeto buscando enviá-las aos Arsenais de Marinha e Guerra e à Casa de Correção. No âmbito da educação pública, em 1854, crianças e adolescentes livres e pobres, com idade entre cinco e quatorze anos, destituídos de moléstias contagiosas, tornaram-se população-alvo das escolas públicas primárias, como estabeleceu o Regulamento da Instrução Primária e Secundária do Município Neutro. Os meninos pobres e indigentes que vagavam pelas ruas eram admitidos em instituições de ensino elementar, onde recebiam vestuário e material escolar. Ao completarem doze anos, eram encaminhados à aprendizagem de ofícios manuais. Nessa época, foram criados asilos para abrigá-los até completarem vinte e um anos. Após 1871, os menores em geral, como eram denominados, provenientes das camadas pobres da sociedade, onde se incluíam os filhos de escravos livres, passaram a receber atenção de profissionais de várias áreas. Com a edição da Lei do Ventre Livre (28.9.1871), enquanto muitas crianças, filhos dos escravos, permaneceram exploradas pelos senhores, através do trabalho, outras, desvalorizadas como mão de obra, foram abandonadas pelos patrões de suas mães, contribuindo para engrossar as fileiras dos desassistidos.

A criação de escolas públicas, asilos, creches, educandários e reformatórios torna-se alternativa a ser oferecida às crianças oriundas de camadas sociais populares, vistas, na época, como incapazes de oferecer formação e educação aos filhos. Instituições de correção, educandários e reformatórios passam a atender os órfãos, os abandonados e os delinquentes, quer em caráter preventivo, quer punitivo, constituindo-se em mecanismos de intervenção social sobre as crianças e suas famílias.

Em 1889, com a Proclamação da República, a preocupação com a delinquência juvenil fez-se presente. O Código Penal de 1890 estabeleceu em nove anos o limite da responsabilidade penal, ganhando "respaldo jurídico a repressão e o internamento das crianças" (ABREU; MARTINEZ, 1997, p. 26). À luz desta legislação, diversas fases foram atribuídas à vida humana: infância, assim entendida até os nove anos completos, em que era absoluta a presunção de irresponsabilidade, sendo insuscetíveis de penas; impuberdade, dos nove aos quatorze anos incompletos, período em que somente poderiam ser punidos caso o juiz os considerasse com capacidade de compreender a ilegalidade do fato praticado; menoridade, assim compreendida dos quatorze aos vinte e um anos de idade, considerados responsáveis pelos atos praticados, salvo se estivesse presente outra causa de irresponsabilidade. A mesma legislação previa, ainda, a possibilidade de recolhimento a estabelecimentos disciplinares de jovens com idade entre quatorze e vinte e um anos, quando considerados vagabundos ou vadios. Posteriormente, o Decreto nº 145, de 11 de julho de 1893, e a Lei nº 947, de 29 de dezembro de 1902, estabeleceram o encaminhamento dos jovens para colônias correcionais.

Nesse tempo, na opinião dos juristas, a infância abandonada, que vivia entre a vadiagem e a criminalidade, era tratada como um caso de polícia e de simples repressão urbana, "confiada às mãos dos delegados, que *limpavam* as ruas, praias, parques e praças, visto que estas crianças e jovens eram tidos como um perigo para os comerciantes e a população em geral" (FERREIRA, 2008, p. 155). Seu destino eram as delegacias e casas de detenção sem que o Estado lhes dispensasse a atenção merecida.

A política de proteção à criança, nos primeiros anos do século XX, foi marcada por ações de particulares, de cunho filantrópico ou assistencial, aliadas a algumas iniciativas do Estado. Discutia-se a respeito de formas de atendimento, sobre a conceituação da infância e a definição de uma condição social e jurídica a esta camada da população. As crianças pobres se tornaram alvo de cuidados e de atenção, mas também de receios, em face da precária educação que recebiam. Nesse tempo,

> (...) o pensamento social oscilava entre assegurar direitos ou *se defender* dos menores. Casas de recolhimento são inauguradas, em 1906, dividindo-se em escolas de prevenção, destinadas a educar menores em abandono, escolas de reforma e colônias correcionais, cujo objetivo era regenerar menores em conflito com a lei (AMIN, 2010, p. 6).

Em 1921, no Rio de Janeiro, foi criado o Serviço de Assistência e Proteção à Infância Abandonada e Delinquente; no ano seguinte, realizou-se o I Congresso Brasileiro sobre a Infância e, em 1923, na mesma cidade, foi fundado o primeiro Juizado de Menores. Em Porto Alegre, o mesmo fato só veio a ocorrer em 1933.

O início do século XX foi marcado por discussões que deram origem ao primeiro Código de Menores, através do projeto de Mello Mattos (Decreto nº 17.943 A, de 12.10.1927). A legislação de 1927, entre outras disposições, assegurou assistência e proteção aos abandonados e delinquentes, estabeleceu regras para disciplinar a situação dos expostos (artigos 14/25), vedou aos delinquentes, menores de quatorze anos, a possibilidade de responder processo penal (artigo 68), estabeleceu a necessidade de os menores autores ou cúmplices de crime ou contravenção penal, portadores de deficiência física ou mental, receberem tratamento apropriado (artigo 68, § 1º), limitou em doze anos a idade mínima para o trabalho, proibindo o trabalho noturno aos menores de dezoito anos.

O Código de Menores de 1927 foi um marco importante na história da proteção da criança e do adolescente, na época, identificados como *menores*. Ele contribuiu para que o Brasil ocupasse, em termos legislativos, posição de vanguarda na América Latina, em razão do enfrentamento da infância sem assistência, através de uma lei própria. Em decorrência do Decreto nº 17.343/A (Código de Menores), "criou-se uma série de estruturas públicas destinadas ao atendimento, sob forma de reformatórios" (GONZÁLEZ, 2000, p. 144). O mais conhecido, denominado SAM – Serviço de Atendimento ao Menor –, foi criado através do Decreto-Lei nº 3.799, de 1941, para receber infratores.

Lembra Tejadas (2008) que o SAM

> (...) fundamentava-se em uma perspectiva correcional-repressiva, equivalendo-se ao Sistema Penitenciário, porém, para menores de idade; o serviço estruturou-se por meio de internatos, reformatórios e casas de correção para os adolescentes autores de ato infracional, enquanto para os abandonados havia os patronatos agrícolas e as escolas para aprendizagem profissional (p. 51).

Nessa época, em que pese o avanço legislativo, o *menor* permanecia sem direitos reconhecidos. Viveu-se um período em que a internação passou a ser rotina, procedimento que acabou por gerar "críticas provenientes de diferentes setores sociais, em grande parte, embasadas nos diferentes saberes em confronto (medicina, pedagogia, psicologia, psiquiatria, etc.)", provocando múltiplas discussões sobre a criança e os indivíduos das classes mais pobres, com o objetivo de "discipliná-los e torná-los governáveis" (ABREU; MARTINEZ, 1997, p. 34-35).

Os anos que se seguiram a 1940 permitiram o entendimento de que o Juízo de Menores "não poderia manter a ilusão de que salvaria a criança" (PILOTTI; RIZZINI, 1995, p. 139), devendo ser chamados outros parceiros a ocupar o cenário na busca de soluções. Entretanto, percebe-se também a necessidade de enfrentar o problema dos *menores abandonados e delinquentes*, pois, até então, a esfera jurídica era a grande protagonista nesta cena. Neste período, muitas internações foram realizadas, embora já se soubesse de suas contraindicações, especialmente de ordem pedagógica.

Em 1964, a ausência de uma política voltada para o amparo social dos menores levou o governo brasileiro, em atenção ao clamor público, a instituir a Fundação Nacional do Bem-Estar do Menor (FUNABEM), através da Lei nº 4.513/64. A política instituída defendia como prioritária a necessidade de prevenção e controle dos problemas que envolviam essa população. Conforme Veronese, a partir da criação da FUNABEM, "a criança e o adolescente, considerados como problema, acionados os mecanismos de prevenção e controle, sejam eles de natureza preventiva, repressiva ou punitiva, passariam por um processo de ajustamento" (1999, p. 34).

O segundo Código de Menores (Lei nº 6.697/79), abarcado ainda pelo modelo tutelar, inaugura a Doutrina da Situação Irregular. Elaborado especialmente por juízes de menores, baseou-se no binômio, vítima de abandono ou maus-tratos *versus* infrator, e o Juiz de Menores tornou-se a autoridade máxima, com poderes discricionários para proteção do menor, enquanto as FEBEMs permaneceram encarregadas do cumprimento das medidas determinadas por ele. A legislação, definida ao tempo da ditadura militar, reafirmou um pensamento discriminatório ao prever tratamento distinto aos que pertenciam à infância pobre e rica. González (1996) esclarece:

> Eram regidas pelo Código as situações envolvendo crianças e adolescentes em situação irregular, isto é, os que praticaram atos infracionais e os que não tinham condições de sustento garantidas pela família. A resposta aos dois casos era a institucionalização, que no mais das vezes era feita através das Fundações Estaduais do Bem-Estar do Menor/FEBEM (p. 90).

Além de ampliar significativamente os poderes da autoridade judiciária, representada pelo Juiz de Menores, este Código permitiu a aplicação de medidas aos *menores* sem a produção de provas, somente instaurando-se o contraditório quando a família constituía um advogado, permanecendo os pobres desprovidos de qualquer defesa.

A evolução das ciências, em sentido amplo, influenciou, mais adiante, o surgimento de legislações no Brasil que buscaram dar proteção jurídica à criança, permitindo constatar que, de *res*, isto é, de simples objeto de satisfação dos desejos dos adultos, passou, no ano de 1988, à condição de sujeito de direitos, com a introdução do artigo 227 da Constituição Federal, que leva em consideração todo o conhecimento construído por diferentes áreas do saber a respeito da infância. Em decorrência, para tratar de questões relativas a esta etapa da vida, cada vez mais se faz necessário um trabalho interdisciplinar. Na atualidade, "médicos, psicólogos, pedagogos e assistentes sociais, profissionais que, no exercício de suas atividades, podem estar envolvidos com o atendimento e a defesa de direitos de crianças e adolescentes e suas violações" (GONZÁLEZ, 1995, p. 27).

A nova ordem constitucional, em 12 de abril de 1990, através da Lei nº 8.029/90, substitui a FUNABEM pela Fundação Centro Brasileiro para a Infância e Adolescência (FCBIA), incumbindo-a de formular, normatizar e coordenar a política de defesa dos direitos da criança e do adolescente, bem como de prestar assistência técnica a órgãos e entidades que executassem essa política.

Em 1995, já na vigência do Estatuto da Criança e do Adolescente, a Medida Provisória nº 813, de 01.05.95, põe fim à FCBIA, passando a política de atendimento dos direitos da criança e do adolescente, por força do artigo 86 da Lei nº 8.069/90, a ser feita através de um conjunto articulado de ações governamentais e não governamentais, da União, dos Estados, do Distrito Federal e dos Municípios.

Na área da violência e exploração sexual, cabe ressaltar, por sua importância, o Plano Nacional de Enfrentamento da Violência Sexual Infantojuvenil, elaborado em junho de 2000, com a participação de 130 organizações governamentais e não governamentais, além de organismos internacionais. Este plano, baseado em seis eixos estratégicos, foi referendado pelo Conselho Nacional dos Direitos da Criança (Conanda), permitindo avanços significativos "na integração das políticas setoriais e particularmente na Assistência Social" (LOPES *et al.*, 2008, p. 25-26). Como decorrência, foi criado, em dezembro de 2000, o Programa Sentinela, com o objetivo de atender, no âmbito da Política de Assistência Social, através de um conjunto articulado de ações, crianças e adolescentes vitimados pela violência, com ênfase no abuso e exploração sexual. Posteriormente, atendendo ao apelo da Secretaria Nacional de Assistência Social do Ministério do Desenvolvimento Social e Combate à Fome, o Conselho Nacional de Assistência Social aprovou

> (...) a transformação do programa Sentinela em serviço de Ação Comunitária, possibilitando a mudança de estratégia de ação dos governos locais e um maior grau de eficiência em seu desempenho, além de garantir a parceria técnica, a capacitação e o cofinanciamento até a erradicação do fenômeno nas localidades (LOPES *et al.*, 2008, p. 31).

Na atualidade, as políticas sociais arcam com a necessidade de superar os velhos paradigmas, pautados numa visão reducionista do papel do Estado, da setorização de suas ações e da visão limitada pela proteção e seguridade social. A substituição do velho modelo, calcado na fragmentação, por uma gestão intersetorial das políticas públicas, acarreta mudanças nas práticas e na cultura das organizações. A articulação das ações e políticas intersetoriais é um dos grandes desafios no âmbito dos conselhos gestores, especialmente porque ela é capaz de inserir uma agenda de lutas e proposições em torno de uma política pública, universal e de qualidade, articulada às transformações sociais. Nesse sentido,

> (...) a intersetorialidade constitui uma concepção que deve informar uma nova maneira de planejar, executar e controlar a prestação de serviços para garantir o acesso igual aos desiguais. Isto significa alterar toda a forma de articulação dos diversos segmentos da organização governamental e dos seus interesses (JUNQUEIRA, 1999, p. 27).

Nessa perspectiva, a política de atendimento aos direitos infanto-juvenis, com a entrada em vigor do Estatuto da Criança e do Adolescente, diferentemente do que ocorria ao tempo do Código de Menores, passa a ser feita através de um conjunto articulado de ações governamentais e não governamentais, da União, dos Estados, do Distrito Federal e dos Municípios, e não mais de forma centralizada, como ocorria ao tempo da FUNABEM.[24]

Desde então, os Conselhos de Direitos e Conselhos Tutelares estão presentes na maior parte dos Municípios brasileiros. O papel dos Conselhos de Direitos, como órgãos deliberativos e controladores das ações, em todos os níveis, assegurada participação paritária, por meio de organizações representativas, segundo leis de âmbito federal, estadual e municipal, lentamente vai se difundindo e adquirindo legitimidade nas comunidades, o que contribui para a criação de uma nova cultura na proteção dos direitos da criança.

A criação do Conselho Tutelar tem permitido à população dispor de um lugar, em âmbito municipal, para comunicar os casos de desrespeito à lei, bem como para buscar ajuda sempre que houver suspeita ou confirmação de maus-tratos contra a criança.[25]

Os profissionais da saúde e educação, após a vigência do Estatuto da Criança e do Adolescente, passam a integrar o sistema de proteção, já que sobre eles recaem novas obrigações. Instituições como o Ministério Público, a Defensoria Pública e o Poder Judiciário recebem novas atribuições, alargando o âmbito de proteção e respeito aos direitos da infância, numa tentativa de fazer frente às inúmeras formas de violência que atingem as crianças brasileiras.

Por força do artigo 87 do Estatuto da Criança e do Adolescente, as linhas da ação da política de atendimento passam a incluir: a) políticas sociais básicas; b) serviços, programas, projetos e benefícios de assistência social de garantia de proteção social e de prevenção e redução de violações de direitos, seus agravamentos ou reincidências; c) serviços especiais de prevenção e atendimento médico e psicossocial às vítimas de negligência, maus-tratos, exploração, abuso, crueldade e opressão; d) serviço de identificação e localização de pais, responsável, crianças e adolescentes desaparecidos; e) proteção jurídico-social por entidades de defesa dos direitos da criança e do adolescente; f) políticas e programas destinados

---

[24] A FUNABEM foi criada pela Lei n° 4.513, de 1° de dezembro de 1964, e, posteriormente, extinta pela Lei n° 8.029, de 12 de abril de 1990.

[25] Na atualidade, existem 4.315 Conselhos Tutelares em funcionamento no Brasil e 416 Conselhos Tutelares regulares e em funcionamento no Estado do Rio Grande do Sul (SECRETARIA ESPECIAL DOS DIREITOS HUMANOS, 2010).

a prevenir ou abreviar o período de afastamento do convívio familiar e a garantir o efetivo exercício do direito à convivência familiar de crianças e adolescentes; g) campanhas de estímulo ao acolhimento sob forma de guarda de crianças e adolescentes afastados do convívio familiar e à adoção, especificamente inter-racial, de crianças maiores ou de adolescentes com necessidades específicas de saúde ou com deficiências e de grupos de irmãos (artigo 87 do ECA).

Na mesma linha, entre as diretrizes da política de atendimento, merecem destaque: a) a municipalização; b) a criação dos Conselhos de Direitos nos três níveis (nacional, estadual e municipal); c) a criação e manutenção de programas específicos, observada a descentralização político-administrativa d) a manutenção dos fundos nacional, estaduais e municipais vinculados aos respectivos conselhos dos direitos da criança e do adolescente; e) a integração operacional de órgãos do Judiciário, Ministério Público, Defensoria, Segurança Pública e Assistência Social, preferencialmente em um mesmo local, para efeito de agilização do atendimento inicial a adolescente a quem se atribua autoria de ato infracional;[26] f) a integração operacional de órgãos do Judiciário, Ministério Público, Defensoria, Conselho Tutelar e encarregados da execução das políticas sociais básicas e de assistência social, para efeito de agilização do atendimento de crianças e adolescentes inseridos em programas de acolhimento familiar ou institucional, com vista na sua rápida reintegração à família de origem ou, se tal solução se mostrar comprovadamente inviável, sua colocação em família substituta, em quaisquer das modalidades previstas no artigo 28; g) a mobilização da opinião pública no sentido da indispensável participação dos diversos segmentos da sociedade (artigo 88 do ECA).

Em 1998, referindo-se ao novo modelo de descentralização e participação, instituído pela Constituição Federal, alertava Vieira (1998):

> Os conselhos, no feitio estabelecido no Estatuto da Criança e do Adolescente, são nascentes no Brasil. Se eles não tiverem o mínimo de condições de propor projetos, de deliberar ou de avaliar a execução do que foi feito, com liberdade, tornam-se integrados e conformistas, tornam-se expressões da burocracia patrimonialista, tão profundamente arraigada no Brasil há séculos (p. 17).

---

[26] No que diz respeito à integração operacional, prevista no artigo 88, inciso V, do ECA, cabe registrar que, em 1991, em Porto Alegre, no Núcleo de Atendimento ao Adolescente Autor de Ato Infracional, instalado nas dependências da FEBEM, as Promotorias da Infância e Juventude desenvolveram trabalho pioneiro de integração com o Serviço Social, com a participação da assistente social Maria Beatriz Marazita. Muito tempo depois, em 2002, o Ministério Público do Rio Grande do Sul, através de concurso público, admite em seus quadros, 3 assistentes sociais, designando um profissional para atuar na área de proteção e ato infracional, reafirmando o acerto do modelo experimentado.

Em mais de duas décadas de vigência do Estatuto da Criança e do Adolescente, a sociedade brasileira, apesar de inúmeras dificuldades decorrentes das profundas marcas deixadas pelo modelo anterior, "com raízes profundas na cidadania tutelada pelo Estado" (TEJADAS, 2008, p. 44), lentamente, mas de forma gradual, como era de se esperar, tem aceitado o desafio de buscar a implementação do novo modelo, agora calcado na participação e na descentralização das políticas de atendimento.

Relativamente à criança e ao adolescente, cabe mencionar a profunda mudança operada na legislação que envolve as entidades de atendimento relacionadas ao programa de abrigo, hoje denominado de acolhimento familiar ou institucional (redação dada pela Lei nº 12.010/09), ao enunciar, no artigo 92 do Estatuto da Criança e do Adolescente, os princípios a serem adotados por estes programas.

Ao tempo que antecedeu à Constituição Federal e ao Estatuto da Criança e do Adolescente, recorria-se, de modo geral, à colocação da criança em internatos, patronatos, instituições de reclusão, localizadas preferencialmente em regiões afastadas dos centros urbanos. Conforme Tejadas, "nestas instituições, pretendia-se reeducar, ressocializar, reformar o sujeito para o convívio em sociedade. Entendia-se o meio social onde a criança vivia, assim como sua própria família, como incapazes para a tarefa da socialização" (p. 38).

No mesmo sentido, as entidades que desenvolvem programas de internação, voltadas ao adolescente autor de ato infracional, a partir de 1990, necessitaram de reordenamento, a fim de se adequar às novas obrigações elencadas no artigo 94 do mesmo Estatuto. Se, no final da década de sessenta e início da década de setenta, vigorava "a cultura da internação, para carentes e delinquentes" (AMIN, 2010, p. 7), na vigência do Estatuto da Criança e do Adolescente,

> (...) o acolhimento de determinada criança ou adolescente deverá funcionar como etapa precedente à sua futura reintegração familiar ou, constatada a impossibilidade de retorno ao núcleo de origem, à sua colocação em família substituta, sendo a sua permanência no programa indesejável exceção, a ser objeto de determinação e controle pela autoridade judiciária Art. 19, §§ 1º e 2º, do ECA) (TAVARES, 2010, p. 83).

Como enfatiza Faleiros (1997), a política mais importante é a da prevenção, ao lado das políticas de denúncia, responsabilização/repressão, o atendimento e a defesa de direitos na perspectiva do paradigma civilizatório dos direitos humanos. O autor também assinala que "a prevenção não visa apenas evitar problemas, mas implica toda a sociedade na dinâmica das relações sociais de respeito e dignidade: famílias, igrejas, sindicatos, organizações patronais, organizações não governamentais, mídia" (p. 5-6).

Considerando que a violência é um fenômeno complexo, "a intersetorialidade é apontada como uma importante estratégia de superação das situações de violência, mencionada em várias políticas" (JAEGER et al., p. 4), quer na área da saúde, da educação como no âmbito do serviço social. Nesse sentido, ressaltam Debastiani e Bellini (2007) que, "trabalhar em rede pode ser considerado uma forma de potencializar a relação estabelecida com o usuário", permitindo vê-lo de forma integral, enquanto um ser que não é compartimentalizado, que não deve ser visto em cada política como demandante de questões isoladas, mas sim que é sujeito de todas elas, sendo atendido por todas e, nesse sentido, indicando que elas devem dialogar entre si para garantir a legitimidade do seu direito (p. 85).

No âmbito da Assistência Social, a partir de 1993, a Lei Orgânica da Assistência Social estabelece "os novos parâmetros a serem instituídos no campo da Seguridade Social, pois, com a promulgação da LOAS, enfeixam-se, juridicamente, todas as políticas sociais que a compõem, conforme a Constituição de 1988" (COUTO, 2006, p. 29). Sobre o tema, assinala Yazbek (1997):

Inegavelmente, a LOAS não apenas introduz novo significado para a Assistência Social, diferenciando-a do assistencialismo e situando-a como política de Seguridade voltada à extensão da cidadania social dos setores mais vulnerabilizados da população brasileira, mas também aponta a centralidade do Estado na universalização e garantia de direitos e de acesso a serviços sociais qualificados, ao mesmo tempo em que propõe o sistema descentralizado e participativo na gestão da Assistência Social no país, sob a égide da democracia e da cidadania (p. 9).

A LOAS, como tem sido afirmado, estabelece um novo patamar para a Assistência Social, "concebendo-a como um sistema que deve ser organizado em níveis de complexidade de forma a instituir uma rede de proteção que garanta a provisão de serviços a todos que dela necessitem" (LOPES et al., 2008, p. 20).

Seguindo a previsão de descentralização político-administrativa, prevista no artigo 5º da mencionada lei, os Conselhos de Assistência Social, em nível nacional, estadual e municipal, passam a ser responsáveis pela normatização da Política nos seus distintos níveis, cabendo-lhes, entre outras atribuições, "aprovar os Planos de Assistência Social, convocar as Conferências da área, acompanhar e avaliar a gestão dos recursos" (LUZ et al., 2009, p. 4).

Como decorrência da nova lei, as Conferências Municipais, Estaduais e Nacionais, realizadas na sua vigência, sinalizaram para a necessidade de construir um Sistema Único para a Política e, em 2005, "após um árduo trabalho de pactuação entre todos os entes federados, conselhos paritários e trabalhadores da área, foram aprovadas a Política Nacional de Assistência Social (PNAS) e a Norma Operacional Básica – NOB2 que institui o SUAS" (COUTO; SILVA, 2009, p. 37).

Em continuidade, o Conselho Nacional de Assistência Social definiu nova Política Nacional de Assistência Social – PNAS –, que institui a Proteção Social Básica e a Proteção Social Especial, como veremos adiante. Com a nova ordem constitucional, torna-se necessária outra forma de atuação do Estado, onde as políticas públicas apareçam articuladas entre si, superando a histórica fragmentação presente nas ações estatais no Brasil. Desse modo, torna-se possível esperar que a gestão pública aja "pela interlocução ativa e propositiva de todos os seus segmentos", a fim de ter como resultado "políticas intersetoriais e inter-relacionadas, possibilitando, desta forma, a promoção de uma atenção integral" (TEJADAS, 2008, p. 45). As políticas sociais, segundo o modelo tradicional, eram compartimentadas, setoriais, tal como acontecia nas áreas da saúde, educação e assistência social. Desta forma, "a fragmentação da gestão e dos saberes desenha estruturas de serviços organizados de forma hierarquizada e burocratizada", comprometendo o alcance de seus objetivos (LOPES *et al.*, 2008, p. 8).

O Sistema Único de Assistência Social (SUAS), dentro desse contexto,

> (...) constitui uma ferramenta de gestão da Política Nacional de Assistência Social (PNAS) e estabelece a regulação e organização, em todo território nacional, da rede de serviços socioassistenciais, os quais têm como foco prioritário a centralidade na atenção à família extensa, na perspectiva da emancipação dos sujeitos sociais e o território como base de organização da vida em comunidade e a integração à Seguridade Social e às políticas sociais e econômicas (SILVEIRA; MENDES, 2009, p. 47).

A família, no modelo de gestão da política de Assistência Social, é o foco de atenção, e o território, a base da organização de ações e serviços em dois níveis de atenção: a proteção social básica e a proteção social especial. A proteção social básica objetiva prevenir situações de risco através do desenvolvimento de potencialidades e aquisições que fortaleçam vínculos familiares e comunitários; "destina-se à população que vive em situação de vulnerabilidade social decorrente da pobreza, com precário acesso aos serviços públicos e/ou fragilização de vínculos afetivos" (CRUZ, 2009, p. 230). A proteção social básica é executada nos Centros de Referência da Assistência Social (CRAS), localizados estrategicamente em áreas de pobreza, prestando atendimento socioassistencial, que inclui o desenvolvimento de serviços, programas e projetos locais de acolhimento, convivência e socialização de famílias e de indivíduos, como o Programa de Atenção Integral às Famílias (PAIF). Como bem lembra Kern (2006), segundo a Norma Operacional Básica do Sistema Único de Assistência Social/Nob-Suas (2005), a rede de proteção social básica se operacionaliza através dos centros de referência de assistência social; redes de serviços socioeducativos; benefícios eventuais; benefícios de prestação continuada e serviços e projetos de capacitação e inserção produtiva.

A proteção social especial, por sua vez, é uma modalidade de atendimento das "famílias e indivíduos que se encontram em situação de risco pessoal e social, por ocorrência de maus-tratos físicos e/ou psíquicos, abuso sexual, cumprimento de medidas socioeducativas, situação de trabalho infantil, dentre outras" (CRUZ, 2009, p. 230).

O Sentinela, a partir de 2009, passou a ser executado pelo Serviço de Proteção e Atendimento Especializado a Famílias e Indivíduos (PAEFI), oferecendo atendimento a indivíduos e famílias em diversas situações de violação de direitos, como violência (física, psicológica e negligência, abuso e/ou exploração sexual), afastamento do convívio familiar devido à aplicação de medida socioeducativa ou medida de proteção, tráfico de pessoas, situação de rua, mendicância, abandono, vivência de trabalho infantil, discriminação em decorrência da orientação sexual ou raça/etnia e outras formas de violação de direitos decorrentes de discriminações ou submissões.

A proteção social especial opera através de redes de serviço de albergues, abrigos, moradias provisórias; redes de serviço de acolhida para crianças e adolescentes em programa de acolhimento institucional; serviços especiais de referência para pessoas com deficiência, abandono, vítimas de abusos e violência; ações de apoio em situações de riscos circunstanciais em decorrência de calamidades públicas. Os serviços de proteção social especial dividem-se em níveis de média ou alta complexidade. O Centro de Referência Especializado de Assistência Social (CREAS), como integrante do SUAS, constitui-se como polo de referência, coordenador e articulador da proteção social especial de média complexidade, sendo responsável pela oferta de orientação e apoio especializados e continuados de assistência social a indivíduos e famílias com seus direitos violados, mas sem rompimento de vínculos. Já os serviços de alta complexidade são aqueles que asseguram moradia, alimentação, higienização e trabalho protegido "para famílias e indivíduos que se encontram sem referência, necessitando ser retirados de seu núcleo familiar e/ou comunitário, como nas situações de abrigagem para crianças e adolescentes" (CRUZ, 2009, p. 231).

A consolidação do SUAS

> (...) exige a conjugação da vontade política e do saber-fazer politicamente, teoricamente e tecnicamente. Nesta perspectiva são muitos os atores e sujeitos envolvidos na consolidação do SUAS, que vai do usuário, passa pelos operadores da política de assistência

social, pela sociedade civil, enquanto rede complementar e também sujeitos nos espaços de controle como conselhos e fóruns, chegando até os gestores públicos, chefes do poder executivo e outras instâncias como, Poder Legislativo, Ministério Público e Poder Judiciário (KERN, 2006, p. 68).

Murillo Digiácomo (2009), por sua vez, complementa:

O atendimento de crianças, adolescentes e suas respectivas famílias, prestado pelos CRE-AS ou qualquer outro serviço público deve primar pela celeridade e pela especialização, não sendo admissível, por exemplo, que sejam aqueles submetidos a mesma estrutura e sistemática destinada ao atendimento de outras demandas, de modo a aguardar no mesmo local e nas mesmas "filas" que estas a realização de exames ou tratamento, máxime por técnicos que não possuam qualificação profissional devida (p. 10).

Mais recentemente, em 19.10.2010, o Decreto nº 7.334, de iniciativa do Presidente da República, institui o Censo do Sistema Único de Assistência Social, a ser realizado anualmente, "com a finalidade de coletar informações sobre os serviços, programas e projetos de assistência social realizados no âmbito das unidades públicas de assistência social e das entidades e organizações constantes do cadastro de que trata o inciso XI do artigo 19 da Lei nº 8.742, de 7 de dezembro de 1993, bem como sobre a atuação dos Conselhos de Assistência Social". Conforme dispõe o artigo 1º, parágrafo único, "a geração de dados no âmbito do Censo SUAS tem por objetivo proporcionar subsídios para a construção e manutenção de indicadores de monitoramento e avaliação do Sistema Único de Assistência Social – SUAS, bem como de sua gestão integrada".

A implantação das políticas de proteção social básica e especial, indiscutivelmente, se bem conduzidas, constituir-se-ão como fortes aliadas na garantia de direitos fundamentais à criança e ao adolescente, em especial, do direito à convivência familiar. No entanto, é sabido que os direitos fundamentais previstos em lei, "*no entrarán em vigor por el anhelo de algunos o por ser decreto, deberán ser concretados en las políticas públicas y prioridad en las agendas gubernamentales con la creciente información y reivindicación de las poblaciones más interesadas*" (RIZZINI; ZAMORA, 2004, p. 31).

A demonstrar a magnitude do problema que circunda a violência sexual e a necessidade de serem adotadas medidas, em nível mundial, que contemplem as políticas públicas, cabe registrar a realização, em 1996, do I Congresso Mundial contra a Exploração Sexual Comercial contra Crianças e Adolescentes, realizado em Estocolmo. Na oportunidade, foram elaboradas diretrizes, programas de ação e de cooperação nacional e internacional com o objetivo de erradicar a violência sexual praticada contra a criança e o adolescente, contando com a ratificação do Brasil e mais 121 países. Em decorrência, em 2000, na cidade de Natal, com a participação de representantes do Poder Legislativo, do Ministério Público, de representantes do Poder Executivo Federal, Estadual e Municipal, bem como de organizações não governamentais, foi elaborado e aprovado o Plano Nacional de Enfrentamento da Violência Sexual Infantojuvenil (MINISTÉRIO DA JUSTIÇA, 2002b). Posteriormente, em 2001, no II Congresso que tratou do mesmo tema, realizado em Yokohama, foram ratificados os mesmos propósitos e reafirmado o controle global de proteção da criança contra o abuso e a exploração sexual, com adesão de 161 países (CONANDA, 2010). Mais recentemente, em 2008, foi realizado o III Congresso Mundial, oportunidade em que foi apresentada a Declaração e Pacto do Rio de Janeiro, estabelecendo um acordo de ações integradas e sistêmicas, em nível mundial, de combate à violência sexual praticada contra a criança e o adolescente (Declaração do Rio de Janeiro e Chamada para Ação para Prevenir e Eliminar a Exploração Sexual de Crianças e Adolescentes, 2010).

As políticas públicas nacionais, ao lado de medidas em nível internacional, devem levar em conta as diferenças culturais dos grupos para os quais se destinam, exigindo a adoção de metodologias de formulação e implementação variadas. A diversidade não deve apenas ser levada em conta, mas, especialmente, precisa ser considerada como elemento indispensável para o desenvolvimento do potencial de eficiência das políticas (LORENZO, 2006).

Além do acesso a bens e serviços, as políticas públicas precisam gerar "acesso a oportunidades e ao desenvolvimento de capacidades pessoais de realização", garantindo, assim, a possibilidade de realizar escolhas (p. 307), em especial, se partirmos da ideia de Sen (2000), de que o bem-estar deve ser entendido como a forma como o sujeito está e se sente no mundo.

No que tange à violência sexual, assim como as diversas formas de violência e maus-tratos praticados contra a criança, a prevenção mostra-se a "única modalidade realmente 100% eficaz de prevenção" (FARINATTI *et al.*, 1993, p. 153). O Estatuto da Criança e do Adolescente sinaliza para inúmeras medidas que, se adotadas, contribuirão para isso. Entre elas, podem ser citadas: programas que favoreçam a coesão familiar (artigo 1º, § 1º, Nova Lei da Adoção); adequado atendimento pré e perinatal à gestante (artigo 8º); possibilidade de a parturiente ser atendida preferencialmente pelo mesmo médico que a acompanhou na fase pré-natal (artigo 8º, § 2º, ECA); participação do pai no ato do nascimento; incentivo à amamentação materna; não separação da criança de sua mãe e pai logo após o nascimento (artigo 10, inciso V, ECA).

Nos dias atuais, a fragilidade das políticas públicas voltadas à prevenção, ainda incipientes em nosso país, contribui para o agravamento das diversas formas de violência que ocorrem no ambiente doméstico, passando a exigir maior atenção de todos os segmentos da sociedade.

2.3. INFÂNCIA E VIOLÊNCIA DOMÉSTICA: DESAFIO DE CONHECIMENTO

Na família, a criança experimenta as primeiras relações humanas. A qualidade destas experiências afeta o seu desenvolvimento físico, emocional e social.[27] As crianças vítimas de violência, ou que testemunham cenas de violência praticada contra suas mães, "aprendem que é aceitável usar força para impor o desejo de alguém sobre os demais" (EISLER, 2009, p. 84). Ademais,

> (...) a violência cometida por pessoas de quem a criança ou adolescente espera amor, respeito e compreensão é um importante fator de risco que afeta o desenvolvimento da autoestima, da competência social e da capacidade de estabelecer relações interpessoais, potencializando a fixação de um autoconceito negativo e uma visão pessimista do mundo (ASSIS *et al.*, 2004, p. 2).

Muitas pesquisas indicam que os agressores são, em regra, pessoas próximas da criança. A agressão é o principal motivo que leva os pais à justiça, mas o que mais mata é a negligência nos cuidados. Por ano, cerca de seis mil crianças morrem no Brasil devido a acidentes, em casa ou no trânsito (ANDI, 2006). Em que pese ser a casa o lugar de maior vulnerabilidade para a criança, a partir da Constituição Federal de 1988, entre os direitos que lhe são assegurados, está o direito à convivência familiar. O Estatuto da Criança e do Adolescente, com a redação da Nova Lei da Adoção, define a família natural, a família ampliada e a família substituta,[28] afirmando a preferência pela permanência da criança e do adolescente no seio de sua família natural. Somente em casos excepcionais deve-se recorrer à família substituta, que compreende os institutos da guarda, tutela ou adoção.

É indiscutível, portanto, a relevância da família para o desenvolvimento da criança. Como decorrência, sempre que a violência se faz presente nas relações intrafamiliares, a proteção da criança se vê ameaçada, em maior ou menor grau, podendo pôr em risco, inclusive, o direito fun-

---

[27] Ilustrativo o filme *O começo da vida*.

[28] Ver artigos 25 e 28 do Estatuto da Criança e do Adolescente.

Inquirição da criança vítima de violência sexual

damental à convivência familiar, garantido no artigo 227 da Constituição Federal.

Sob qualquer enfoque, a família desempenha papel essencial na vida, formação e desenvolvimento da criança, justificando a inclusão da convivência familiar entre os direitos fundamentais da população infantojuvenil, uma vez que constitui instrumento essencial para a formação do "ego maduro", capaz de

> (...) discriminar a realidade, pensar sobre ela e, a partir de sua capacidade de antecipação, analisar os possíveis caminhos a serem escolhidos, até assumir, por opção e com responsabilidade, a ação a ser realizada, a qual anteriormente passou por um processo de reflexão, decisão, planejamento, para culminar na sua execução (VASCONCELLOS, 1997, p. 60).

As crianças, seres humanos estruturalmente dependentes, em que pese serem titulares de direitos, necessitam de proteção e cuidado dos pais ou substitutos a fim de poderem vencer as etapas iniciais da vida, pois, "o desenvolvimento pleno de um bebê só poderá ocorrer se contar com o amor de seus pais, que vai-se expressar como uma íntima relação que os estudiosos denominam de apego" (ZAVASCHI *et al.*, 2001, p. 43). *A contrario sensu*, inúmeros estudos apontam no sentido de que a violência não só é mais comum do que se possa pensar, "como também é uma das maiores responsáveis por certo número de síndromes psiquiátricas confusas e dolorosas" (BOWLBY, 1989, p. 82). Além disso, se não houver intervenção eficaz, a violência intrafamiliar tende a se perpetuar através das gerações num mesmo núcleo familiar.

Conforme Célia, desde o nascimento, a criança "vem com seu equipamento instintivo dotado de amor e ódio, 'eros e tanatos'; sua personalidade irá se desenvolver dependendo de seu equipamento biológico e sua interação com o meio ambiente". É indispensável que encontre um ambiente "acolhedor, protetor e estimulador, para que a criança possa então introjetar essas boas experiências, que irão formar o 'patrimônio de seu ser' que é sua personalidade" (1990, p. 49).

O papel dos responsáveis primários – família nuclear, família estendida ou comunidade – segundo Kernberg e colaboradores (2003),

> (...) é crucial, apesar de a era do computador tender a modificar o que neste momento é o padrão. Por enquanto, pelo menos, nós precisamos facilitar e promover os laços humanos de uma maneira muito ativa, porque o vínculo leva à cooperação e a uma atualização potencial máxima, podendo contrabalançar as tendências destrutivas (p. 261).

É comum as famílias envolvidas em situações de violência buscarem manter o controle dos sintomas. Nestes casos, segundo Brendler e colaboradores (1994), cada membro sofre de uma sensação de isolamento e alienação exacerbados pela alta excitação ou pela ocorrência de um episódio traumático, que pode vir representado pela morte de um membro da família, a retirada ou a ameaça de retirada de um filho, um divórcio, abuso físico ou sexual, ou ainda perda de emprego, levando-as a experimentar uma descontinuidade violenta no fluxo da vida diária. Sendo assim, adotam expressões sem vida, olhares assassinos e ameaças, fantasias suicidas e comportamentos que paralisam suas vidas, vão deixando-os como se estivessem sendo separados emocionalmente um do outro e de seus próprios sentimentos de vida (p. 7).

Aspecto importante que envolve a família em condições de vulnerabilidade vem assinalado por Dekeuwer-Défossez (1991), quando afirma que:

> (...) é preciso ter consciência de que a criança é muito importante para sua família de sangue e que o desejo de conservar ou de educar esta criança é um dos raros recursos psicológicos suscetíveis de ajudar as famílias menos favorecidas a abandonar estratégias de fracasso. Seria então gravíssimo retirar-lhes esta riqueza para transferi-la a famílias privilegiadas (p. 55).

A violência contra a criança, no ambiente intrafamiliar, afeta a população do mundo todo, não se restringindo ao Brasil, e constitui, na atualidade, um grave problema social e de saúde pública.

A violência intrafamiliar praticada contra a criança, embora tenha sido tema por muito tempo não enfrentado pela família, sociedade, poder público, ou profissionais que lidam com a criança, porquanto torna visível uma face da família que gostaríamos que não existisse, na atualidade, vem encontrando maiores espaços para o debate, a reflexão e iniciativas que buscam garantir um atendimento de maior qualidade à criança. Entretanto, com frequência, o agressor costuma ameaçar a vítima; os familiares não agressores, por sua vez, fecham os olhos, tentando evitar o escândalo que pode abalar ainda mais a estrutura familiar e os profissionais costumam omitir a realidade "para manter o sigilo profissional, contribuindo para agravar a situação já traumática para a criança ou adolescente e fornecendo poderoso álibi ao agressor" (MACHADO *et al.*, 2005, p. 3).

Diante da relevância do tema, a Organização Mundial de Saúde (OMS), em 2002, afirmou a necessidade de investimentos na área da prevenção, recomendando a realização de pesquisas na área da violência, com base na Resolução 56.24 da *World Health Assembly* (WHA) de 2003 (OMS), uma vez que "a sensibilização e o reconhecimento da violência em suas mais distintas formas é o passo primordial da prevenção" (ASSIS, 1994, p. 6).

2.3.1. Violência física, emocional e negligência

Violência física, emocional e negligência estão presentes na vida de muitas crianças, em todas as partes do mundo. No Brasil, todas as modalidades de violência estão englobadas na categoria de maus-tratos contra a infância, referida, de forma expressa, nos artigos 13, 56, inciso I, e 245 do Estatuto da Criança e do Adolescente.[29]

A violência intrafamiliar pode manifestar-se através da violência física, sexual, emocional e da negligência, constituindo "um problema que atinge milhares de crianças e adolescentes e não costuma obedecer a algum nível sociocultural específico, como se pode pensar" (BRAUN, 2002, p. 16). Segundo Guerra (1998), a violência doméstica "permeia todas as classes sociais como violência de natureza interpessoal" (p. 31).

Para a Organização Mundial da Saúde (OMS), é considerado abuso e maus-tratos contra a criança o tratamento doentio, físico ou emocional, o abuso sexual, a negligência ou outro tipo de exploração, que resultem em danos reais ou potenciais para a saúde, sobrevivência, desenvolvimento ou dignidade da criança no contexto de uma relação de responsabilidade, confiança ou poder (OMS, 1999).

A violência física, desde o final do século XIX e início do século XX, vem sendo objeto de estudos. A síndrome da criança espancada foi descrita, pela primeira vez, em 1860, por Ambroise Tardieu, catedrático de Medicina Legal em Paris, através de achados obtidos em autópsias de trinta e duas crianças que haviam sido espancadas ou queimadas até a morte. No mesmo ano, em Londres, Athol Johnson chamou a atenção sobre a frequência de múltiplas fraturas em crianças, atribuindo ao estado dos ossos a causa do achado, uma vez que, na época, o raquitismo era comum entre as crianças londrinas. Supõe-se, na atualidade, que quase todos os casos descritos por Athol Johnson referiam-se a crianças maltratadas. As estatísticas oficiais de Londres revelam que, de 3.926 crianças menores de cinco anos que faleceram por acidente e violência, em 1870, 202 mortes foram atribuídas a homicídio casual; 95 à negligência; 18 à exposição ao frio, todas por maus-tratos recebidos. Mesmo assim, a teoria do raquitismo prevaleceu até o início do século XX (AZAMBUJA, 2004, p. 73).

---

[29] Artigo 13 ECA. Os casos de suspeita ou confirmação de maus-tratos contra criança ou adolescente serão obrigatoriamente comunicados ao Conselho Tutelar da respectiva localidade, sem prejuízo de outras providências legais. Parágrafo único. As gestantes ou mães que manifestem interesse em entregar seus filhos para adoção serão obrigatoriamente encaminhadas à Justiça da Infância e da Juventude.
Artigo 56 ECA. Os dirigentes de estabelecimentos de ensino fundamental comunicarão ao Conselho Tutelar os casos de: I – maus-tratos envolvendo seus alunos.
Artigo 245 ECA. Deixar o médico, professor ou responsável por estabelecimento de atenção à saúde e de ensino fundamental, pré-escola ou creche, de comunicar à autoridade competente os casos de que tenha conhecimento, envolvendo suspeita ou confirmação de maus-tratos contra criança ou adolescente: Pena – multa de três a vinte salários de referência, aplicando-se o dobro em caso de reincidência.

Em 1946, John Caffey informou suas primeiras observações sobre a até então não explicada associação entre hematomas subdurais e alterações radiológicas em grande número; em 1955, P. V. Woolley e W. Evans publicaram, no Jornal da Associação Médica Americana, estudo sobre o significado das lesões esqueléticas dos lactantes, similares às de origem traumática. Em 1961, Henry Kempe organizou um simpósio interdisciplinar versando sobre a síndrome da criança espancada, na Reunião Anual da Academia Americana de Pediatria, publicando importante artigo, um ano após, no Jornal da Associação Médica Americana, no qual abordava o tema sob os pontos de vista pediátrico, psiquiátrico, radiológico e legal e apontava os primeiros números sobre a incidência da referida síndrome nos Estados Unidos. A partir dessa data, milhares de artigos e dezenas de livros têm contribuído significativamente para o conhecimento do abandono e dos maus-tratos contra a criança (KEMPE; KEMPE, 1996, p. 24-26).

Autores como Mangasarian (1894) ressaltavam que "punições corporais machucam a mente mais que o corpo. O efeito de uma bofetada não é apenas aquele que a face mostra; a marca dos dedos. É, no fim das contas, a mente que é golpeada, não a face. Punir o corpo é sempre também punir a mente" (p. 497). Somente há duas décadas "as punições corporais passaram a ser encaradas não mais como um fato normal, mas como uma resposta inadequada do adulto a comportamentos normais e previsíveis das crianças"; "(...) deixou de ser um comportamento normal para tornar-se condenável e, posteriormente, inaceitável" (ZOTTIS, 2009, p. 20).

A violência física pode ser definida como atos praticados por responsáveis, capazes de causar dano físico atual ou que tenham o potencial para tanto (OMS, 1999). Apresenta íntima relação com a ideia de correção, através da utilização de castigos, mostrando-se presente até os dias atuais. No Brasil, antes da chegada dos jesuítas, a punição corporal não era uma prática popular. Os indígenas desconheciam o ato de bater em crianças e, só com a implantação das Aulas Régias, a palmatória passou a se constituir em instrumento de correção por excelência. As convicções dos jesuítas embasavam-se em Provérbios, extraídos da Bíblia, como, por exemplo, o provérbio 23:13-14: "não poupes ao menino a correção: se tu o castigares com a vara, ele não morrerá, castigando-o com a vara, salvarás sua vida da moral dos mortos" (ZOTTIS, 2009).

Algeri (2006) ensina que a violência física "pode se manifestar de várias formas e com diferentes graus de severidade", sendo que "estas formas de violência não se produzem isoladamente, mas fazem parte de uma sequência crescente de episódios que atingem especialmente a criança, de forma continuada, repercutindo de forma significativa sobre sua saúde" (p. 30). Para se ter uma ideia da abrangência da violência, estudos de base populacional, realizados no Brasil, evidenciam que aproximadamente 33% das crianças e adolescentes sofrem atos violentos dentro da família, dificultando o seu reconhecimento (MINAYO, 1994).

Farinatti (1992, p. 685), em estudo envolvendo a criança vitimizada, apresentou alguns indicativos referentes ao sujeito que pratica maus-tratos contra a criança. Para o autor, o abusador é alguém responsável pela criança; 90% dos pais abusivos não são sociopatas nem psicopatas;[30] grande parte dos pais autores dos maus-tratos sofreram, na infância, maus-tratos e negligência; os maus-tratos praticados contra a criança estão presentes em todas as classes sociais, embora os menos favorecidos apareçam com maior frequência; "um significativo número de mães não são casadas e várias têm atitudes de rejeição com seus filhos"; lares desfeitos, crianças cujas mães são adolescentes, desemprego paterno e isolamento social podem contribuir com a prática de maus-tratos; o adulto que pratica os maus-tratos costuma ser a pessoa que passa a maior parte do tempo com a criança. Por último, assinala que o(a) esposo ou companheiro(a) do autor costuma ser complacente e passivo com a reiteração de cenas de violência, fatores que contribuem para a não identificação e prolongamento do tempo de abuso.

No Brasil, o Código Civil de 2002, repetindo dispositivo constante na legislação de 1916, em seu artigo 1.638, inciso I, arrola, entre as causas autorizadoras da perda do poder familiar, o castigo imoderado dos filhos por parte dos pais. Tal previsão, se adequada às disposições legais em vigor em 1916, na atualidade, na vigência da Doutrina da Proteção Integral, mostra-se totalmente em desacordo com o artigo 227 da Constituição Federal e artigo 5º do Estatuto da Criança e do Adolescente, porquanto, *a contrario sensu*, estaria a admitir a utilização, pelos pais, de castigos moderados, incluindo-se atos de violência física e psicológica, como registra a história do Brasil.

---

[30] A Personalidade Antissocial (PAS) é caracterizada por um padrão de comportamento socialmente irresponsável, explorador e sem culpa que começa nos primeiros anos de vida ou no início da adolescência e se manifesta por distúrbios em muitas áreas da vida, inclusive nas relações familiares. Como "sociopatia", o termo "antissocial" implica que o desequilíbrio é dirigido contra a sociedade e suas muitas regras e regulamentos (BALLONE, 2008).
Em termos médicos, a psicopatia não se encaixa na visão tradicional das doenças mentais, porquanto os psicopatas agem a partir de um raciocínio frio e calculista combinado com uma total incapacidade de tratar as pessoas como seres humanos pensantes e com sentimentos. Os psicopatas são indivíduos frios, calculistas, inescrupulosos, dissimulados, mentirosos, sedutores e que visam apenas ao próprio benefício, sendo desprovidos de culpa ou remorso (SILVA, 2008, p. 37).

Somente a partir de 1979, Ano Internacional da Criança, a punição física de crianças (em casa, na escola e em instituições) passou a ser incluída nas discussões e nas ações de diversos países. Como se vê, o Brasil, ao editar o Código Civil, em 2002, mostrou-se pouco sensível à questão, mantendo a previsão, na lei civil, de os pais aplicarem castigos físicos e psicológicos aos filhos, *desde que moderados* (artigo 1.638, inciso I, do Código Civil), em total desacordo com a norma constitucional.[31] Sobre o tema, vale invocar o artigo 278 do Código Civil argentino que, ao disciplinar a matéria, o fez de forma mais esclarecedora que a legislação brasileira:

> Los padres tienen la faculdad de corregir o hacer corregir a conducta de sus hijos menores. El poder de correción debe ejercerse moderadamente, debiendo quedar excluídos los malos tratos, castigos o actos que lesionen o menoscaben física o psíquicamente a los menores. Los jueces deberán resguardar a los menores de las correcciones excesivas de los padres, disponiendo su cesación y las sanciones pertinentes, si correspondieren (FACHIN, 2003b, p. 258).

Insta salientar que a punição corporal de crianças e adolescentes pelos pais, ao longo da história do Brasil, dentro do que se costuma denominar pedagogia familiar, passou por três momentos distintos. O primeiro, denominado *pedagogia do amor correcional* (séculos XVI-XVII), de influência dos jesuítas, voltava-se para a *infância de faces índias*; o segundo, conhecido como *pedagogia da palmatória*, adotado, sobretudo a partir do modelo colonizador escravocrata (séculos XVI-XVIII), tinha na *infância de faces negras* um dos alvos preferidos; e, o terceiro, identificado como *pedagogia da palmada*, sofreu influência das teorias psicológicas da infância, e objetivava a modelagem do comportamento infantil através de uma punição corporal, menos intimidativa e menos ostensiva, tendo, a partir do final do século XIX, na *infância de faces brancas*, o seu destinatário predileto (AZEVEDO; GUERRA, 2001, p. 56).

Como se observa, a utilização de castigos físicos impostos à criança e ao adolescente, como método de correção, remonta a épocas passadas. Em 2003, a proibição de qualquer forma de castigo contra crianças e adolescentes mereceu iniciativa legislativa que restou sem sucesso. Somente em 2014, a edição das Leis n° 13.010/14 (conhecida como Lei Menino Bernardo) e n° 13.058/14 (Lei da Guarda Compartilhada) afastaram, em definitivo, a legitimidade do uso de violência física contra a criança e o adolescente, incluindo os artigos 18-A no ECA e o inciso IX no artigo 1.634 do Código Civil.

---

[31] A Suécia foi o primeiro país a proibir, em sua legislação, qualquer tipo de castigo físico às crianças (CORAZZA, 2002, p. 33).

Inquirição da criança vítima de violência sexual

No âmbito internacional, segundo o Relatório da Comissão Interamericana de Direitos Humanos (CIDH) sobre Castigos Corporais de Crianças e Adolescentes, o castigo físico está presente na maioria das regiões do mundo. Somente 2% das crianças do planeta e 42% dos estudantes da escola básica estão protegidos. Entre os países que integram a Organização dos Estados Americanos, somente o Uruguai, a Costa Rica e a Venezuela aboliram esta prática. Por outro lado, apenas 24 países no mundo têm leis que proíbem os castigos corporais. O relatório ressalta, ainda, que o uso de castigo corporal como método de disciplina imposto a crianças e adolescentes, quando tolerado pelo poder público, "configura-se como uma forma de violência, que vulnerabiliza e fragiliza a dignidade das pessoas" (ANDI, 2010d).

Abolir a prática de atos de violência, nas legislações e nas ações do dia a dia, não constitui tarefa fácil, ainda que se difunda a ideia de que, como sinalizava Freud, rapidamente "se aprende que ser espancado, mesmo que não doa muito, significa uma privação de amor e uma humilhação" (1996, p. 202).

Por sua vez, a violência emocional ou psicológica inclui a falha do responsável em prover um ambiente apropriado e de amparo, incluindo atos que têm um efeito adverso no desenvolvimento e na saúde emocional da criança, como restrição a movimentos, ações que buscam denegrir, ridicularizar, ameaçar ou intimidar, discriminar, rejeitar, além de outras formas não físicas de tratamento hostil contra a criança (OMS, 1999). Embora comum, tal ato "raramente é registrado nas instituições que atendem a população infantojuvenil" (BRAUN, 2002, p. 23). O abandono emocional coincide quase sempre com os maus-tratos físicos, podendo ocorrer também nos casos em que os cuidados meramente físicos são satisfatórios, ocasionando, então, o mesmo dano à personalidade em desenvolvimento (KEMPE; KEMPE, 1996).

Já a negligência, em termos gerais, é definida como desleixo, descuido, desatenção, desprezo. Dados colhidos nos Estados Unidos informam que mais da metade dos casos confirmados de maus-tratos à criança envolve negligência (CHALK *et al.*, 2002). No Brasil, o Disque 100 ou Disque Denúncia Nacional,[32] no período compreendido entre 2003 e junho de 2010, havia registrado cerca de dois milhões de atendimentos, englobando várias formas de maus-tratos. A média diária de denúncias passou de doze por dia, em 2003, para oitenta e sete em setembro de 2009 (ANDI, 2009a). Em 2015, através do mesmo serviço, em nível nacional, foram registradas 17.588 denúncias de violência sexual contra crianças

---

[32] As denúncias podem ser realizadas pelo telefone 100 ou pelo *site* <www.disque100.gov.br.>

e adolescentes, equivalentes a duas denúncias por hora, contabilizando 22.851 vítimas, 70% delas meninas. (UNICEF, 2016).

Embora a negligência e as demais formas de violência praticadas contra a criança costumem ocorrer no interior da família, "o impacto que provocam não se restringe aí, uma vez que a sociedade, como um todo, paga um preço pela criança negligenciada e abusada, implicando em custos diretos e indiretos" (PRADO; PEREIRA, 2008, p. 285). A negligência pode ser classificada como severa ou moderada, acarretando consequências físicas e psicológicas à vítima, como crescimento deficiente, fadiga constante, problemas de conduta, privação cultural, baixa autoestima, desnutrição, depressão, entre tantos outros (BRAUN, 2002, p. 26). Ela gera, desde crianças não estimuladas cognitivamente, porque privadas de cultura, até crianças com retardos mentais importantes, que podem levá-las à morte, ou que sofrem consequências de descuidos com a saúde, como as crianças diabéticas cujos pais não seguem as prescrições médicas, como registra Caminha (1998, p. 55). O abandono e a negligência podem constituir-se em formas muito insidiosas de causar danos graves à criança, caso não haja a intervenção de médicos ou enfermeiros, podendo persistir ignorados por longo tempo (KEMPE; KEMPE, 1996, p. 27).

Muitos autores afirmam que, da perspectiva psicológica,

> (...) uma criança é negligenciada quando lhe faltam suporte apropriado, proteção, atenção, compreensão e afeição; as consequências emocionais imediatas são isolamento, medo e falta de confiança, que também podem permanecer pelo resto da vida, acrescidos de baixo autoestima, depressão, dificuldades de relacionamento, prejuízos mentais e emocionais de diversas ordens, ansiedade, transtornos alimentares e tentativas de suicídio (PRADO; PEREIRA, 2008, p. 284-285).

Diferentemente da violência física, a negligência nem sempre é visível desde logo, podendo não ser perceptível de imediato, embora suas consequências possam se estender pela vida toda e, até mesmo, transpor gerações, afetando crianças, famílias e a sociedade.

Todas as manifestações de violência ferem a dignidade da criança e são repelidas pela legislação brasileira na atualidade. Contudo, a violência sexual, especialmente a intrafamiliar, por se constituir em foco principal desta pesquisa, será objeto de destaque a seguir.

2.3.2. Violência sexual na infância

A violência sexual, entre as diversas formas de violação de direitos que atingem a criança, apresenta maior dificuldade de identificação e manejo, estando a merecer estudo em separado.

Inquirição da criança vítima de violência sexual

2.3.2.1. Conceito e particularidades

No que tange à violência sexual, os autores divergem na denominação: para alguns, é *violência sexual*; para outros, *abuso sexual* ou ainda *vitimização sexual*.[33] Na literatura, não há homogeneidade também quanto às expressões da violência sexual, *doméstica* ou *intrafamiliar*. A expressão *violência doméstica* é utilizada, por alguns autores, para os casos em que o agressor é pessoa das relações da criança, envolvendo amigos, vizinhos e pessoas de suas relações. No presente trabalho, seguimos o entendimento dos autores que definem a violência sexual intrafamiliar como aquela praticada por agressor que faz parte do grupo familiar da vítima, considerando-se não apenas a família consanguínea, como também as famílias adotivas e socioafetivas, onde se incluem os companheiros da mãe e do pai, ou, ainda, pessoas da confiança da criança. A *violência sexual intrafamiliar* nada mais é do que o rompimento do tabu do *incesto*.[34] A violência sexual incestuosa envolve relações sexuais entre pai e filha ou algum homem que "simbolicamente ocupa para a menina/mulher o lugar de pai, ainda que seja apenas como parceiro sexual da mãe e ainda que seu próprio pai esteja vivo, presente ou não em sua vida" (Cromberg, 2004, p. 62). Ocorre, com frequência, dentro da família, em algumas vezes, na própria casa da criança, podendo se estender por longos períodos, envolver padrastos, madrastas, meios-irmãos, avós por afinidade, namorados ou companheiros que morem junto com o pai ou a mãe e que exerçam o papel de cuidador. Para a psicanálise, a palavra *incesto*

> (...) deriva de *incestum*, que quer dizer estritamente "sacrilégio". *Incestum* deriva de *incestus* que significa "impuro e sujo". *Incestus*, por sua vez, é forjada a partir do privativo *in* e *cestus*, que é uma deformação de *castus*, que significa "casto, puro". Assim, *incestus* tem também o sentido de "não casto" (CROMBERG, 2001, p. 28).

A proibição do incesto, conforme Farinatti e colaboradores (1993), "representa a passagem do estágio da natureza para o estágio da cultura"; "é imposto pela figura do pai que se interpõe como terceiro na relação mãe-criança"; "não é o resultado de tendências fisiológicas ou psicológicas, mas o primeiro organizador social" (p. 83).

---

[33] AZEVEDO e GUERRA (1988) utilizam a expressão *vitimização sexual*, classificando-a como intra ou extrafamiliar.

[34] Eva Faleiros (2000, p. 13 e 20), em sua obra, *Repensando os Conceitos de Violência, Abuso e Exploração Sexual*, revisa os conceitos referentes à violência sexual contra criança e adolescentes, afirmando que "conceitualmente, o abuso sexual é considerado e nomeado ora como maus-tratos ora como violência". Para a autora, *violência* é a categoria explicativa da vitimização sexual, referindo-se à natureza da relação estabelecida; *abuso sexual* a situação de uso excessivo, de ultrapassagem de limites; *maus-tratos*, por sua vez, a descrição empírica do abuso sexual, envolvendo danos, atos e consequências do abuso.

A violência sexual contra a criança, segundo Faleiros, é

(...) uma violação dos direitos da pessoa humana e da pessoa em processo de desenvolvimento; direitos à integridade física e psicológica, ao respeito, à dignidade, ao processo de desenvolvimento físico, psicológico, moral e sexual sadios. A violência sexual na família é uma violação ao direito à convivência familiar protetora (2000, p. 46).

Para a Organização Mundial da Saúde (OMS), o abuso sexual infantil, "definido como qualquer atividade sexual (incluindo intercurso vagina/anal, contato gênito-oral, contato gênito-genital, carícias em partes íntimas, masturbação, exposição a pornografias ou a adultos mantendo relações sexuais), envolvendo uma criança incapaz de dar seu consentimento" (SALVAGNI; WAGNER, 2006, p. 2), é considerado um dos maiores problemas de saúde pública no mundo (JOHNSON, 2004, p. 121-132), podendo ocorrer em qualquer faixa etária, inclusive com os bebês (FERREIRA, 1999), o que justifica o envolvimento cada vez maior de toda a sociedade e do poder público na busca de diagnóstico precoce e de políticas públicas capazes de estancar seus elevados índices.

A OMS acrescenta ainda que a violência ou abuso sexual são *actos em que uma persona usa a um niño para su gratificación sexual*" (OMS, 2002, p. 66). A referida Organização não subdivide o abuso sexual em categorias, como incesto, violência sexual intrafamiliar, extrafamiliar, exploração sexual, entre outras, optando por incluir nesta denominação todas as formas de abuso sexual. Segundo Faleiros e Campos (2000), "o termo exploração sexual é utilizado pela OMS para designar situações de abuso sexual intra e extrafamiliar e prostituição, enquanto que muitos autores o utilizam referindo-se apenas à exploração sexual comercial" (p. 4).

A violência sexual vem definida como "todo ato ou jogo sexual, relação hetero ou homossexual entre um ou mais adultos e uma criança ou adolescente, tendo por finalidade estimular sexualmente esta criança ou adolescente ou utilizá-la para obter uma estimulação sexual sobre sua pessoa ou de outra pessoa" (KRISTENSEN *et al.*, 1998, p. 33). É também entendida como o envolvimento de crianças e adolescentes, dependentes e imaturos quanto ao seu desenvolvimento, em atividades sexuais que não têm condições de compreender plenamente e para as quais são incapazes de dar o consentimento informado ou que violam as regras sociais e os papéis familiares. Incluem a pedofilia, os abusos sexuais violentos e o incesto, sendo que os estudos sobre a frequência da violência sexual são mais raros dos que os que envolvem a violência física (KEMPE; KEMPE, 1996).

Embora não existam dúvidas de que "o abuso intra e extrafamiliar é uma violência sexual, nem sempre a exploração sexual comercial é identificada como violência sexual e como abuso sexual" (FALEIROS;

CAMPOS, 2000, p. 9). Para Guerra, a violência sexual ou exploração sexual configura-se como todo ato ou jogo sexual, relação hétero ou homossexual entre um ou mais adultos e uma criança ou adolescente, "tendo por finalidade estimular sexualmente esta criança ou adolescente ou utilizá-la para obter uma estimulação sexual sobre sua pessoa ou de outra pessoa" (1998, p. 33). Segundo a UNICEF, 80% das denúncias de abuso sexual na América Latina correspondem a crianças e adolescentes que muitas vezes são explorados sexualmente com fins lucrativos (UNICEF, 1997).

Para Christoffel e colaboradores (1992), *abuso* é um termo usado para definir uma forma de maus-tratos de crianças e adolescentes, com violência física e psicológica associada, geralmente repetitivo e intencional. Faleiros e Campos (2000), por sua vez, afirmam que

> (...) o abuso sexual deve ser entendido como uma situação de ultrapassagem (além, excessiva) de limites de direitos humanos, legais, de poder, de papéis, do nível de desenvolvimento da vítima, do que esta sabe e compreende, do que o abusado pode consentir, fazer e viver, de regras sociais e familiares e de tabus. E que as situações de abuso infringem maus-tratos à vítima (p. 7).

A despeito dos diferentes conceitos e designações atribuídas pelos autores, sabemos que dificilmente a criança sofre apenas uma forma de violência, porquanto é comum o entrelaçamento de diversas violações, envolvendo aspectos emocionais, físicos e sexuais. No entanto, os estudos têm utilizado uma classificação importante para elucidar alguns aspectos da violência sexual, a saber, violência sexual intrafamiliar ou extrafamiliar. Com relação à violência intrafamiliar, autores apontam que "aproximadamente 80% são praticados por membros da família ou por pessoa conhecida confiável" (FARINATTI, 1992, p. 685). Enquanto a violência sexual doméstica praticada contra a criança, de cunho intrafamiliar, "retém os aspectos do abuso relativos ao apelo sexual feito à criança, bem como destaca tal ocorrência no interior da família" (MEES, 2001, p. 18), a extrafamiliar envolve pessoas que não têm relações de parentesco ou de conhecimento com a criança.

O abuso sexual da criança insere-se em uma gama extensa de situações de violação dos direitos da infância. Para Faleiros e Campos (2000), "é importante reter que a categoria violência é um elemento constitutivo/ conceitual, e, portanto, explicativo, de todas as situações em que crianças e adolescentes são vitimizados sexualmente" (p. 8).

O incesto, como assinalam Farinatti e colaboradores (1993), "não é um avatar (transfiguração) do Édipo, mas a procura de uma relação fusional muito mais arcaica" (p. 98). Os mesmos autores lembram que Édipo, antes de ser incestuoso, foi abandonado. Teria sido deixado em um lugar ermo, com os pés amarrados (Édipo quer dizer pés inchados), vindo a ser encontrado por um pastor. Matou o próprio pai e, sem saber, casou-se com a mãe. Desconhecia suas origens genéticas, pois tal informação lhe havia sido negada. Logo, ensina a lenda que os abandonados de hoje serão os parricidas e os incestuosos de amanhã, ao menos no sentido figurado, fato que fortalece a concepção de que "o incesto é uma história de paixão e violência, onde não há lugar para a ternura e a solicitude reais, mas sim para a fusão dos corpos e a difusão dos papéis familiares" (p. 98). Configura-se como manifestação da violência sexual intrafamiliar, pode ser definido como a exploração sexual da criança por outro membro da família, envolvendo pessoas entre as quais o casamento é proibido em razão de lei ou dos costumes. Pressupõe uma relação sexual não apenas entre parentes com laços sanguíneos próximos, mas entre pessoas que têm ligações formais ou informais de parentesco, culturalmente consideradas como obstáculo para as relações sexuais. O incesto é base de todas as proibições, é a primeira lei, "é a lei fundante e estruturante do sujeito e, consequentemente, da sociedade e, portanto, do ordenamento jurídico" (PEREIRA, 1997, p. 30-31). Cinco tipos de relações incestuosas são conhecidas: pai-filha, irmão-irmã, mãe-filho, pai-filho e mãe-filha, sendo possível que o mais comum seja irmão-irmã; o mais relatado é entre pai-filha (75% dos casos) (ZAVASCHI *et al.*, 1991a, p. 131).

Lippi, em entrevista concedida a Mateus Castanha, referindo-se às nefastas consequências do incesto, assinala:

> Eu já lidei com situações semelhantes. Um jovem que veio ao meu consultório, já com 12 anos, estava se psicotizando exatamente porque não sabia como tratar aquele senhor, que ele veio a saber que era o próprio pai, mas até então pensava que era o avô. Esse é um complicador na vida do ser humano. Ele não consegue uma identificação com a figura paterna porque tem duas figuras para se identificar. Então, o jovem não alcança sua pró-identidade e se torna um ser confuso, podendo se psicotizar (2009).

As meninas aparecem nas pesquisas como as vítimas mais frequentes de violência sexual. No Canadá, estudo que envolveu 125 crianças com menos de seis anos de idade, hospitalizadas em decorrência da violência sexual, a proporção de meninas foi de 3,3 para cada menino; 60% das crianças foram vítimas da violência sexual intrafamiliar (ROUYER, 1997). A mesma autora, em estudo realizado na França, encontrou dados semelhantes. Pessoas da família da vítima são responsáveis por cerca de dois terços dos abusos; um terço é cometido por pessoas conhecidas da vítima, mas que não fazem parte de sua família (vizinho, educador, cuidador) e raramente os abusos sexuais foram cometidos por pessoas desconhecidas. No Brasil, Azevedo e Guerra (1988) analisaram 168 casos de violência sexual, denunciados em 1981, no município de São Paulo, apontando que 93,5% das vítimas eram do sexo feminino; 6,5%, do sexo masculino, sendo que 53% tinham idade inferior a dez anos. É notável que, para cada caso denunciado, muitos outros permaneçam sem registro. Azevedo e Guerra (1988) denominam de "cifra negra" os casos que ficam na clandestinidade em decorrência da *síndrome do segredo* que acompanha a violência sexual intrafamiliar praticada contra a criança (JUNG, 2006, p. 11 e 14).

Faleiros e Campos (2000), com propriedade, ressaltam que a violência sexual praticada contra a criança

> (...) deturpa as relações socioafetivas e culturais entre adultos e crianças/adolescentes, ao transformá-las em relações genitalizadas, erotizadas, comerciais, violentas e criminosas; confunde, nas crianças e adolescentes violentados, a representação social dos papéis dos adultos, descaracterizando as representações sociais de pai, irmão, avô, tio, professor, religioso, profissional, empregador, quando violentadores sexuais, o que implica a perda de legitimidade e da autoridade do adulto e de seus papéis e funções sociais; inverte a natureza das relações adulto/criança e adolescente definidas socialmente, tornando-se desumanas em lugar de humanas; desprotetoras em lugar de protetoras; agressivas em lugar de afetivas; individualistas e narcisistas em lugar de solidárias; dominadoras em lugar de democráticas, dependentes em lugar de libertadoras, perversas em lugar de amorosas, desestruturadoras em lugar de socializadoras; confunde os limites intergeracionais (p. 10).

Mesmo com os avanços alcançados no Brasil, nas últimas décadas, com a maior participação dos meios de comunicação na divulgação da relevância da notificação e com o aumento efetivo de registros,[35] a violência sexual intrafamiliar continua a merecer atenção pelas particularidades que a acompanham, favorecendo a manutenção do segredo por longos períodos e elevando os danos que costumam recair sobre a vida e o desenvolvimento das vítimas.

Outro aspecto a ressaltar são os *efeitos extremamente corruptores* que a gratificação, através de subornos e recompensas, pode acarretar na vida da criança que sofre abuso sexual. Segundo Furniss (1993), aí são incluídas

> (...) recompensas materiais que a criança sabe não serem recebidas pelas crianças que não sofrem abuso; também inclui convencer as crianças de que elas são melhores, mais encantadoras e mais especiais do que outras pessoas significativas nas suas vidas, assim como suas mães, irmãos e outras crianças (p. 37).

A violência sexual intrafamiliar praticada contra a criança "retém os aspectos do abuso relativos ao apelo sexual feito à criança, bem como destaca tal ocorrência no interior da família" (MEES, 2001, p. 18). Ao mes-

---

[35] De 2003 a 2009, o Disque 100 teve um crescimento de 625%. A média de denúncias recebidas a cada dia passou de 12, em 2003, para 89, em 2008. Em 2009, até junho, a média chegou a 94 por dia (MATIOLLA, 2009). De 2011 a 2012, o crescimento de denúncias foi de 58,86%; de 2012 a 2013, houve redução de 4,91%; de 2013 a 2014, redução de 26,38%; de 2014 a 2015, a redução foi de 11,94% (DISQUE 100).

mo grupo familiar pertencem os dois polos da ação: agressor e vítima. As crianças, "vítimas inocentes e silenciosas do sistema e da prática de velhos hábitos e costumes arraigados na cultura do nosso povo, são as maiores prejudicadas neste contexto calamitoso" (ALBERTON, 1998, p. 26). Ao ser praticada contra a criança, a violência sexual intrafamiliar "está envolta em relações complexas da família, pois os abusadores são parentes ou próximos das vítimas, vinculando sua ação, ao mesmo tempo, à sedução e à ameaça" (FALEIROS, 2008). Resulta de relações de poder, expressas não somente no uso da força física do adulto, mas também pelas artimanhas da sedução, da persuasão e do uso do imaginário, o que destaca a preferência do abusador pela criança vitimizada: ela é convidada a dormir com o pai, quando esse é o caso, numa aparente atitude protetora e socializadora. Esse abuso de poder que envolve a relação do adulto sobre a criança, como assinala Beuter (2007), "não se restringe apenas à dominação e à apropriação do seu destino, mas também ao desrespeito à criança, ao seu corpo, à sua identidade e ao ser humano como sujeito de direitos" (p. 29).

Em vista do aparente destaque que recebe na família, a criança vítima de violência sexual intrafamiliar pode querer manter uma pseudoparceria com o abusador, "mesmo ao custo de confusão e perturbação emocional" (FURNISS, 1993, p. 37). Adiante, o mesmo autor ressalta que:

> (...) o forte apego das vítimas em relação à pessoa que abusa é, em alguns casos um reflexo do fato de que a atenção abusiva que a criança obtém é a atenção e o cuidado parental mais importante, ou, inclusive, o único que recebe. Apesar dos possíveis efeitos prejudiciais, as crianças podem não querer desistir desse relacionamento, que sentem ser positivo enquanto não têm experiências alternativas. A força desse apego pode ser vista de modo especial em famílias com um único progenitor, em que o pai, enquanto único progenitor, é também a pessoa que comete o abuso (p. 37).

De outro lado, com relação às mães das crianças vítimas de violência sexual, algumas se calam para manter *a estabilidade e segurança da família* e para *não admitir a sua omissão,* passando a ser vistas como cúmplices: "quando as crianças tentam indicar abertamente que está acontecendo abuso sexual, ou desconsideram essas declarações ou não levam a sério suas filhas e filhos, embora possam tomar medidas para desmentir as alegações" (p. 53). Outras se mostram protetoras, denunciando o abuso e mantendo-se ao lado da criança. Também em famílias com um relacionamento "mãe-filha próximo e protetor" pode acontecer o abuso sexual; a diferença é que, nesses casos, "o abuso sexual não continuará através dos anos"; as mães "tomam medidas para proteger a criança e induzem uma revelação" (p. 53).

O autor ainda assinala que as mães que não acreditam no abuso "não serão capazes de proteger" seus filhos (p. 26). Para Farinatti (1993, p. 101), "a mãe demite-se de sua função maternal". No entanto, uma mesma mãe pode ocupar as duas posições em épocas diferentes de sua vida. A revelação do abuso produz em algumas mães manifestações de ciúmes, levando-as a transferir para a filha a responsabilidade da violência sexual, pois "sente mais inveja da relação afetiva do pai com a criança do que preocupação com o abuso em si" (1992, p. 101). Estudos sinalizam para o fato de que muitas mães de crianças abusadas sexualmente tenham sido vítimas de violência na sua infância ou adolescência, constituindo-se um fator de risco para o envolvimento com companheiros abusivos, diminuindo sua capacidade de exercer a proteção aos filhos e contribuindo para reforçar o ciclo da violência. Santos e Dell'Aglio (2008), para corroborar essa constatação, referem estudo realizado no Canadá por Diane Hiebert-Murphy (1988), envolvendo 102 mulheres que passaram em um serviço de atendimento a situações de violência em razão da revelação de abuso sexual sofrido por seus filhos, cujo resultado apontou que 74% delas foram vítimas de, pelo menos, uma experiência de abuso sexual na infância e adolescência; 22% experimentaram abuso na infância; 22%, na adolescência e 30%, tanto na infância como na adolescência.

Ademais, as mães sexualmente abusadas "podem ser muito ambivalentes em seu desejo de buscar ajuda para seus filhos", expondo-os a uma maior desproteção: "Por um lado elas podem querer ajuda urgente para a criança sexualmente abusada e esse pedido de ajuda pode se tornar muito agudo em uma crise. No entanto, quando a crise diminui, é comum o desejo de abandonar o tratamento" (FURNISS, 1993, p. 323).

Sentimentos de ambivalência são comuns também na criança: "várias filhas se culpabilizam de que, com a denúncia do pai ou do padrasto à mãe, estragaram seu relacionamento; mantêm, portanto, intensa ambivalência afetiva na denúncia" (CROMBERG, 2004, p. 65).

A criança que passa pela experiência da violência sexual, em muitos casos, jamais se sentiu próxima de sua mãe, voltando-se para o pai ou padrasto "em busca de cuidado emocional, sendo que o abusador trai sua confiança ao abusá-la sexualmente". A agravar ainda mais o contexto da criança, "o apego à pessoa que abusa pode, apesar do extremo abuso sexual, ser o vínculo mais importante na vida da criança". Para ilustrar esta assertiva, Furniss refere frases ditas por uma mulher com mais de cinquenta anos que havia sido abusada sexualmente na infância: "Por que eu era tão má que meu pai tinha que me bater e abusar sexualmente de mim quando criança?"; "Eu odeio meu pai, mas pelo menos uma vez eu quis ser vista e apreciada por ele" (1993, p. 54).

É comum que mães de crianças vítimas de violência sexual intrafamiliar, ainda que não tenham vivenciado abuso na infância, enfrentem "um contexto social caracterizado pela pobreza, violência familiar e falta de recursos e apoio", fato que as coloca numa situação de maior vulnerabilidade social, diminuindo os meios necessários para reverter a violência sexual a que seus filhos se veem expostos (SANTOS; DELL'AGLIO, 2008, p. 9-10). Nesse sentido, vale ressaltar que a violência sexual praticada contra a criança, no âmbito interno da família,

> (...) faz parte de um conjunto de rupturas de relacionamentos, em uma estrutura doente familiar, que vem do histórico de vida de cada membro dessa família, incluindo o agressor. Esse histórico pode determinar uma permissividade ao ato, pela própria desvalorização da infância e adolescência, como também do papel da mulher, mantendo, na maioria dos casos, uma cegueira e surdez coletiva aos apelos, muitas vezes mudos, da própria vítima" (PFEIFFER; SALVAGNI, 2005, p. 200).

A violência sexual intrafamiliar praticada contra a criança "ainda é um fenômeno social grave que atinge todas as idades, classes sociais, etnias, religiões, culturas e limitações individuais". Acontece em um ambiente relacional favorável, às expensas da confiança que a vítima deposita no abusador, que, aproveitando-se da ingenuidade da criança e do adolescente, "pratica a violência de forma repetitiva, insidiosa, fazendo crer que ela, a vítima, é culpada por ser abusada" (BAPTISTA *et al.*, 2008, p. 8). É prejudicial à criança uma vez que "envolve uma quebra de confiança com as figuras parentais e/ou de cuidado que, a princípio, deveriam promover segurança, conforto e bem-estar psicológico". Em vista disso, "quanto mais próximo for o relacionamento entre ela e o abusador, maior será o sentimento de traição" experimentado pela vítima (SANTOS; DELL'AGLIO, 2008, p. 3). Por envolver pessoas que costumam exercer autoridade sobre a criança, este tipo de violência propicia a instalação da chamada síndrome do segredo e da negação.

2.3.2.2. *Violência sexual como síndrome do segredo e da negação*

A violência sexual se diferencia das demais formas de violência praticada contra a criança por ser agravada pela síndrome do segredo para a criança e a família e pela síndrome de adição para o abusador.

A falta de vestígios físicos abre caminho para reforçar a *negação* ou *síndrome de segredo*, que envolve todo o desenrolar do processo de abuso sexual intrafamiliar. Segundo a literatura, somente em uma minoria de casos, "o exame físico conduz, com confiança, ao achado definitivo de abuso sexual", o que acaba por dificultar a investigação pelos profissionais da saúde, menos capacitados, apesar de outros indicadores se fazerem presentes. A violência sexual, como menciona a literatura, "não é somente um diagnóstico, é um acontecimento ou uma série de acontecimentos que ocorrem dentro de um relacionamento no qual a criança está ou é envolvida" (SALVAGNI; WAGNER, 2006, p. 2), exigindo continuado acompanhamento e monitoramento em face das possíveis sequelas que dela decorrem.

A *síndrome de segredo* se faz presente tanto nas etapas em que o fato ainda não foi identificado, e que pode durar vários anos,[36] acompanhado de frequentes ameaças,[37] "uma vez que as ameaças, reiteradamente exercidas pelo violentador, fragilizam a criança e/ou adolescente, pois se sentem incapazes de responder ao poder físico e emocional do adulto" (BARROS; SUGUIHIRO, 2003). De igual forma, nas etapas que se desenvolvem nos sistemas de saúde e/ou justiça, a negação se faz presente, cabendo referir que "sobreviver ao abuso sexual da criança como pessoa intacta pode ser tão difícil para o profissional como é para a criança e para os membros da família" (FURNISS, 1993, p. 1).

A criança vítima de violência sexual intrafamiliar costuma, diante de qualquer manifestação, ser repreendida pelo agressor, por meio de ameaças ou jogos de sedução, e

> (...) quase sempre os parentes não agressores costumam fechar os olhos, tentando evitar o escândalo que pode abalar ainda mais a estrutura familiar; os profissionais, por sua vez, omitem a realidade para manter o sigilo profissional, contribuindo para agravar a situação já traumática para a criança ou adolescente (MACHADO *et al.*, 2005, p. 3).

Do ponto de vista da psicologia, a violência sexual intrafamiliar, por envolver a quebra de confiança com as figuras parentais e/ou de cuidado, eleva o risco de prejuízos ao desenvolvimento da criança. Quanto mais próximo for o relacionamento da criança com o abusador, "maior será o sentimento de traição". A quebra de confiança

> (...) pode não envolver apenas a relação com o abusador, mas afetar também a relação com outros membros da família. Enquanto algumas vítimas encontram estratégias para evitar ou resistir à violência, outras apresentam um padrão de funcionamento caracterizado pelo desamparo apreendido como resposta à exposição continuada de violência. A experiência de violência observada ou vivida na infância passa a ser compreendida como algo incontrolável ou, ainda, natural (SANTOS; DELL'AGLIO, 2008, p. 9).

A violência sexual praticada contra a criança, no âmbito intrafamiliar, como já se afirmou, na maioria dos casos não inclui força física, valorizando o poder, a coação e/ou sedução do abusador com relação à

---

[36] Estudo realizado pelos autores aponta que "nos casos de violência sexual contra crianças e adolescentes, no âmbito doméstico, praticados pelos pais ou padrastos, há certa continuidade no delito que, não fosse por fatores externos, jamais chegaria ao conhecimento das autoridades" (BENFICA; SOUZA, 2002, p. 181).

[37] "Nossa pesquisa observou que geralmente o réu exercia alguma autoridade sobre a vítima, gerando nesta o chamado temor referencial (Sznick, 1992), decorrente do dever de obediência para com o réu" (BENFICA; SOUZA, 2002, p. 181).

criança. Costuma iniciar de forma sutil e, "conforme o abusador adquire a confiança da vítima, os contatos sexualizados tornam-se gradualmente mais íntimos, podendo variar desde um afago até relação sexual genital, oral ou anal (DE ANTONI; KOLLER, 2002; PIRES, 2000)". Autores ressaltam que a criança "pode perceber esses contatos e aproximações como um privilégio, já que uma atenção diferenciada lhe é dispensada (PFEIFFER; SALVAGNI, 2005)", fato que contribui para a manutenção do segredo sobre o abuso (SANTOS; DELL'AGLIO, 2008, p. 2). O agressor, no momento em que a vítima começa a perceber a anormalidade de sua conduta,

> (...) tenta inverter os papéis, impondo a ela a culpa de ter aceitado seus carinhos; usa da imaturidade e insegurança da vítima, colocando em dúvida a importância que tem para a sua família, diminuindo ainda mais seu amor próprio, ao demonstrar que qualquer queixa da parte dela não teria valor ou crédito. (...) O abuso é progressivo; quanto mais medo, aversão ou resistência pela vítima, maior o prazer do agressor, maior a violência (PFEIFFER; SALVAGNI, 2005, p. 199).

O pacto do silêncio que é imposto à vítima, por parte do abusador, e, em alguns casos, por outros membros da família, ganha reforço por fatores externos, como o descrédito que alguns adultos têm em relação à palavra da criança; na maior capacidade física, social, psicológica e legal que os adultos, em especial, os pais ou figuras paternas utilizam irresponsavelmente (FURNISS, 1993, p. 18), bem como a fatores internos da própria criança, como o medo de que o abusador (a quem ama e odeia de forma ambivalente) possa ser preso; o medo de ser expulsa de casa; o medo de receber represálias por parte de familiares, bem como o medo de "destruir a família" (JUNG, 2006, p. 15). Gabel (1997), com propriedade, assinala que "a criança tem medo de falar e, quando o faz, o adulto tem medo de ouvi-la" (p. 11), dificultando o reconhecimento da real amplitude da violência sexual pelas famílias, pela sociedade e pelo poder público.

A culpa vivenciada pela criança que sofreu o abuso sexual decorre do seu "senso equivocado de responsabilidade" por ter sido uma participante do abuso, o que encontra reforço nas ameaças que recebe do abusador, atribuindo-lhe a responsabilidade pelas consequências caso venha a revelar o fato a terceiros. Para Furniss (1993), "a persistente experiência psicológica de participação e culpa também explica a baixa autoestima e o posterior comportamento de vítima dos adultos que sofreram abuso sexual quando crianças" (p. 17).

O contexto familiar em que ocorre a violência sexual favorece a sua continuidade, fazendo com que a vítima se mantenha calada, reforçando a manutenção do segredo e contribuindo para a sua desproteção. Para a criança, é muito difícil revelar a violência sexual intrafamiliar, pois "ela se encontra envolvida na trama familiar e ainda é muito dependente de seus pais; isto faz com que, muitas vezes, o incesto seja de longa duração, podendo durar até sete ou oito anos para ser revelado" (JUNG, 2006, p. 9).

Furniss (1993), para melhor explicar a síndrome do segredo para a criança que sofre violência sexual, estabelece relação direta entre a conduta da criança e do abusador. Segundo o autor, enquanto a criança se vê envolvida na síndrome do segredo, ele, o abusador, está envolvido na *síndrome de adição*. Identifica, na conduta do abusador, várias semelhanças com outras formas de adição:

1) As pessoas que abusam sexualmente de crianças sabem que o abuso é errado e que constitui crime;

2) A pessoa que abusa sexualmente sabe que o abuso é prejudicial à criança. Apesar disso, o abuso acontece.

3) O abuso sexual, como outras adições, não cria primariamente uma experiência prazerosa, mas serve para o alívio da tensão.

4) O processo é conduzido pela compulsão à repetição.

5) Os sentimentos de culpa e o conhecimento de estar prejudicando a criança podem levar a tentativas de parar o abuso.

6) O aspecto sexual egossintônico do abuso sexual dá à pessoa que abusa a *excitação* que constitui o elemento aditivo central.

7) A gratificação sexual do ato sexual ajuda a evitação da realidade e apoia uma baixa tolerância à frustração, mecanismos frágeis de manejo e funções de ego frágeis.

8) Os aspectos egossintônicos e sexualmente excitantes do abuso sexual da criança e subsequente alívio de tensão criam dependência psicológica.

9) A pessoa que abusa sexualmente tende a negar a dependência, para ela própria e para o mundo externo, independentemente de ameaças legais.

10) A tentativa de parar o abuso pode levar a sintomas de abstinência, tais como ansiedade, irritabilidade, agitação e outros sintomas (1993, p. 37-38).

Os aspectos acima apontados, que tratam a violência sexual como síndrome do segredo para a criança e família e da adição para a pessoa que abusa, explicam, em parte, as dificuldades enfrentadas pela família e pelos profissionais quando se deparam com casos dessa natureza. Na violência sexual, como descreve Furniss, a síndrome do segredo, para a criança e familiares, e da adição para a pessoa que abusa, constituem mecanismos de evitação da realidade para o abusador, com sérios prejuízos para o desenvolvimento da criança. Como assinala Furniss:

A grande dificuldade de se parar o abuso sexual da criança, romper o segredo, criar e manter a realidade e lidar com os apegos mútuos, frequentemente muito fortes e destrutivos, entre a pessoa que abusa e a criança são efeitos específicos do abuso sexual da criança como síndrome conectadora de segredo e adição (p. 40).

As crianças vítimas de violência sexual intrafamiliar são proibidas de revelar os fatos para pessoas da família e para pessoas estranhas à família. Ainda segundo Furniss: "Pode ser dito à criança, especialmente às crianças pequenas, que aquilo que acontece durante o abuso é um segredo entre a criança e a pessoa que abusa. O segredo é geralmente reforçado pela violência, ameaças de violência ou castigo" (p. 30).

As próprias características do evento, assim como os entraves verificados nas etapas que se seguem à notificação, justificam estimativa da Organização Mundial da Saúde no sentido de que "apenas um em cada 20 casos chega a ser notificado, ocultando assim reais situações de violência" (BEUTER, 2007, p. 30) e impedindo que políticas públicas sejam planejadas com adequação.

As crianças e os adolescentes pertencentes às famílias em que a violência sexual está presente, para manter o segredo, costumam ser privadas dos contatos sociais, levando a família a se isolar cada vez mais. Para as vítimas, a única saída passa a ser "o olhar atento dos educadores e das pessoas que, de algum modo, fazem parte de sua vida fora de casa; crianças e adolescentes costumam pedir socorro assim que estabelecem um vínculo de confiança com outro adulto" (MACHADO *et al.*, 2005, p. 55), o que sugere a necessidade de maior preparo de todos os profissionais que trabalham com a criança.

Embora a legislação brasileira trate explicitamente da notificação dos casos de maus-tratos praticados contra a criança, estabelecendo a obrigatoriedade de comunicação aos profissionais da saúde e educação, é sabido que muitas situações ainda permanecem na clandestinidade, favorecendo a manutenção da violência, com sérios prejuízos à vítima. Para contornar esse grave problema, urge a adoção de ações de formação continuada desses profissionais como parte do enfrentamento desse problema.

2.3.3. Suspeita ou confirmação de maus-tratos praticados contra a criança e o Conselho Tutelar

Após a entrada em vigor do Estatuto da Criança e do Adolescente (1990), os casos de suspeita ou confirmação de maus-tratos à criança ou ao adolescente, em que se inclui a violência sexual, devem ser comunicados, em caráter obrigatório, ao Conselho Tutelar, por profissionais da saúde e educação (artigos 13 e 56, I, ECA). Entretanto, o mais preocupante, no cenário que ora se desenha, é saber que, de modo geral, às Instituições, nacionais e internacionais, chegam números insignificantes de casos de violência intrafamiliar frente às inúmeras violações a que estão expostas diuturnamente as crianças. No Brasil, a incidência de maus-tratos na infância "é desconhecida pela falta de estatísticas a nível regional" (SANTOS *et al.*, 1986, p. 36). Estudos norte-americanos (JONES & MCCURDY, 1992; SEDLAK & BROADHURST, 1996; MANG & DARO, 1998), abrangendo grandes amostras de caráter nacional, entre outras conclusões, apontam que "a cada nova pesquisa encontram-se mais casos; os totais de casos ainda não pararam de crescer, especialmente nas classes média e alta" (KRISTENSEN *et al.*, 1998, p. 72). Nas instituições de saúde, "sabe--se que o número de maus-tratos na infância diagnosticado em serviços médicos é, pelo menos, quatro vezes inferior ao que está ocorrendo no mesmo instante na comunidade local" (SANTOS *et al.*, 1986, p. 29). Nos Estados Unidos, entre 1973 e 1981, o Departamento de Justiça recebeu 4,1 milhões de registros de violência familiar, importando em uma média anual de 450 mil casos, números que podem ainda ser maiores, "pois refletem somente o comportamento das vítimas que registraram tais casos como criminais" (REICHENHEIM *et al.*, 1999, p. 110).

A demanda do Conselho Tutelar, relativamente à violência intrafamiliar, abarca situações difíceis de serem abordadas, podendo ser apontado, entre outros fatores, o fato de o agressor e a vítima pertencerem ao mesmo grupo familiar, sendo que "as crianças – vítimas inocentes e silenciosas do sistema e da prática de velhos hábitos e costumes arraigados na cultura do nosso povo – são as maiores prejudicadas neste contexto calamitoso" (ALBERTON, 1998, p. 26). Célia (1990), referindo-se à situação da infância brasileira, assinala:

A maioria das crianças brasileiras começa a ser agredida ainda no ventre materno, pela desnutrição materna e pela violência contra a mulher, e, quando sobrevive às doenças perinatais, respiratórias e preveníveis por vacinação, quando sobrevive à fome e à diarreia, chega à idade adulta agredida pela falta de oportunidade do mercado de trabalho, depois de sofrer o fenômeno da evasão (diga-se "exclusão escolar"), quando então poderíamos falar no maltrato da instituição escolar, que entre outras causas multifatoriais apresenta um currículo completamente desligado da aplicação para as reais necessidades da maioria da população brasileira (p. 43).

A comunicação ao Conselho Tutelar (artigo 136, inciso I, do ECA) deve ser feita por qualquer pessoa, sendo obrigatória quando se tratar dos profissionais da saúde e educação (artigos 13 e 56, inciso I, do ECA). No dizer de Furniss (1993), especialista no assunto, o abuso sexual da criança "é tanto uma questão normativa e política quanto clínica" (p. 5), justificando a necessidade de medidas de caráter interdisciplinar, com a participação de diversos profissionais para o seu enfrentamento. Relatório da Organização Mundial da Saúde, de 2002, ao versar sobre a violência, faz menção à obrigatoriedade prevista na legislação brasileira, a exemplo de países como Argentina, Coreia, Espanha, Estados Unidos, Finlândia, Israel, entre outros, de comunicar ao Conselho Tutelar os fatos que envolvam maus-tratos praticados contra a criança. O mesmo Relatório informa que, na Holanda, casos de suspeita de abuso infantil podem ser delatados voluntariamente a uma das agências públicas (Conselho de Proteção e Cuidado Infantil e o Consultório Médico Confidencial), competindo-lhes investigar relatos de suspeita de maus-tratos e providenciar o encaminhamento para os serviços apropriados (OMS, 1999).

Ao Conselho Tutelar aporta uma demanda que, até o momento, não pode ser devidamente dimensionada, não só pelo fato de o reconhecimento da violência intrafamiliar ser recente, como também em decorrência da "utilização de diferentes definições do fenômeno pelas instituições e pelos pesquisadores responsáveis pelas estatísticas disponíveis, pela diversidade das fontes de informações existentes e pela inexistência de inquéritos populacionais nacionais" (REICHENHEIM *et al.*, 1999, p. 110), fatores que dificultam a oferta de estimativas mais apuradas.

No que se refere à violência sexual intrafamiliar, a Organização Mundial da Saúde (OMS), como já afirmamos anteriormente, aponta que apenas um em cada vinte casos recebe o encaminhamento aos órgãos competentes (BRAUN, 2002, p. 75). Como observa Brauner (2008, p. 19), "trabalha-se com um fenômeno que é encoberto por segredo, um muro de silêncio do qual fazem parte os familiares, vizinhos e, algumas vezes, os próprios profissionais que atendem as crianças vítimas de violência". Por outro lado, estudos realizados pelo Departamento de Medicina Legal da Unicamp (1997) indicam que apenas 10% a 20% das vítimas denunciam o estupro (FERREIRA, 2000). A confirmar a subnotificação, estão os dados do Conselho Tutelar de Porto Alegre, referentes ao ano de 2009, em que as Microrregiões 7 (Restinga) e 9 (Lomba do Pinheiro/Agronomia) não registraram casos de violência sexual praticada contra a criança (Centro de Apoio da Infância e da Juventude do Ministério Público do RS, 2010), o que não significa não terem ocorrido. Em 2015, já há maior visibilidade para o fato, e o Conselho Tutelar de Porto Alegre registra 386 casos de violência ou abuso sexual e 84 de exploração sexual.[38]

---

[38] Prestação de Contas do Conselho Tutelar – Dados Sintéticos, no ano de 2015, apontam que, na Microrregião 2, das 705 denúncias recebidas, 70 envolviam violência e abuso sexual e 12 exploração sexual; na Microrregião 3, das 724 denúncias, 97 envolviam violência e abuso sexual e 26 exploração sexual; na Microrregião 5, das 65 denúncias recebidas, 26 envolviam violência e abuso sexual e 7 exploração sexual; na Microrregião 6, das 312 denúncias recebidas, 83 envolviam violência e abuso sexual e 2 exploração sexual; na Microrregião 7, das 439 denúncias, 39 envolviam violência e abuso sexual, sem registro de exploração sexual; na Microrregião 8, das 843 denúncias recebidas, 35 envolviam violência e abuso sexual e 34 exploração sexual; na Microrregião 10, das 471 denúncias recebidas, 36 envolviam violência e abuso sexual e 3 exploração sexual. Até o dia 12 de agosto de 2016, as Microrregiões 1, 4 e 9, não haviam ainda enviado a Prestação de Contas referente ao ano de 2015.

Entre setembro de 1997 e fevereiro de 1998, pesquisa realizada junto aos Conselhos Tutelares do Rio Grande do Sul, envolvendo trinta e seis entre os duzentos e quinze municípios existentes à época, apontou a figura do pai como o maior abusador[39] (18,46%), seguida do padrasto (16,50%), dos vizinhos (14,56%), amigo/conhecido (6,80%), companheiro/namorado da mãe (4,85%), tio (3,88%), primo (2,91%), irmão (1,94%). Não foram constatados casos de abusos praticados pela mãe, e somente 7,77% dos casos foram atribuídos a pessoas estranhas à criança (SANTOS *et al.*, 1998, p. 71), o que evidencia a necessidade da adoção de medidas preventivas de enfrentamento da violência sexual intrafamiliar.[40]

O Conselho Tutelar, face à notícia de ameaça ou desrespeito aos direitos de uma criança, tem poder para adotar as providências cabíveis, procedendo à imediata averiguação do fato, com vistas a interromper a situação de maus-tratos a que o infante está exposto e poderá aplicar, se necessário, as medidas de proteção à vítima (artigo 101 do Estatuto da Criança e do Adolescente) e/ou aos pais (artigo 129 do Estatuto da Criança e do Adolescente). Ao receber uma denúncia de violação de direitos, "os conselheiros averiguam a situação, detectam o problema, elegem a solução" (ALBERTON, 1998, p. 25). Diante da nova estrutura de atendimento,

> (...) não mais se admite um serviço, um programa ou "equipamento social" isolado, sem estar interligado à rede de atendimento existente no Município. Escolas, Postos de Saúde, Comitês Hospitalares de Proteção à Criança, entidades de atendimento, Delegacias de Polícia, Ministério Público, além de estar conectados entre si, devem estar articulados com o Conselho Tutelar, que tem atribuições legais para a aplicação das medidas de proteção, que necessariamente pressupõe a existência de serviços e programas para o atendimento dos direitos infantojuvenis (AZAMBUJA, 1999, p. 4-5).

Dentro das diretrizes da atual política de atendimento à criança, o Conselho Tutelar é o ponto de ligação entre a sociedade e o sistema de

---

[39] No texto, utiliza-se a expressão *abusador*, conforme denominação mencionada por FURNISS (1993). Faleiros e Campos, por sua vez, utilizam a expressão *violentador* (2000, p. 15).

[40] Segundo Caderno de Prestação de Contas dos Conselhos Tutelares de Porto Alegre, referente ao período compreendido entre 1º de janeiro de 2009 a 31 de dezembro de 2009: Microrregião 1 – 430 expedientes, sendo 20% referentes à violência sexual; Microrregião 2 – 717 expedientes, sendo 5% referentes à violência sexual; Microrregião 3 – 592 expedientes, sendo 8% referentes à violência sexual; Microrregião 4 – 354 expedientes, sendo 6% referentes à violência sexual; Microrregião 5 – 448 expedientes, sendo 7% referentes à violência sexual; Microrregião 6 – 968 expedientes, sendo 3% referentes à violência sexual; Microrregião 7 – 583 expedientes, não constando dados referentes à violência sexual; Microrregião 8 – 164 expedientes, sendo 20% referentes à violência sexual; Microrregião 9 – 543 expedientes, não constando dados referentes à violência sexual; Microrregião 10 – 1.276 expedientes, sendo 25% referentes à violência sexual (CADERNO DE PRESTAÇÃO DE CONTAS, 2010).

justiça. Funciona como um filtro, na medida em que, não conseguindo estancar a situação de risco vivenciada pela criança através das medidas de proteção (artigo 101, incisos I a VI, do Estatuto da Criança e do Adolescente) e do trabalho em rede, tem a responsabilidade de encaminhar ao Ministério Público os casos que ensejarem a colocação em família substituta, a propositura de ação de suspensão ou destituição do poder familiar ou, ainda, os fatos que constituam infração administrativa ou penal contra os direitos da criança ou do adolescente (artigo 136, inciso IV, Estatuto da Criança e do Adolescente).

De posse das informações, compete ao Ministério Público avaliar a necessidade do ajuizamento de ação de suspensão ou destituição do poder familiar, assim como a adoção das medidas legais cabíveis, tanto na área cível como criminal. Ao propor a ação, no âmbito cível ou criminal, o Ministério Público aciona o sistema de justiça na busca de assegurar a proteção à criança ou ao adolescente.

2.3.4. Violência sexual e suspensão ou destituição do poder familiar: princípios de interpretação previstos no Estatuto da Criança e do Adolescente

As causas motivadoras da ação de suspensão ou destituição do poder familiar, na atualidade, vêm elencadas nos artigos 1.637 e 1.638 do Código Civil, assim como no artigo 22 do Estatuto da Criança e do Adolescente. O desvirtuamento do instituto do poder familiar "legitima o agente ministerial a intentar ação de suspensão ou destituição do poder familiar, sempre que constatar a ocorrência de casos de maus-tratos, opressão ou abuso sexual impostos pelos pais ou responsável" (SCHREIBER, 2001, p. 137).

Na atualidade, "a família se organiza em torno da criança, o que torna inconcebível tolerar a violência nas relações entre pais e filhos" (BRAUNER, 2007, p. 12), em especial, após as conquistas vindas com a Constituição Federal de 1988. O princípio do melhor interesse da criança

> representa importante mudança de eixo nas relações paterno-materno-filiais, em que o filho deixa de ser considerado objeto para ser alçado – com absoluta justiça, ainda que tardiamente – a sujeito de direito, ou seja, à pessoa merecedora de tutela do ordenamento jurídico, mas com absoluta prioridade, comparativamente aos demais integrantes da família que ele participa" (GAMA, 2003, p. 456-457).

Inúmeras ações de suspensão e destituição do poder familiar são motivadas por violência sexual praticada por um ou por ambos os pais contra seus filhos, exigindo dos profissionais, cada vez mais, conhecimento das particularidades que caracterizam este tipo de violação aos direitos da criança.

Mesmo que os casos de violência sexual intrafamiliar praticados contra a criança que aportam no Poder Judiciário sejam muito inferiores aos números reais, como sugerem estudos realizados em outros países, certo é que o sistema de justiça passa a ser o destinatário da demanda de crianças e adolescentes aos quais o Conselho Tutelar não conseguiu, dentro de sua esfera de atribuições, assegurar a proteção integral.

Disposto no artigo 23 do Estatuto da Criança e do Adolescente, que veda a suspensão ou destituição do poder familiar motivada na falta ou carência de recursos materiais, determina, em seu parágrafo único, que a criança ou adolescente deva ser mantida em sua família de origem, a qual deverá obrigatoriamente ser incluída em serviços e programas oficiais de proteção, apoio e promoção. Nesse sentido, alerta Tejadas (2008):

> Ao garantir o direito à convivência familiar e comunitária, coíbe-se a prática corrente de destituição do poder familiar, devido à ausência de recursos para prover a subsistência da prole. Hoje, o Estado passa a ser o responsável por possibilitar as condições para que a família, agora centro das políticas sociais, possa manter os filhos consigo (p. 41).

A legitimidade para a propositura da ação de suspensão ou destituição do poder familiar é atribuída ao Ministério Público[41] ou a quem tenha legítimo interesse, com destaque ao guardião que pretende pleitear a adoção da criança que se encontra sob sua guarda.[42] Nas hipóteses

---

[41] AGRAVO REGIMENTAL. AGRAVO EM RECURSO ESPECIAL. PROCEDIMENTO DE ACOLHIMENTO INSTITUCIONAL. DEFESA DO MENOR JÁ EXERCIDA PELO MINISTÉRIO PÚBLICO. INTERVENÇÃO DA DEFENSORIA PÚBLICA. CURADORIA ESPECIAL. DESNECESSIDADE.1. Compete ao Ministério Público, a teor do art. 201, III e VIII, da Lei n. 8.069/1990 (ECA), promover e acompanhar o processo de destituição do poder familiar, zelando pelo efetivo respeito aos direitos e garantias legais assegurados às crianças e adolescentes. 2. Nas ações de destituição do poder familiar, figurando o Ministério Público em um dos polos da demanda, pode ainda atuar como fiscal da lei, razão pela qual se dispensa a nomeação de curador especial. 3. Agravo regimental desprovido. (AgRg no REsp 1497113/RJ, Rel. Ministro JOÃO OTÁVIO DE NORONHA, TERCEIRA TURMA, julgado em 09/06/2015, DJe 11/06/2015). Ver também AgRg no AREsp 243.908/RJ, Rel Min. Ricardo Villas Bôas Cueva, 3ª Turma, Superior Tribunal de Justiça).

[42] "(...) a mãe biológica da criança pediu a autora que a acolhesse em sua casa, tendo em vista que é tia do menor, irmã do seu marido, também parte nestes autos. Durante o período de convivência com a criança e sua mãe biológica, a requerente observou que não eram dispensados os cuidados necessários ao menor, que é portador de necessidades especiais. Após ser solto, o pai biológico novamente se envolveu com a prática de crimes e partiu, sem destino certo, com sua mulher e os dois filhos mais velhos, pedindo aos requerentes que cuidassem do filho menor, tendo a mãe do menor expressado desejo de seu filho ser adotado pelos tios. A partir daí, os autores assumiram integralmente os cuidados com a criança, estabelecendo com ele relação de afeto, requerendo, por meio desta ação, a guarda provisória, a destituição do poder familiar e a adoção do sobrinho. " (Tribunal de Jus-

em que estiver presente o motivo grave, a autoridade judiciária poderá, ouvido o Ministério Público, decretar, em caráter liminar ou incidental, a suspensão do poder familiar, ficando a criança confiada à pessoa idônea, mediante termo de responsabilidade (artigo 157 do Estatuto da Criança e do Adolescente). Nesse sentido, vale mencionar decisão do Superior Tribunal de Justiça:

> Sob a tônica do legítimo interesse amparado na socioafetividade, ao padrasto é conferida legitimidade ativa e interesse de agir para postular a destituição do poder familiar do pai biológico da criança. Entretanto, todas as circunstâncias deverão ser analisadas detidamente no curso do processo, com a necessária instrução probatória e amplo contraditório, determinando-se, outrossim, a realização de estudo social ou, se possível, de perícia por equipe interprofissional, segundo estabelece o art. 162, § 1º, do Estatuto protetivo, sem descurar que as hipóteses autorizadoras das destituição do poder familiar – que devem estar sobejamente comprovadas – são aquelas contempladas no art. 1.638 do CC/02 c.c. art. 24 do ECA, em *numerus clausus*. Isto é, tão somente diante da inequívoca comprovação de uma das causas de destituição do poder familiar, em que efetivamente seja demonstrado o risco social e pessoal a que esteja sujeita a criança ou de ameaça de lesão aos seus direitos, é que o genitor poderá ter extirpado o poder familiar, em caráter preparatório à adoção, a qual tem a capacidade de cortar quaisquer vínculos existentes entre a criança e a família paterna (REsp. nº 1.106.637).

No que tange à competência para o ajuizamento da ação, em face da disposição contida no artigo 148, parágrafo único, alínea *b*, do Estatuto da Criança e do Adolescente, um número expressivo de casos que ensejam o ajuizamento de ação de suspensão ou destituição do poder familiar, com base na existência de violência sexual praticada contra a criança, tem como juízo competente o da infância e juventude. Isto porque, segundo o referido dispositivo legal, sempre que a criança ou o adolescente se encontrar em uma das hipóteses do artigo 98 do Estatuto da Criança e do Adolescente, definida como situação de vulnerabilidade pessoal ou social,[43] o juízo competente para processar e julgar será o da infância e juventude. Nas hipóteses que não se enquadram no artigo 98, as ações de guarda, tutela, suspensão do poder familiar, destituição do poder familiar, perda da guarda, emancipação, alimentos e registro civil terão como destinatário o juízo de família. Nesse sentido, a jurisprudência já é pacífica:

> CONFLITO DE COMPETÊNCIA. JUÍZO DA INFÂNCIA E DA JUVENTUDE E JUÍZO DE FAMÍLIA. AÇÃO DE GUARDA. 1. A competência da Justiça da Infância e da Juventude é ditada pelo art. 148 do ECA, estendendo-se aos pedidos de guarda e tutela apenas quando

---

tiça de Minas Gerais. *Apelação Cível nº 1.0079.11.052500-7/001*, Julgado em 05 de junho de 2014, 4ª Câmara Cível, Relator Des. Dárcio Lopardi Mendes).

[43] O Estatuto da Pessoa com Deficiência, Lei Federal nº 13.146, de 06/07/2015, no artigo 5º, ao fazer referência à proteção da pessoa com deficiência contra as diversas formas de violência, assinala, no seu parágrafo único, que "são considerados especialmente vulneráveis a criança, o adolescente, a mulher e o idoso, com deficiência".

se tratar de criança ou adolescente que se encontre nas hipóteses elencadas no art. 98 do ECA. 2. Como regra, os pedidos de guarda e destituição de pátrio poder devem ser resolvidos no juizado de família; apenas excepcionalmente é que são resolvidos perante o juízo especializado da infância e juventude. 3. Em se tratando de verificar se a criança está ou não em situação de risco, a ação deve tramitar perante o Juizado da Infância e da Juventude, nada justificando a remessa para a Vara de Família e Sucessões, eis que presente as hipóteses previstas no art. 98 do ECA. Conflito acolhido. (Conflito de Competência Nº 70058601295, Sétima Câmara Cível, Tribunal de Justiça do RS, Relator: Des. Sérgio Fernando de Vasconcellos Chaves, Julgado em 27/02/2014).

CONFLITO NEGATIVO DE COMPETÊNCIA. AÇÃO DE GUARDA DE MENOR. AUSÊNCIA DE SITUAÇÃO DE RISCO. COMPETÊNCIA DO JUÍZO CÍVEL. Caso em que o pedido de guarda é feito pelo avô materno e por sua companheira – que já possuem a guarda fática da menina desde os seus 16 dias de vida – em desfavor dos genitores. Como a menor está amparada desde tenra idade pelo avô materno e sua companheira, não se verifica situação de risco a justificar a competência do Juízo da Infância e da Juventude. Ademais, o fato de a companheira do avô materno não ter vínculo biológico com a menina, não enseja o deslocamento da competência para o Juízo da Infância e da Juventude, mormente quando há declaração nos autos de que as partes convivem em união estável há mais de 11 anos, algo tão sólido quanto um casamento, com evidente pertinência ao Direito de Família. Competência da Vara Cível para processar e julgar o feito. JULGARAM PROCEDENTE O CONFLITO. (Conflito de Competência Nº 70069627693, Oitava Câmara Cível, Tribunal de Justiça do RS, Relator: Rui Portanova, Julgado em 28/07/2016)

Na ótica da proteção integral, o sistema de justiça, formado por Poder Judiciário, Ministério Público, Defensoria Pública, advogados, Polícia Civil, técnicos da área da saúde e assistência social, integra, a partir do Estatuto da Criança e do Adolescente, o macrossistema que o legislador disponibilizou às crianças vítimas de todas as formas de violência, a fim de que os seus direitos humanos e fundamentais possam ser resgatados e restabelecidos, no mais curto espaço de tempo. Entre os direitos fundamentais assegurados à criança, o direito à convivência familiar, diante de casos de suspeita ou confirmação de maus-tratos, vê-se ameaçado. Neste momento,

(...) o Poder Judiciário, o Ministério Público, os Conselhos Municipais de Direitos e o Conselho Tutelar assumem relevância especial na garantia do direito à convivência familiar, dado que são responsáveis, junto com o Poder Executivo, pela efetivação de políticas públicas e programas que venham contemplar a garantia do direito à convivência familiar (FERREIRA, 2011, p. 321).

A despeito do respaldo legal que garante a proteção integral à criança, a violência, em especial a sexual, continua a existir e a exigir medidas de prevenção, em nível primário, secundário e terciário, pelos diversos segmentos governamentais e não governamentais.[44]

---

[44] A Lei Federal nº 9.970, de 17 de maio de 2000, instituiu o dia 18 de maio o Dia Nacional de Combate ao Abuso e à Exploração Sexual de Crianças e Adolescentes. Disponível em: <http://www.planalto.gov.br/ccivil_03/Leis/L9970.html> Acesso em: 19 maio 2003.

Embora sejam inúmeras as formas de violência e maus-tratos praticados contra a criança, o abuso sexual, especificamente o intrafamiliar, assume maior relevância, pois, "ainda que a violência com visibilidade seja a que ocorre fora de casa, o lar continua sendo a maior fonte de violência" (KRISTENSEN *et al.*, 1998, p. 115). Estudo realizado em 21 países, na sua maioria, desenvolvidos, descobriu que, entre 7% a 36% das mulheres e, entre 3% a 29% dos homens afirmam ter sofrido algum tipo de agressão sexual durante a infância e a maioria diz ter sido dentro do âmbito familiar (*Folha de Pernambuco*, 2009). Pesquisa realizada em 1997, pelo Governo do Estado do Rio Grande do Sul, apontou que, em uma amostra de 1.579 crianças e adolescentes em situação de rua, 23,4% não retornavam para casa para fugir dos maus-tratos. Flores e colaboradores estimaram que "18% das mulheres de Porto Alegre, com menos de 18 anos, sofreram algum tipo de assédio sexual cometido por pessoas de sua família" (KRISTENSEN *et al.*, 1998, p. 73).

O desafio que se impõe, frente à nova ordem constitucional, reside em ter claro que as medidas de suspensão e destituição do poder familiar, de cunho essencialmente drástico, hão de ser aplicadas somente quando se mostrarem a melhor alternativa para a criança ou o adolescente envolvido, e não mais como uma punição ou um castigo aos pais, como ocorria no período do revogado Código de Menores. O poder familiar "é instituído no interesse dos filhos e da família, não em proveito dos genitores" e, com base nessa premissa, deve ser analisada sua permanência ou destituição. (...) O poder do pai e da mãe não é outra coisa senão proteção e direção" (STJ, REsp nº 1.106.637).

Atualmente, a suspensão, em especial a destituição do poder familiar, merece exame à luz de novos princípios. Segundo estabelece a lei, na interpretação do Estatuto da Criança e do Adolescente, "levar-se-ão em conta os fins sociais a que ela se dirige, as exigências do bem comum, os direitos e deveres individuais e coletivos, e a condição peculiar da criança e do adolescente como pessoas em desenvolvimento" (artigo 6º ECA).

Em que pese a clareza da legislação, são frequentes as distorções de interpretação verificadas pelos profissionais que integram o sistema de justiça, valendo lembrar o questionamento de Streck (1999):

> Afinal, por que a dogmática jurídica se fecha em si mesma? Por que rejeita as possibilidades advindas do campo da interdisciplinaridade? Parece que a dogmática jurídica não se importa com o fato de que seus significados perdem, dia a dia, a necessária densidade semântica (socio-histórica) (p. 463).

Verifica-se, pelo alerta que faz o artigo 6º do Estatuto da Criança e do Adolescente, que a lei passa a significar um "movimento mais amplo de melhoria, ou seja, de reforma da vida social no que diz respeito à promoção, defesa e atendimento dos direitos da infância e da juventude" (CURY *et al.*, 2010, p. 58). Por sua vez, a *Convenção das Nações Unidas sobre os Direitos da Criança*, em seu artigo 3.1, salienta que todas as ações relativas às crianças, levadas a efeito por instituições, públicas ou privadas, de bem-estar social, tribunais, autoridades administrativas ou órgãos legislativos, devem considerar, primordialmente, o interesse maior da criança.

A hermenêutica, como totalidade, como existencialidade, historicidade e como condição de ser-no-mundo, deve "eliminar o caráter de ferramenta da Constituição: a Constituição não é ferramenta – é constituinte" (STRECK, 2000, p. 287). Logo, "qualquer interpretação elaborada pelos tribunais, desenvolvida pelos doutrinadores, ou socialmente remanescente, deve buscar na Constituição a sua fórmula de referência" (STRECK, 2000, p. 100).

Não há mais como admitir, por parte do Poder Público, neste nascer de século, atuação descomprometida com a "defesa dos interesses da criança que sofre maus-tratos praticados, muitas vezes, por aqueles que teriam legitimidade e possibilidade de defendê-las" (SCHREIBER, 2001, p. 80), valendo lembrar que "o cidadão vai ao judiciário na esperança de ver reconhecido, garantido e efetivado um direito constitucionalmente positivado" (LOBATO, 1999, p. 34).

Se a prioridade absoluta conferida à criança e ao adolescente é um princípio constitucional, outro caminho não resta senão atribuir-lhe um "sentido norteador, verdadeira supernorma a orientar a execução e a aplicação das leis, bem como a feitura de diplomas de inferior hierarquia, tudo dentro da mais estrita legalidade" (MARCHESAN, 1998, p. 84). O Estatuto da Criança e do Adolescente "recepciona amplamente os princípios constitucionais da dignidade da pessoa humana e da prioridade absoluta" (SCHREIBER, 2001, p. 82), alterando, substancialmente, velhas práticas que tiveram seu nascedouro na vigência da Doutrina da Situação Irregular. O Estado assume, na atualidade, a obrigação de "satisfazer demandas sociais por longo tempo reprimidas", surgindo a "judicialização da problemática da efetividade dos direitos fundamentais, posto que restará ao Poder Judiciário a tarefa de dizer quando e em que medida estas normas constitucionais poderão ou deverão produzir efeitos concretos" (LOBATO, 1999, p. 29).

Como consequência da ordem constitucional em vigor, novo olhar passa a ser exigido dos profissionais do Direito, sempre que a proteção de uma criança estiver em debate. Streck destaca: "fazer hermenêutica é desconfiar do mundo e de suas certezas, é olhar o direito de soslaio, rompendo-se com (um)a herme(nêu)tica jurídica tradicional-objetivante prisioneira do (idealista) paradigma epistemológico da filosofia da consciência" (2000, p. 211). Vale lembrar, segundo o mesmo autor, que:

> Do processo interpretativo não decorre a descoberta do verdadeiro/correto/unívoco sentido do texto, mas, sim, a produção de um sentido originado de um processo de compreensão, onde o sujeito, a partir de uma situação hermenêutica, faz uma fusão de horizontes a partir de sua historicidade (1999, p. 79).

Assim, embora as causas que autorizam a suspensão ou a destituição do poder familiar venham elencadas no Código Civil e no Estatuto da Criança e do Adolescente,[45] frente aos princípios constitucionais de 1988, há que se buscar, em qualquer circunstância, o melhor interesse da criança. Na prática, uma das tarefas mais desafiadoras que se impõem aos profissionais do Direito reside em identificar o melhor interesse da criança,[46] especialmente nas demandas que aportam ao Poder Judiciário, envolvendo pedido de suspensão ou destituição do poder familiar. Em alguns casos, observa-se que há "prova mal formada, prova mal produzida, prova precária, em que, mesmo assim, ajuíza-se temerariamente a ação de destituição do poder familiar, como se esta fosse a cura para todos os males da criação e da má orientação dos pais" (FONSECA, 2000, p. 10).

A procedência da ação de destituição do poder familiar de ambos os pais acarreta, para a criança, o seu afastamento da família natural,

---

[45] (...) No caso, merece ser mantida a sentença que suspendeu o poder família da apelante em relação aos dois filhos, porquanto comprovado que, por ora, não reúne condições para exercer a maternidade responsável, nos termos do art. 22 do ECA e art. 1.637 do CCB (TJRS – Agravo nº 70068078617, Relator Desª. Liselena Schifino Robles Ribeiro, 7ª Câmara Cível, julgado em 24 de fevereiro de 2016).

[46] (...) As crianças precisam estar não só em ambiente que lhes promova o sentimento de segurança, mas especialmente que se sintam amparadas afetiva e emocionalmente, e, neste momento, visando ao melhor interesse das crianças, tem-se que deve ser mantida a decisão agravada, que dispôs acerca da reinserção gradual do convívio com a mãe, estando a família em programas de atendimento do serviço público. NEGARAM PROVIMENTO. UNÂNIME. (Agravo de Instrumento nº 70065686636, Oitava Câmara Cível, Tribunal de Justiça do RS, Relator: Luiz Felipe Brasil Santos, Julgado em 19/11/2015.
(...) Em respeito à doutrina da proteção integral (art. 227 da CF e art. 1º do ECA) e do princípio do melhor interesse da criança, ainda que haja suspeitas de "adoção à brasileira", não é aconselhável retirar o infante que vive em um ambiente familiar saudável e estável para colocá-la em abrigo ou outra entidade de proteção ao menor, sendo que a medida de acolhimento institucional é aplicável, apenas, em casos excepcionais elencados no artigo 98 do Estatuto da Criança e do Adolescente. II – *In casu*, não estando caracterizada a situação de risco necessária a justificar a retirada da criança da família para a colocação em abrigo protetivo, e, pelo contrário, havendo informações de que o Agravante é um pai dedicado e, desde o nascimento do infante, tem lhe proporcionado todas as condições de um lar condigno, além de existir vínculo afetivo entre eles, o recurso merece ser provido para que seja mantido, por ora, o poder familiar do pai registral e revogados o mandado de busca e apreensão e a ordem de acolhimento institucional do menor. (TJSC, AI nº 2015.051018-1, Relator: Joel Dias Figueira Júnior, 4ª Câmara de Direito Civil, J. 28/01/2016).

colocando em risco o seu direito fundamental à convivência familiar. A atuação dos profissionais, nos casos que envolvem a destituição do poder familiar, a partir da nova ordem constitucional, exige maior responsabilidade, considerando os efeitos que a medida costuma acarretar e a necessidade de ser assegurado à criança o seu interesse maior.

Como se vê, entre as inúmeras consequências nefastas que a violência sexual intrafamiliar produz, em especial, na vida da criança, a privação do direito à convivência familiar, presente em muitos casos, traz repercussões no campo social, legal e psíquico, demonstrando a relevância que o estudo do tema apresenta para profissionais de diversas áreas do conhecimento, bem como a necessidade de reflexão, no âmbito do direito, de aspectos relacionados a outras áreas afins. Para ilustrar essa compreensão, o próximo capítulo examinará dados extraídos de processos judiciais em que se buscava apurar a responsabilização do abusador pela violência praticada contra a criança e o adolescente, na tentativa de desvendar os meandros da atuação do sistema de justiça nesta delicada área, bem como as interfaces que apresenta com a área da saúde, da educação e do serviço social.

3. Violência sexual intrafamiliar: repercussões sociais, legais e psíquicas

É inadmissível deixarmos o mundo tal qual o encontramos.

Janusz Korczak

O enfrentamento da violência sexual praticada contra a criança necessita envolver a família e diferentes profissionais, desde professores, médicos, assistentes sociais, advogados, promotores de justiça e magistrados. Nessa tarefa, cada um deve exercer funções distintas, todas elas especializadas, o que faz com que Furniss (1993, p. 5) indique tal necessidade como elemento complicador para a qualidade da atenção a ser dispensada à criança com vistas a assegurar-lhe o pleno acesso a direitos.

Face ao processo de transformação característico da infância, é na família que se estabelecem as primeiras experiências de relacionamento com outras pessoas. Quando encontram um ambiente de respeito e de proteção, desenvolvem-se de forma saudável. No entanto, as crianças, quando vivenciam experiências impróprias para a idade, sofrem repercussões que costumam atingir aspectos de sua vida social, acarretando prejuízos em sua saúde física e psíquica.

A violência sexual praticada contra a criança, por envolver também aspectos legais, torna mais complexa a situação enfrentada pela vítima, "seja nas questões para a saúde física e mental, seja em suas implicações enquanto questão social, nas contradições e nos paradoxos do encaminhamento jurídico-legal" (CROMBERG, 2004, p. 247).

Na perspectiva da formação jurídica, não basta conhecer a lei. É preciso mais do que ingerência na esfera política para que o profissional se sinta habilitado a lidar com questões relacionadas à violência sexual. Por se tratar de um tema também clínico, relacionado à saúde, é necessário romper com o padrão de trabalho fragmentado, próprio do conhecimento tradicionalmente desenvolvido em todas as ciências durante o século XX, e reunir várias áreas do conhecimento para enfrentar esse flagelo social que tanto vitimiza as crianças, em especial, quando ocorre no ambiente familiar.

Embora não se trate de tema novo, uma vez que vem sendo enfrentado há longos anos pelo sistema de justiça, a concepção da criança, como sujeito de direitos, modifica a abordagem e os encaminhamentos dos casos de violência sexual.

Em vista disso, para assegurar direitos à criança vítima de violência sexual, é preciso ainda saber: que família é esta em que ocorre a violência? Que características tem a vítima? O que se conhece do abusador?

Para que as ocorrências de violência sexual cheguem ao sistema de justiça, na área cível ou criminal, é fundamental o exercício das novas responsabilidades atribuídas aos profissionais da saúde e da educação na notificação dos casos, daí ser imprescindível qualificar o exercício dessas profissões, além de melhor conscientizar a comunidade para que a proteção à criança se efetive com maior agilidade e eficiência.

A definição dos crimes de estupro e estupro de vulnerável torna-se igualmente relevante no exame da violência sexual praticada contra a criança, não só para os profissionais do direito como de outras áreas relacionadas ao cuidado desta parcela da população.

Como é feita a prova da violência sexual, nos casos em que a violência não deixa vestígios físicos? É possível produzir a prova e proteger a criança? A inquirição da criança como meio de produzir a prova protege ou viola direitos?

Ao lado dos inúmeros questionamentos, são abordados, neste capítulo, instrumentos de produção da prova, como o estudo social e a perícia psicológica e psiquiátrica, dando ênfase à formação e qualificação dos profissionais para avaliarem e atenderem crianças vítimas de violência sexual, em especial, a de natureza intrafamiliar, objeto desta análise.

É possível, sob a égide da Constituição Federal de 1988, os profissionais trabalharem de forma desarticulada e, ao mesmo tempo, assegurarem os direitos fundamentais à criança, ou é preciso investir em novas práticas, calcadas na visão interdisciplinar?

Para viabilizar a investigação, um estudo qualitativo dá suporte a uma análise crítica do tratamento que o sistema de justiça, em especial, o juízo criminal, dispensa à criança vítima de violência sexual.

Foram examinados, mediante amostragem, inicialmente, oitenta e oito casos de violência sexual praticados contra crianças ou adolescentes, submetidos ao crivo do Poder Judiciário do Rio Grande do Sul, entre 1999 e 2010;[47] num segundo momento, a análise se restringiu a oitenta e dois casos, a fim de conhecer as particularidades que envolvem a violência sexual no âmbito intrafamiliar. Na perspectiva jurídica, este procedimento parece ser um dos caminhos capazes de amenizar prejuízos que costumam decorrer de uma intervenção inadequada, além de oferecer elementos orientadores para o planejamento de políticas públicas que assegurem o pleno acesso da criança aos direitos de cidadania.

3.1. O *CORPUS* EXAMINADO: COMARCA E VARA DE ORIGEM, RESULTADO DA SENTENÇA, PENA APLICADA AO RÉU, RECURSOS INTERPOSTOS E JULGAMENTO PELO TRIBUNAL DE JUSTIÇA

Segundo o Instituto Brasileiro de Estatística e Geografia, IBGE, o Estado do Rio Grande do Sul está dividido em sete mesorregiões,[48] assim denominadas: metropolitana, noroeste, centro oriental, nordeste, sudeste, sudoeste e centro ocidental.

Partindo desse critério, o exame dos processos judiciais revelou que 47,73% (42) foram originários da região metropolitana; 18,18% (16), da região noroeste; 7,95% (7), da região centro oriental; 7,95% (7), da região nordeste; 6,82% (6), da região sudeste; 6,82% (6), da região sudoeste e 4,55% (4), da região centro ocidental.

Os índices mais elevados concentram-se na região metropolitana, provavelmente em razão de apresentar maior concentração populacional,[49] o que estaria a exigir maior oferta de recursos na área do atendimento, através de políticas públicas direcionadas para a família e a criança.

---

[47] Embora o exame dos processos esteja restrito ao período compreendido entre maio de 2007 e julho de 2009, há referência a dados de decisões do Tribunal de Justiça do Rio Grande do Sul publicadas após o exame dos processos, especialmente acórdãos relacionados a recursos interpostos pelas partes, buscando revisar decisões de primeiro grau.

[48] A Divisão Regional do Brasil em mesorregiões, partindo de determinações mais amplas a nível conjuntural, buscou identificar áreas individualizadas em cada uma das Unidades Federadas, tomadas como universo de análise e definiu as mesorregiões com base nas seguintes dimensões: o processo social como determinante, o quadro natural como condicionante e a rede de comunicação e de lugares como elemento da articulação espacial.

[49] Segundo IBGE, em 2009, o Estado do Rio Grande do Sul apresentava população estimada de 10.914.128, referindo-se 3.522.910 a regiões metropolitanas.

Inquirição da criança vítima de violência sexual

Considerando o local de tramitação dos processos judiciais examinados,[50] foi possível identificar que 53,41% (47) tramitaram em Varas Criminais;[51] 39,77% (35), em Varas Judiciais;[52] 5,68% (5), por envolver ato infracional praticado por adolescente, na Vara da Infância e Juventude,[53] e 1,14% (1), na Vara do Júri.

A distribuição diferenciada acima apontada deve-se ao fato de que os processos que tramitaram no Juizado da Infância e da Juventude se referem à matéria relativa a procedimento previsto no Estatuto da Criança e do Adolescente, em razão da prática de ato infracional por adolescente, ao passo que os casos que envolvem violência sexual praticada por maiores de dezoito anos tramitaram em Varas Criminais e Judiciais (ver nota de rodapé nº 38). A Vara do Júri, por sua vez, recebeu os processos em que, além da violência sexual praticada contra a criança, havia crime contra a vida.

Relativamente ao resultado da sentença proferida em primeiro grau de jurisdição, é possível afirmar que 69,32% (61) foram de natureza condenatória e, em 30,68% (27), absolutória.

Considerando as sentenças condenatórias (61), foi observado que, em 40,98% (25) dos casos, a pena fixada foi de dez a quinze anos; em 36,06% (22), a pena foi inferior a dez anos; em 11,48% (7), foi aplicada medida socioeducativa, por envolver ato infracional praticado por adolescente; em 8,20% (5), a pena aplicada foi superior a quinze anos e, em 3,28% (2), foram aplicadas pena de multa.

A pena elevada, prevista para os crimes que envolvem ofensa à Dignidade Sexual, é mais um fator a dificultar o enfrentamento dos casos. Para o Judiciário, pesa lançar uma sentença condenatória, com penas elevadas, fator que favorece a aplicação do princípio da presunção de ino-

---

[50] Embora, nas comarcas do interior, os processos criminais que envolvem violência sexual praticada contra a criança tramitem em Varas Criminais ou Varas Judiciais (quando não existe vara especializada), em Porto Alegre, nos termos do Edital nº 58/2008 do Conselho da Magistratura, cuja validade foi prorrogada, por tempo indeterminado, pelo Edital nº 65/2009, nos termos da Lei Estadual nº 12.913/2008, a competência, antes da 9ª Vara Criminal do Foro Central, foi transferida ao 1º e ao 2º Juizados da Infância e Juventude de Porto Alegre.

[51] Varas Criminais são aquelas que processam e julgam somente feitos de natureza criminal; são varas especializadas em matéria criminal.

[52] Varas Judiciais são aquelas que não são especializadas, processando e julgando matéria de natureza cível e criminal.

[53] Varas da Infância e Juventude são Varas especializadas em processar e julgar matéria prevista no Estatuto da Criança e do Adolescente.

cência do réu, previsto no artigo 5°, inciso LVII, da Constituição Federal.[54] Como bem leciona Gomes Filho (1991):

> (...) a denominada presunção de inocência constitui princípio informador de todo o processo penal. (...) Sob esse enfoque, a garantia constitucional não se revela somente no momento da decisão, como expressão da máxima *in dubio pro reo*, mas se impõe igualmente como regra de tratamento do suspeito, indiciado, acusado (...). É ao juiz que compete esclarecer oficiosamente os fatos submetidos ao seu julgamento e, a persistir a dúvida, só lhe restará a absolvição por falta de provas, não como consequência do descumprimento de qualquer ônus, mas por aplicação do princípio *in dubio pro reo* (p. 37-38).

Quanto à interposição de recursos, é possível afirmar que, em 97,73% (86), houve recurso; em 2,27% (2), as partes se conformaram com o resultado da sentença, não interpondo recurso.

O resultado final, obtido após o trânsito em julgado das decisões proferidas pelo Tribunal de Justiça, apontou 53,41% (47) de natureza condenatória e 44,32% (39), absolutória. Dois processos tiveram a sentença anulada (2,27%), com o retorno dos autos à origem para prolação de nova decisão, o que impediu a sua inclusão nas categorias condenatória e absolutória.

As informações extraídas dos processos examinados possibilitam visualizar o objeto da pesquisa detalhado no decorrer deste capítulo.

3.2. CARACTERÍSTICAS DA VIOLÊNCIA SEXUAL OBSERVADA: INTRAFAMILIAR E EXTRAFAMILIAR

Diante dos processos acima referidos, a primeira providência foi caracterizá-los quanto ao tipo de violência. São considerados intrafamiliares os casos que envolvem relações complexas na família, abarcando parentes, pessoas próximas ou conhecidas da vítima ou que com ela mantenham vínculos de socioafetividade; são considerados extrafamiliares os casos que envolvem pessoas sem vínculo de parentesco, conhecimento ou de socioafetividade com a vítima.

Nesse sentido, ressaltam Vilhena e Zamora (2004):

> As mulheres e meninas são frequentemente estupradas dentro de casa por seus familiares, incluindo o próprio pai. Incluem-se, entre prováveis agressores, alguém a quem elas conhecem e, muitas vezes, a quem amam e em quem confiam: o namorado, o marido, o tio, o primo, o chefe, o amigo, o colega, o professor, o sacerdote, o vizinho (...). (p. 118).

---

[54] Artigo 5°, inciso LVII, CF – ninguém será considerado culpado até o trânsito em julgado de sentença penal condenatória.

Inquirição da criança vítima de violência sexual

No *corpus* investigado, em 93,18% (82), a violência foi intrafamiliar; em 6,82% (6), extrafamiliar.

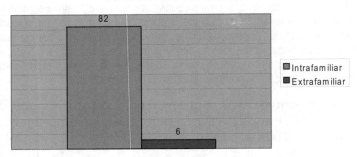

Característica da Violência

Total = 88 processos

A constatação de que a quase totalidade dos casos de violência sexual ocorre no ambiente familiar levanta a pergunta: por quê? A família não seria o espaço reservado às relações de respeito e proteção?

Estudiosos do tema, "ancorados em bases filosóficas, antropológicas e até mitológicas, conferem-lhe um caráter de existência em todas as sociedades, como uma posição de fenômeno complexo". Daí, num primeiro plano, decorrem aspectos ligados às desigualdades sociais, visualizadas nas estruturas sociais, através da forma de acesso e da má qualidade dos serviços públicos. Num segundo plano, a violência vem manifestada através do dano físico, "que ataca o corpo do outro, que o coloca numa situação de passividade absoluta e falta de alternativa de ação; nesta forma, um dos sujeitos foi anulado, não tem escolha, não existe a relação". (ROQUE; FERRIANI, 2002, p. 341)

A constatação de que a violência sexual praticada contra a criança ocorre dentro do lar coloca em xeque o tabu de que, nesse ambiente, as crianças estariam protegidas de todas as formas de violência.

3.3. SUJEITOS IMPLICADOS NA QUESTÃO DA VIOLÊNCIA SEXUAL CONTRA A CRIANÇA: A FAMÍLIA, A VÍTIMA E O ABUSADOR

O estudo de processos judiciais que envolvem a violência sexual praticada contra a criança e o adolescente tem por finalidade conhecer os dados que o processo disponibiliza sobre a família, a vítima e o abusador. Além disso, vale também observar a relevância que o sistema de justiça dá às condições de vida dos implicados, uma vez que a simples aplicação de sanções penais em pouco ou nada contribui para mudar as condições de vida das pessoas que vivem situações de violência sexual.

Os estudos mostram não haver um único perfil de família, abusador e vítima, porquanto,

> (...) as manifestações violentas não possuem um rosto definido, nem tampouco uma geografia própria; encontra-se disseminada no interior da sociedade, ultrapassa as barreiras de língua, credo, etnias. Está aqui e em qualquer outro lugar onde se identifique a presença do homem (BARROS; SUGUIHIRO, 2003, p. 3).

Para melhor conhecer aspectos da família, da vítima e do abusador, nos casos envolvendo violência sexual intrafamiliar, é preciso considerar, quanto à família, aspectos socioeconômicos, condições de moradia – em especial, o local onde a criança dorme –, idade e escolaridade da mãe da vítima, uso de álcool ou outras drogas pelo abusador ou membro da família. Com relação à vítima, interessa dispor de informações referentes a sexo, idade, escolaridade, posição na ordem dos filhos, além de aspectos decorrentes de avaliação psicológica e/ou psiquiátrica. Quanto ao abusador, foi considerado o sexo, avaliação psicológica e/ou psiquiátrica, grau de parentesco com a vítima, idade, escolaridade e antecedentes judiciais. Tais aspectos podem permitir pormenorizar o conhecimento a respeito da complexidade das relações intrafamiliares hoje, habilitando especialmente os gestores públicos a adotarem medidas que possam assegurar a proteção da criança.

Tendo em vista que o foco prioritário do trabalho se volta para o estudo da violência sexual intrafamiliar, os dados que serão examinados a partir do item 3.3.1 passam a considerar apenas o universo de oitenta e dois processos.

3.3.1. A família

Sempre que os profissionais se deparam com a complexidade e os sentimentos de confusão que afloram quando examinam situações de violência sexual praticada contra a criança, percebem a necessidade de melhor conhecer os sujeitos envolvidos neste grave problema de saúde pública, com reflexos no campo social, legal e psicológico.

A família contemporânea, sob o ponto de vista constitucional, é formada pelo conjunto de pessoas ligadas pelo casamento, pela união estável, pelo parentesco ou, ainda, pela comunidade formada por qualquer dos pais e seus descendentes (artigo 226 CF). Estas são hipóteses exemplificativas, podendo ser incluídas novas configurações, como as famílias homoafetivas, como vêm sendo denominadas pela jurisprudência brasileira (DIAS, 2006, p. 37). Para Silva (2006), "não se pode mais falar em família, mas sim em famílias; são recompostas, ampliadas, monoparentais, hetero ou homossexuais, socioafetivas, entre tantas outras formas de viver o afeto e a solidariedade" (p. 130). Welter (2009), por sua vez, complementa:

> No Brasil, a contar do texto constitucional democrático, laico e hermenêutico de direito de 1988, a família passou a ser nuclear, pluralizada, desencarnada, democratizada e dessacralizada, um gênero que envolve várias formas de unidade familiar, como conjugal, convivencial, monoparental, unipessoal, socioafetiva, anaparental,[55] reconstituída, etc. (2009).

Para o IBGE, o grupo familiar

> (...) se limita àquele que, sob o mesmo e exclusivo teto, se estrutura em torno da pessoa responsável, incluindo o cônjuge ou o companheiro, o filho ou o enteado, o pai ou a mãe, o neto ou o bisneto, o irmão ou a irmã, o sogro ou outros parentes, além do agregado ou do pensionista, do empregado doméstico ou dos seus parentes (POCHMANN, 2004, p. 21).

Embora tenha ampliado o seu prestígio constitucional, a partir de 1988, a família deixa de ter valor intrínseco, como instituição capaz de merecer tutela jurídica pelo simples fato de existir, e passa a ser valorizada de maneira instrumental, "tutelada na medida em que – e somente na exata medida em que – se constitua em um núcleo intermediário de desenvolvimento da personalidade dos filhos e de promoção da dignidade humana" (TEPEDINO, 1998, p. 50).

Com a evolução dos tempos,

> (...) a imagem da *família-instituição* dá lugar à família funcionalizada à formação e ao desenvolvimento da personalidade de seus componentes, nuclear, democrática, protegida na medida em que cumpra com o seu papel educacional, e na qual o vínculo biológico e a unicidade patrimonial são aspectos secundários (TEPEDINO, 1993, p. 234).

O ente familiar "é um corpo que se reconhece no tempo; uma agregação histórica e cultural como espaço de poder, de laços e de liberdade" (FACHIN, 2003a, p. 8); a família, como fato e fenômeno, "antecede, sucede e transcende o jurídico" (FACHIN, 1999, p. 14-15). De qualquer forma, o direito à convivência familiar também "significa o direito de ser amado e de, consequentemente, aprender a amar o outro" (WEBER, 1999, p. 9).

Conhecer a família na configuração contemporânea, portanto, torna-se importante, pois, como assinalam Rizzini e Zamora, *"no hay duda que, excepto en situaciones de guerra, la gran mayoría de abusos, de todo tipo, contra niños y adolescentes, son perpetrados en casa* (RIZZINI; ZAMORA, 2004, p. 30).

---

[55] A convivência entre parentes ou entre pessoas, ainda que não parentes, dentro de uma estrutura com identidade de propósito, impõe o reconhecimento da existência de entidade familiar batizada com o nome de *família anaparental* (DIAS, 2007, p. 46).

Todavia, é possível apontar um perfil da família em que a violência sexual contra a criança se faz presente?

Indiscutivelmente, vários estudos mostram a dificuldade de traçar este perfil, embora sejam conhecidas várias evidências. A falta de dados contribui para o desconhecimento das características dos sujeitos que costumam se envolver com a violência sexual no âmbito familiar, dificultando tanto uma intervenção mais eficiente, quanto o planejamento de políticas voltadas para este grave problema de saúde pública. Para a Organização Mundial da Saúde (OMS):

> Las estimaciones de la prevalencia del abuso sexual varían enormemente según las definiciones usadas y la manera em que se recompila la información. Algumas encuestas se realizan com niños, otras com adolescentes y adultos que informan sobre su niñez, mientras que em outras se pregunta a los padres acerca de lo que pueden haver experimentado sus hijos. Estos três métodos diferentes pueden producir resultados muy distintos (2002, p. 70).

A carência de estudos investigativos sobre a família em que a violência sexual acontece, bem como o desconhecimento desses aspectos por profissionais que atuam no sistema de justiça, elevam as dificuldades de estabelecer um diagnóstico precoce. Investigações na área da psicologia indicam que não é raro, num primeiro momento, através de uma avaliação superficial, verificar que tais famílias parecem levar uma vida normal e tranquila na comunidade. Somente através de um exame mais apurado, é possível perceber "que apresentam um contato limitado com o mundo extrafamiliar" (ZAVASCHI *et al.*, 1991a, p. 131). Para esses autores, nesses casos, a comunicação entre o casal e o relacionamento sexual entre eles "geralmente são insatisfatórios", podendo ainda estar presentes outros fatores, como condições precárias de saúde e abuso de substâncias, especialmente quando a mãe, o pai, o padrasto ou outro cuidador possuem diferentes horários de trabalho, favorecendo que o adulto abusador permaneça sozinho com a criança, criando-se situações propícias à violência sexual (1991b, p. 138). Histórico de negligência, abuso físico e sexual na infância da mãe, do pai, do padrasto ou de outro cuidador também costumam condicionar desvios futuros e devem ser investigados, bem como aspectos do desenvolvimento da socialização dos pais da criança que sofre a violência sexual intrafamiliar (AMAZARRAY; KOLLER, 1998). Nesses casos, para Farinatti (1993) e colaboradores, "ambos os pais tiveram, na sua infância, carências afetivas e não se beneficiaram de experiências estruturantes para exercerem seu papel de pais e para interiorização dos interditos" (p. 99).

As fronteiras intergeracionais nas famílias em que está presente a violência sexual foram rompidas em certas áreas do seu funcionamento, permanecendo, em outras, inalteradas. Em alguns aspectos, há inversão na hierarquia familiar entre pais e filhos, conduzindo à incompatibilidade entre os diferentes níveis de funcionamento, o que é desorientador e perturbador para a criança. A despeito do que se pode observar em uma aproximação mais cuidadosa e especializada, no que tange aos cuidados práticos, "parece não haver diferença nos padrões das famílias com abuso sexual e as outras famílias" (FURNISS, 1993, p. 50), o que pode dificultar a identificação dos casos em que ela ocorre, bem como a adoção de medidas de prevenção.

As razões individuais que levam os pais a se tornarem abusadores ou as mães a serem incapazes de proteger podem ser muito variadas. Frequentemente, a experiência individual de vida dos pais pode tornar compreensível "por que eles reagem do modo como reagem e por que escolheram um ao outro como parceiros, frequentemente recriando o padrão familiar de suas próprias famílias de origem" (FURNISS, 1993, p. 52). Nesse sentido, no trabalho com famílias, em clínica privada, é frequente o relato de especialistas que se deparam

> (...) com pessoas que foram vítimas de abuso sexual há mais de 50 anos, cujas questões permanecem vivas em suas mentes, mantidas como segredos que se apresentam como obstáculos intransponíveis pela dificuldade de nomear os fatos, o que favorece a perpetuação das sequelas do abuso (PRADO; PEREIRA, 2008, p. 4).

É comum, nas famílias em que a violência sexual está presente, as crianças não se sentirem emocionalmente compreendidas, nem adequadamente cuidadas por qualquer um dos pais ou seus representantes. Em razão das ameaças que recebem, "submetem-se às exigências sexuais inadequadas dos pais, porque estão com medo de serem castigadas por ambos os pais se tentarem revelar" (FURNISS, 1993, p. 53); ou, ainda, "aceitam passivamente os avanços sexuais dos pais como manifestação de afeto" (FARINATTI *et al.*, 1993, p. 99). Em muitos casos, a criança, embora revele o abuso a uma pessoa de sua confiança, passa, posteriormente, a negá-lo, por diversos motivos, como assinala Sattler (2011): "por pena, pois, apesar do abuso, tem afeto pelo abusador; por medo, resultante de ameaças; ou por perceber o impacto que a revelação provoca em sua vida familiar, entre os quais os conflitos, o sofrimento e a ansiedade" (p. 239). No contexto familiar, são apontados como fatores protetores para a não ocorrência do abuso "um funcionamento harmônico entre os pais, a existência de um vínculo afetivo entre eles, um ambiente respeitoso e previsível, com regras claras e coerentes, espaço físico adequado", o afeto e o baixo nível de depressão materna (ZAVASCHI *et al.*, 2011, p. 139).

A Organização Mundial da Saúde assinala que não é raro as crianças serem levadas a serviços profissionais em razão de problemas físicos ou de conduta que, investigados mais a fundo, têm sua origem na violência sexual sofrida. Também não é incomum

> (...) que los niños que han sido maltratados sexualmente presenten síntomas de infección, lesión genital, dolor abdominal, estreñiemento, infecciones crónicas o recurrentes de las vías urinarias o problemas de conducta. Para poder detectar el abuso sexual de menores, se requiere uma gran suspicacia y estar familiarizado con los indicadores verbales, conductuales y físicos del abuso (OMS, 2002, p. 67).

O *Informe Mundial sobre la Violencia y la Salud (2002)* assinala algumas características psíquicas e de comportamento do cuidador e do ambiente familiar, onde se incluem os aspectos demográficos, para explicar a existência de maior vulnerabilidade para a violência contra a infância. Em muitos países, a autoria da violência, exercida tanto contra meninas como meninos, costuma ser predominantemente masculina. Estudos ainda revelam que, em casos de violência sexual praticada contra meninas, mais de 90% dos agressores são homens; em casos em que as vítimas são masculinas, o percentual de agressores homens varia entre 63% e 86% (p. 73).

Existe maior probabilidade de os pais que praticam violência física serem jovens, solteiros, pobres e desempregados, além de terem menor grau de educação do que os pais que não praticam maus-tratos contra seus filhos.

O mesmo organismo assinala que, *"tanto en los países em desarrollo como en los industrializados, los hijos de madres pobres, jóvenes y solteras corren mayor riesgo de recibir castigos corporales"* (OMS, 2002, p. 73). Além da faixa etária, o estresse, o isolamento, o abuso de substâncias psicotópicas e a pobreza, *"quizá sean más predictivos"* (OMS, 2002, p. 74), *em que pese o comportamento do agressor sexual não apresentar uma causa única, pois envolve "o complexo imbricamento de vários fatores"* (SERAFIM *et al.*, 2009, p. 8).

A violência sexual intrafamiliar praticada contra a criança pertencente a camadas sociais que não se enquadram na condição de pobreza não costuma chegar ao Judiciário, observação corroborada pela presente pesquisa. Os casos ocorridos nas classes sociais privilegiadas, ao invés de serem levados ao Judiciário, costumam ser relatados em consultórios de profissionais que trabalham na área da saúde mental, apenas quando a vítima já é adulta, o que contribui para a sua invisibilidade e por não serem abarcadas pelo sistema penal na época da ocorrência, pois famílias de maior poder aquisitivo dispõem de mais condições de escamotear o que acontece no seu interior.

Vários estudos, segundo a Organização Mundial da Saúde, têm revelado nexo entre a pobreza do grupo familiar e os maus-tratos praticados contra crianças e adolescentes. As taxas de violência são mais elevadas em comunidades com altos níveis de desemprego e concentração de pobreza, que se caracterizam pela alta rotatividade da população, tendência a dispor de infraestruturas física e social deterioradas, contando com menos recursos e alternativas capazes de tornar a vida mais agradável em comparação com comunidades que dispõem de mais alternativas (OMS, 2002, p. 75). No mesmo sentido, Faleiros (1999) assinala que "a família incerta e o não trabalho abrem espaço para os grupos de ação violenta, o tráfico, o álcool e dependência das drogas" (p. 164). No entanto, no Brasil,

> (...) as agendas de políticas sociais não incorporaram as crises relacionadas ao trabalho e ao desemprego; desconsidera-se a instabilidade do mercado de trabalho e a fragilidade da proteção social como fonte geradora de violência. Daí, a busca insistente em associar a situação de violência à pobreza, o que, para dizer o mínimo, é querer escamotear as determinações sócio-históricas presentes no fenômeno da violência (SUGUIHIRO; SUGUIHIRO, 2003, p. 4).

Ao relacionar a pobreza à violência praticada contra a criança, é importante destacar que não se atribui a ela uma visão meramente estática, monetária e economicista, o que pouco auxiliaria na busca de soluções. Mais do que baixa renda, a condição de pobreza é entendida como privação de capacidades elementares. sem (2000) adverte: "A privação de capacidades elementares pode refletir-se em morte prematura, subnutrição significativa (especialmente de crianças), morbidez persistente, analfabetismo muito disseminado e outras deficiências" (p. 35).

Se entendermos a questão social como "o conjunto das expressões das desigualdades da sociedade capitalista madura", é possível evidenciar que "o abuso sexual intrafamiliar está diretamente relacionado à questão social, ou seja, aos fatores e circunstâncias que lhe constituem e dão forma" (PEDERSEN; GROSSI, 2011, p. 31). Nesse sentido, na análise das condições socioeconômicas da família, o desemprego aparece como um fator de relevância. Assim,

> (...) não é meramente uma deficiência de renda que pode ser compensada por transferências do Estado (a um pesado custo fiscal que pode ser, ele próprio, um ônus gravíssimo); é também uma fonte de efeitos debilitadores muito abrangentes sobre a liberdade, a iniciativa e as habilidades do indivíduo (Sen, 2000, p. 35-36).

Em outras palavras, o desemprego contribui para a exclusão social, entendida como falta de adaptação social de alguns grupos, levando à perda da autonomia, da autoconfiança e da saúde física e psicológica (SEN, 2000, p. 35-36).

Considerando que a violência sexual ocorre em todas as condições sociais (GUERRA, 1998, p. 31), ao examinar a situação socioeconômica da família, parece até que o sistema de justiça, a exemplo do que ocorreu com o Código de Menores, não abrange as classes sociais mais privilegiadas.

No *corpus* examinado, doravante restrito apenas aos casos em que a violência sexual é intrafamiliar (82), a respeito da situação socioeconômica da família, são obtidos os seguintes registros: 4,54% (4 famílias) se consideravam pobres; 2,27% (2 famílias) consideravam ter renda regular; 2,27% (2 famílias), renda média; 3,41% (3 famílias) revelaram ter renda variando entre R$ 1.000,00 a R$ 1.200,00; 1,14% (uma família) apontava renda variável entre R$ 200,00 e R$ 500,00. Em 84,15% (69) dos casos, os processos não traziam informação quanto à renda familiar. Cabe esclarecer que os dados acima estampados não partiram de um critério preestabelecido; retratam a percepção dos sujeitos e vêm informados pelo abusador ou outro membro da família, quando inquirido, ou através de informações contidas no estudo social.

Os dados mostram que a realidade socioeconômica da família não é indagada pelos profissionais que intervêm no processo, confirmando, mais uma vez, o desinteresse em conhecer como vive o grupo familiar, quem sustenta a família, e outros aspectos que poderiam favorecer a adoção de medidas de proteção e prevenção contra novos abusos. O conhecimento das condições da família é importante na medida em que, entre os fatores de risco para a violência intrafamiliar, são arrolados a ausência de rede de serviços de apoio, eventos estressantes, como dificuldades financeiras, pobreza e desemprego, bem como espaço físico insuficiente para a família e baixo nível educacional dos pais, conforme Zavaschi *et al.* (2011, p. 142).

Segundo o IPEA (2008), pobres são "todas as pessoas com renda *per capita* mensal igual ou inferior a meio salário mínimo, cerca de R$ 207,50"; em condições de indigência "aquelas com renda *per capita* igual ou inferior a um quarto do salário mínimo". Na condição de ricos estão as famílias "cuja renda mensal seja igual ou maior do que 40 salários mínimos (aproximadamente R$ 16,6 mil)" (PEDERSEN; GROSSI, 2011, p. 33).

Foi constatado, ainda, quanto às condições de habitação, que 51,22% (42) das vítimas não dividiam o quarto/leito com o abusador; em 23,17% (19), a vítima compartilhava o quarto/leito com o abusador e 25,61% (21) não traziam a informação. Resta perguntar: nos casos em que o processo não traz informações, como seriam as condições de habitação da família? A inexistência de informação impede o conhecimento de aspecto relevante da organização familiar.

Por certo, a instabilidade no ambiente familiar, com trocas frequentes de pessoas que ocupam posição na família, *"cuando se van unos miembros de la família y llegan otros, son uma característica particulamente observada em los casos de descuido crónico"* (OMS, 2002, p. 74) tem consequências. Quanto às características da personalidade e do comportamento, estudos apontam que os pais com maior probabilidade de maltratar fisicamente seus filhos

Inquirição da criança vítima de violência sexual

têm baixa autoestima, reduzido controle de seus impulsos e, em alguns casos, problemas de saúde mental, além de mostrar comportamento antissocial, responderem com maior irritação frente ao estado de ânimo dos filhos, demonstrarem menor apoio a eles, sendo pouco carinhosos, não terem o hábito de brincar com as crianças, além de desatenderem suas demandas, mostrando-se mais dominadores e hostis (OMS, 2002, p. 74).

No grupo familiar, o papel da mãe costuma ser o de cuidadora principal da criança. Furniss (1993) aponta, entre os fatores que contribuem para o maior ou menor dano psíquico causado à criança que foi exposta à violência sexual, a presença ou ausência de figuras parentais protetoras. No levantamento de dados do *corpus*, se considerarmos os casos em que se obteve a informação sobre a idade da mãe das vítimas, foi possível observar que 38,24% (26) das mães tinham idade entre 30 e 39 anos; 29,41% (20) estavam na faixa etária de 18 a 29 anos; 27,94% (19) tinham idade entre 40 e 49 anos; e, 4,41% (3) tinham idade entre 50 e 59 anos. Em 17,07% (14) não havia informação, numa clara demonstração do desinteresse em conhecer aspectos que envolvem a mãe da criança. Desta forma, é possível afirmar que pelo menos 56,10% (46) contava idade inferior a 40 anos.

Quanto à escolaridade da mãe, 43,90% (36) declararam ter cursado o ensino fundamental; 6,10% (5) cursavam o ensino médio; 4,88% (4) não tinham qualquer escolaridade; 4,88% (4) tinham ensino superior e 2,44% (2) eram semialfabetizadas. Em 37,80% (31) dos casos, não constava qualquer informação sobre este dado, prejudicando uma provável inferência de que o grau de escolaridade pode ter relação com o conhecimento e o respeito às leis de proteção da criança.

Além dos fatores de vulnerabilidade da família já revelados, chama a atenção o consumo de álcool. Grossi (1995) assinala que o "alcoolismo e o comportamento violento têm algumas características semelhantes, entre as quais: – podem apresentar caráter *intergeracional*; – ambos levam à negação ou à minimização do problema; – ambos envolvem o isolamento da família" (p. 106). A mesma constatação vem assinalada também por Charam (1997), ao afirmar que "o uso do álcool é muito frequente na violência sexual. Reduz no homem o freio moral e eleva a agressividade e o desejo sexual. E, nas mulheres, reduz a capacidade de reação. O mesmo ocorre com maconha, cocaína e outros"(p. 167).

O estudo do *corpus*, mais uma vez, registra pouco interesse em detectar, na instrução dos processos, de natureza criminal ou cível, informações sobre o uso de álcool ou outras drogas pelo abusador ou membro da família da criança vítima de violência sexual intrafamiliar. Entre os oitenta e dois processos examinados, 69,51% (57) não trazem qualquer registro dessa ordem. Foram encontradas informações em apenas 30,49% (25) dos processos.

Dentre esses (25 processos), em 96% (24) verificou-se o uso do álcool e outras drogas pelo abusador e, em 4% (1), por outro parente que residia com a vítima, mas que não era o abusador (padrasto).

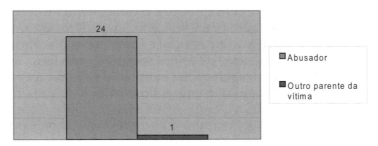

Uso de álcool ou droga

Total = 25 processos

Quanto aos abusadores que faziam uso de álcool ou droga, constata-se: 45,83% (11) eram padrastos; 33,33% (8), pais; 16,67% (4), tios; e, 4,17% (1), primos.

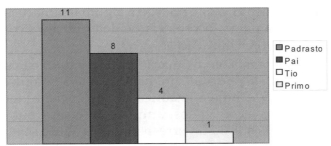

Uso de álcool ou droga pelo abusador

Total = 24 processos

Dados semelhantes foram encontrados por Braun (2002), em estudo exploratório em que avaliou boletins de ocorrência policial e termos de informação referentes a 50 vítimas de abuso com idade inferior a 18 anos, no período de dezembro de 1996 a novembro de 1998, ao informar que, em 39% (19) dos casos, não foram obtidas informações sobre o uso de álcool ou outras drogas; em 46% (23), o abusador encontrava-se alcoolizado e/ou drogado ao praticar o abuso e, em 38% (19), os boletins de ocorrência omitiam tal informação. Por outro lado, pesquisa realizada no Brasil mostra que o uso do álcool apresenta maior associação com abusadores sexuais de crianças, enquanto o consumo de drogas ilícitas está mais relacionado com vítimas adultas (BALTIERI, 2007).

O estresse, a situação familiar disfuncional, o abuso de substâncias, as dificuldades de relacionamento interpessoal, as falhas na repressão do incesto, as crenças disfuncionais e os traços antissociais são apontados por alguns autores como fatores "predisponentes e de manutenção da pedofilia" (TELLES, 2006, p. 279).

Além dos reflexos prejudiciais do uso do álcool na esfera da saúde mental, merecendo destaque a sua relação com a depressão, transtorno de ansiedade, comportamento antissocial e transtornos psicóticos, seu uso também acarreta consequências na esfera social do indivíduo, o que pode ser observado através da desagregação familiar, da diminuição da produtividade no trabalho, do baixo desempenho escolar e da presença da violência doméstica e social (GALVÃO; ABUCHAIM, 2001). Com respeito à vítima, Prado e Pereira (2008) referem que, entre os distúrbios possíveis de se manifestarem ao longo de suas vidas, o uso de drogas deve ser "considerado como uma tentativa de automedicação e tem relação direta com o ressurgimento dos afetos ligados ao traumatismo em si" (p. 5).

Os efeitos nocivos do uso do álcool e outras drogas são conhecidos da população em razão da ampla divulgação de políticas públicas preventivas que têm havido nos últimos anos, bem como do número crescente de estudos especializados. O álcool "provoca desinibição e reduz a capacidade de julgamento, o que pode, em algumas situações, facilitar ou servir de justificativa para a ocorrência de determinados comportamentos mais agressivos" (FONSECA *et al.*, 2009, p.7).

Em estudo que analisou a situação de 7.939 domicílios, em 108 cidades brasileiras com mais de 200 mil habitantes, os pesquisadores constataram que, em 33,5%, houve histórico de violência domiciliar, sendo 17,1% com agressores alcoolizados. Entre os diversos tipos de violência associada ao uso do álcool, 3,2% correspondiam a abuso sexual; a maioria das vítimas era do sexo feminino. A maior parte das vítimas e dos agressores não procurou ajuda em serviços de saúde/segurança (FONSECA *et al.*, 2009), inviabilizando a adoção de providências em ambas as áreas. Este fato pode levar a inferir a inexistência de uma cultura de denúncia do abuso, o que fragiliza tanto as mulheres quanto as crianças, tradicionalmente afastadas do poder e não instrumentalizadas para recorrer aos órgãos de proteção. Em casos como esses, as redes sociais e os vínculos entre vizinhos podem proteger as crianças, tanto as que estão expostas a vários fatores de risco, como a pobreza, a violência, o abuso do álcool e drogas, pais com baixo nível de educação, como as que desfrutam de um nível menos intenso de dificuldades (OMS, 2002, p. 75).

Os dados colhidos dos processos judiciais do *corpus* analisado permitem afirmar que as famílias, de modo geral, apresentavam vários aspectos de vulnerabilidade, como baixa escolaridade, uso de álcool e outras drogas, baixa renda, mostrando o quão complexo é o enfrentamento da prevenção à violência sexual intrafamiliar. Por outro lado, o pouco interesse em conhecer estes aspectos no curso do processo criminal é também indício da fragmentação do sistema, da falta de comprometimento com as condições de vida dos sujeitos e, em consequência, com a garantia dos direitos que a lei assegura à criança.

3.3.2. A vítima

Dados do Departamento Estadual da Criança e do Adolescente (DECA), subordinado à Secretaria da Justiça e da Segurança do Estado do Rio Grande do Sul, apontam que, de janeiro de 2002 a julho de 2004, 3.688 crianças foram vítimas de violência, sendo que 2.377 padeceram de violência sexual (SALVAGNI; WAGNER, 2006). No ano de 2015, foram registradas 2.357 ocorrências de estupro de vulnerável no Estado do Rio Grande do Sul. Já no primeiro semestre de 2016, foram registrados 1.197 casos. Na cidade de Porto Alegre, foram 376 ocorrências em 2015 e, no primeiro semestre de 2016, 159. Essa constatação, também corroborada por dados da Organização Mundial da Saúde, demonstra a dimensão que o tema ora em estudo assume. Em consequência, para o estudo ora desenvolvido, torna-se fundamental conhecer aspectos da vida da vítima inserida na família que tem as características acima identificadas.

Ao observar o *corpus* a partir da consideração do sexo das vítimas, constata-se que 86,59% (71) eram do sexo feminino e 13,41% (11), do sexo masculino.

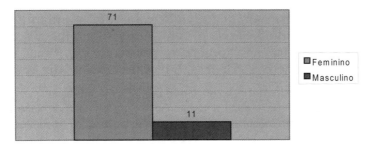

Outras pesquisas e estudos realizados também apontam as meninas como as principais vítimas, considerando sempre os casos notificados, ou que de alguma forma chegam aos sistemas de saúde e justiça. É o que se constata nos resultados apresentados por Ribeiro e colaboradores (2004), em levantamento realizado no período de 1995 a 2000. Também a Organização Mundial da Saúde (OMS) relata que as meninas são mais vitimadas que os meninos e que, em 2002, 150 milhões de meninas e 73 milhões de meninos menores de 18 anos foram forçados a manter relações sexuais ou sofreram outras formas de violência sexual que envolveu contato físico (BAPTISTA *et al.*, 2008, p. 7). A agravar a situação das vítimas, o Ministério da Saúde informa que "cerca de 16% das mulheres que sofrem violência sexual contraem alguma DST e uma em cada mil é infectada pelo HIV" (VILHENA; ZAMORA, 2004, p. 117).

Trabalho realizado por Braun (2002, p. 54), em amostra de 50 ocorrências policiais, bem como os respectivos termos de informação das vítimas de violência sexual, colhidos no Departamento Estadual da Criança e do Adolescente da Polícia Civil – RS, em Porto Alegre, entre dezembro de 1996 e novembro de 1998, apontou 96% (48) de vítimas do sexo feminino e 4% (2) do sexo masculino.

As mulheres, como demonstram as pesquisas, figuram como vítimas preferenciais dos agressores sexuais, apresentando uma vulnerabilidade maior que os homens. Além disto,

> (...) por suas características fisiológicas e anatômicas, a mulher apresenta condições que propiciam o desenvolvimento de DST, as quais não diagnosticadas ou não tratadas, produzirão consequências diretas sobre sua saúde. Além dos quadros inflamatórios, de esterilidade, de doenças neurológicas e do sistema imunológico, somam-se o risco inquestionável do papilomavírus humano (HPV) na gênese do câncer de colo uterino, a relação do vírus da hepatite B com o câncer hepático e a interação das DST com o HIV, favorecendo a infecção e seu desenvolvimento (REIS *et al.*, 2001, p. 42).

Saffioti (1992) assinala que a violência sexual intrafamiliar é caracterizada como uma violência de gênero. A autora também declara que a maioria dos abusadores são homens ao passo que as vítimas são, predominantemente, mulheres e crianças. Em outra ocasião, diz ainda:

> (...) para o homem, a mulher é sempre uma presa, pois ele atua segundo o jogo da caça e do caçador. Na condição de caça, a mulher não tem, efetivamente, vontade, na percepção masculina. Existe para satisfazer os desejos do homem, aí incluído seu desejo de dominar a presa. É nesse contexto que os homens usam sexualmente as mulheres, seja para saciar seus desejos sexuais seja para satisfazer seu desejo de exercer poder, o que vem a ser o mesmo numa sociedade onde não se separam a pulsão de vida e a pulsão de morte (1997, p. 168).

Historicamente, às mulheres é transmitida a ideia de submissão, ao ponto de provocar relações assimétricas pela dominação, com as mais diferentes consequências na vida social e familiar. Por outro lado, a autoridade masculina "tem sido exercida de forma tão generalizada há séculos que muitas mulheres a aceitam como natural, assim como muitos homens aceitam como natural alguns papéis desempenhados pelas mulheres" (SCHMICKLER, 2006, p. 217).

Enquanto Schmickler assinala que, na família, podem ser apreendidas as dimensões de geração e gênero, Saffioti ressalta que elas se originam "(...) do processo de conquista-imposição da identidade de gênero, daí derivando relações que impregnam todas as esferas da vida social". No mesmo sentido, Louro (1995) declara:

> (...) é mais do que uma identidade aprendida, é uma categoria imersa nas instituições sociais (o que implica admitir que a justiça, a escola, a igreja e outras, são *generificadas*, ou seja, expressam as relações sociais de gênero. Em todas essas afirmações está presente, sem dúvida, a ideia de formação, socialização ou educação dos sujeitos (p. 103).

Sem que haja uma intervenção adequada, as meninas que sofrem violência sexual na infância tendem, na vida adulta, a se submeterem "a maridos violentos, alcoólatras, infiéis, por absoluta impossibilidade de conduzirem suas vidas sem a figura provedora" (SCHMICKLER, 2006, p. 223), reafirmando-se, assim, o nefasto círculo da violência. A vítima, reduzida ao desamparo, privada de sua integridade, não quer mais ser vista ou sequer percebida; teme um homem em particular e depois todos os homens, sendo tomada por uma espécie de culpa de sobrevivente, rememorando intensamente a violência, "destruindo-se no ato e no transbordamento da repetição de seus *estupro-pensamentos*, um filme sem fim de final feliz" (VILHENA & ZAMORA, 2004, p. 121).

A constatação de que os meninos aparecem como vítimas em um número significativamente menor não afasta a incidência de violência sexual. Autores, como Saffioti (1997), acreditam que a presença dos meninos na posição de vítima em crimes envolvendo violência sexual possa ser muito maior, e que as denúncias são escassas não porque o abuso não ocorra, mas devido ao alto grau de machismo presente na sociedade: "quando um homem, embora criança, é utilizado sexualmente por um adulto, sua reputação cai a ponto de ser igualado a uma mulher" (p. 170).

A agravar os danos causados à criança, está a constatação da idade das vítimas ao tempo da violência sexual. A maioria, no estudo do *corpus*, situa-se entre 0 e 12 anos, correspondendo a 81,71% (67). Na faixa entre 13 e 16 anos, encontram-se 18,29% (15) de ocorrências.

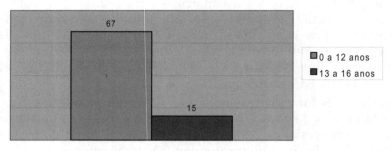

Total = 82 processos

Dados semelhantes são verificados nos atendimentos realizados, no ano de 2009, pelo Programa de Proteção à Criança do Hospital de Clínicas de Porto Alegre, onde foi possível observar que 88,37% (38) das vítimas contava com idade igual ou inferior a 12 anos. Pesquisa realizada no contexto da 1ª Vara da Infância e Juventude do Distrito Federal (SANTOS E COSTA, 2011, p. 533), envolvendo 47 crianças em situação de violência sexual, apontou que 23,4% contava com idade entre 3 e 5 anos, e 27,6%, com idade de 6 a oito anos.

O estudo de Ribeiro e colaboradores (2004), já citado, destacou que crianças, com idade entre dez anos e um mês (10a1m) e doze anos (12a) foram as mais atingidas (19,5%). Já, entre os adolescentes, o maior número se situou entre doze (12a) e quatorze anos (14a). De outro lado, dados colhidos no Programa Sentinela, em Campina Grande, na Paraíba, indicam que "os maiores percentuais ocorreram na faixa etária de 15 a 17 anos, e dos 3 a 5 anos" (BAPTISTA *et al.*, 2008, p. 9).

Outros trabalhos, em nível nacional e internacional, sinalizam que, embora a violência sexual atinja mulheres de qualquer idade, crianças e adolescentes são os mais vitimizados. Reis e colaboradores (2001) apontam que crianças e adolescentes responderam por 69% dos casos, mostrando-se a população mais vulnerável às doenças decorrentes da violência sexual. Nesse sentido, os autores referem:

> (...) observamos que crianças sofreram três vezes menos estupros que as mulheres adultas e duas vezes menos que as adolescentes, porém, foram três vezes mais vitimizadas por atentado violento ao pudor que esta última categoria e cinco vezes mais que aquela. Com relação ao tipo de penetração sofrida, este fato revela seu maior risco para a infecção pelo HIV (2001, p. 43).

Em outro ensaio, Ribeiro e colaboradores (2004) analisaram as características relativas à vitimização sexual intrafamiliar de 131 crianças e 95 adolescentes, atendidos pelo Centro de Referência da Criança e do

Adolescente e pelo Conselho Tutelar de Ribeirão Preto (SP), no período de 1995 a 2000. Entre as conclusões, destacam-se: as vítimas eram predominantemente do sexo feminino; crianças com idade entre dez anos e um mês e doze anos incompletos foram as mais atingidas (19,5%); entre os adolescentes, o número maior se situou entre 12 e 14 anos completos (17,3%); a maioria das vítimas residia com a família, que possuía três (19,9%) ou quatro filhos (17,7%), sendo os primogênitos os mais agredidos (33,6%).

Entre os fatores capazes de produzir danos maiores no aparelho psíquico da vítima, está a idade da criança ao tempo em que foi exposta à violência sexual (FURNISS, 1993). Este fato remete à urgência de adoção de políticas públicas capazes de prevenir a violência sexual e de acompanhar de forma especializada crianças e famílias que vivenciam essa situação, assegurando-lhes direitos de cidadania.

Além de pertencerem ao sexo feminino (86,59%), as vítimas, em sua maioria, apresentam baixo grau de escolaridade, como o presente estudo constata. Tal achado, em parte, é explicado pela pouca idade de muitas das vítimas. Do total, 17,07% (14) não eram escolarizadas ao tempo dos fatos; 9,76% (8) cursavam a 4ª série do ensino fundamental; 8,54% (7) cursavam a 3ª série do ensino fundamental; 8,54% (7) cursavam a 5ª série do ensino fundamental; 7,32% (6) cursavam a 2ª série do ensino fundamental; 4,88% (4) haviam completado o ensino fundamental; 3,66% (3) cursavam a 1ª série do ensino fundamental; 3,66% (3), a 6ª série do ensino fundamental; 2,44% (2) frequentavam a pré-escola; somente 1,21% (1) cursava o ensino médio e 1,21% (1) cursava a 8ª série do ensino fundamental. No *corpus*, não há informações sobre a escolaridade das vítimas em 31,71% (26) dos casos.

Quanto à posição da vítima entre os irmãos, o exame do *corpus* observou que, em sua maioria, a vítima é o primeiro filho (29), correspondendo a 35,36%. Em 21,95% (18), é o segundo filho; em 9,76% (8), o terceiro; em 3,66% (3), o quarto filho; e, em 1,22% (1), o quinto. Dados semelhantes foram apontados por Braun (2002), em estudo exploratório de boletins de ocorrência policial e termos de informação referentes a 50 vítimas de abuso com idade inferior a 18 anos (período de dezembro de 1996 a novembro de 1998), onde, em 34% (17 casos) a vítima era a primogênita.

No *corpus*, observou-se que em 28,05% (23) os autos não traziam informação quanto à posição da vítima na ordem dos filhos, considerada importante, uma vez que dela poderia decorrer a necessidade de os irmãos da vítima serem incluídos na avaliação, "de modo a estabelecer o grau de seu envolvimento e conhecimento do abuso, e avaliar o efeito que o abuso de um irmão teve sobre sua saúde mental e sobre seu desenvolvimento emocional, cognitivo e psicossexual" (FURNISS, 1993, p. 312).

No que tange à avaliação psicológica da vítima, no *corpus* observado, 48,78% (40) dos processos não recorreram a este instrumento de avaliação. Em 51,22% (42), houve avaliação psicológica da vítima.

Este resultado é relevante porque, sem a realização da avaliação psicológica, não há como dispor de dados sobre as repercussões do abuso no desenvolvimento da criança, nem como ser adotada a medida de proteção prevista no artigo 101, inciso V, do Estatuto da Criança e do Adolescente. A título ilustrativo, segue a transcrição de parte da avaliação psicológica de uma criança, abusada dos 7 aos 10 anos, extraída de um dos casos examinados, em que o abusador, com curso superior, era o padrasto da vítima:

> A experiência de maus-tratos e abuso sofridos deixaram marcas importantes e de conflito em um período de vida essencial à formação de sua identidade. Nesse momento, o maior sofrimento de S. é relacionado às perdas subsequentes a esta situação – rompimento da relação com a figura materna e o irmão menor, afastamento de outras pessoas da família materna (Processo nº 039/2.050007167-3).

Outro laudo, envolvendo uma criança de 6 anos, abusada por um vizinho, com curso fundamental, refere:

> (...) a vítima apresenta intensa inibição ao falar sobre o tema e seus desenhos evidenciam elementos depressivos e inibição, além de sugerirem fragilidade psíquica e angústia (Processo nº 163/2.03.0000288-3).

Já a avaliação psiquiátrica da vítima não foi realizada em 73,17% dos processos examinados (60 situações de abuso), tendo sido realizada em 26,83% (22 crianças/adolescentes). Considerando que os estudos da área da saúde mental sinalizam para a possibilidade de sequelas na área psíquica das vítimas,[56] tal medida deveria ter sido realizada com a totalidade das vítimas, permitindo identificar a necessidade de acompanhamento psiquiátrico ou psicológico, independentemente das medidas de cunho penal, em atenção ao direito fundamental à saúde, assegurado no artigo 227 da Constituição Federal.

A importância da avaliação psicológica ou psiquiátrica com a vítima se evidencia quando especialistas da área indicam que a criança pode não apresentar evidências físicas, quer tenha ou não sofrido violência sexual. No entanto, conforme Hirata e Baltazar (2006), "quase sempre as vítimas têm problemas emocionais, dificuldade de se relacionar e insegurança, podendo manifestar depressão, nervosismo, distúrbio do sono, comportamentos compulsivos ou ainda ideias de suicídio", fatos que exi-

---

[56] Sobre as sequelas provocadas pelo abuso sexual, ver Capítulo 2 (2.3.2).

gem uma atenção especial do sistema de proteção e justiça. Os mesmos autores apontam, ainda, que "algumas crianças abusadas sexualmente podem ter dificuldades para estabelecer relações harmônicas com outras pessoas, podem se transformar em adultos que também abusam de outras crianças, podem se inclinar para a prostituição ou podem ter outros problemas sérios quando adultos" (p. 1).

De acordo com a idade e fase do desenvolvimento em que se encontra a criança, as manifestações são diferentes. Nesse sentido, conforme Machado e colaboradores (2005):

> Crianças entre 1 a 6 anos podem manifestar agressividade sexual contra amigos e bonecos; os desenhos apresentam temas assustadores ou órgãos sexuais superdesenvolvidos, pintados geralmente com cores escuras; têm atitudes nervosas contra adultos; afastam-se dos amiguinhos. Crianças de 6 anos em diante demonstram medo de lugares específicos, como o quarto ou o banheiro; mostram desconforto na presença de determinado adulto; apresentam mudanças bruscas nos modos, nas atitudes e no comportamento; usam linguagem sexualmente explícita, imprópria para a idade; têm pesadelos e apresentam distúrbios do sono; falam coisas desconexas. A criança não fala claramente sobre a violência, pois tem medo, vergonha e culpa, acha que foi responsável pela situação. Às vezes nem sabe reconhecer o abuso como agressão (p. 56).

A criança que participa de cenas de violência sexual costuma expressar forte sentimento de culpa, independentemente do grau de cooperação e da vontade de participar do abuso, o que exige atenção nos cuidados da área da saúde mental. Embora nem todas as crianças submetidas à violência sexual apresentem problemas emocionais, é necessário, em todos os casos, proceder à avaliação e encaminhá-las para acompanhamento sempre que a medida se mostrar necessária, como forma de minorar os danos que a violência costuma causar ao seu desenvolvimento. A avaliação da criança é medida que se impõe e tem como objetivo oportunizar um espaço para que possa se expressar e, ao mesmo tempo, para ser ouvida, exigindo, sempre que possível, a participação do grupo familiar.

Nesse sentido, é de extrema relevância o alerta vindo de especialistas para as particularidades da relação entre a criança a ser periciada e o perito, em especial o perito psiquiatra, ao assinalar que a relação com a criança ou adolescente nunca é diádica (o periciado e o psiquiatra), e sim poliádica, uma vez que "entram em cena outros atores sociais relacionados com a criança, como pais, cuidadores, instituições, etc." (WERNER; WERNER, 2004, p. 79).

3.3.3. O abusador

Além do exame de aspectos da família e da vítima que foram envolvidas em violência sexual, é também relevante conhecer alguns aspectos relacionados ao abusador. Não só os réus que cumprem pena privativa de liberdade rejeitam a figura do abusador. Também os profissionais que trabalham com violência sexual costumam apresentar reações adversas ao autor da violência sexual, preferindo mantê-lo à distância. Um dos desafios que se coloca aos profissionais que trabalham com o tema da violência sexual praticada contra a criança "é o de se posicionar contra a violência e não contra a pessoa que a exerce", uma vez que, para "quebrar o ciclo do abuso sexual", é necessário "trabalhar com a pessoa que o exerce, pelo fato de a violência, em muitos casos, seguir com outras vítimas". Para alguns autores, a maneira mais eficaz de superar esse rechaço instintivo, "é entrar em conexão com a infância do abusador" (SATTLER, 2011, p. 236).

Antes de relatar dados do *corpus*, fazem-se necessárias algumas considerações sobre o abusador, extraídas da doutrina médica e jurídica. Autores como Telles e colaboradores (2011) mencionam que, há muito, a ideia de perfil típico do abusador sexual é um mito. Assinalam que

> (...) ao falarmos de *agressores sexuais*, estamos nos referindo a indivíduos que cometeram um ato definido juridicamente como crime, e não a um diagnóstico psiquiátrico, ainda que alguns indivíduos que cometem agressões sexuais possam padecer de patologia associada (p. 248).

Segundo Telles (2006), os criminosos sexuais podem ser divididos em três grupos: psicóticos, portadores de personalidade antissocial[57] e parafílicos. As principais categorias de parafilias são: exibicionismo, fetichismo, frotteurismo, pedofilia, masoquismo sexual, sadismo sexual e voyeurismo. Para Abdalla-Filho, Chalub & Telles (2016), "o termo parafilia representa qualquer interesse sexual intenso, preferencial e persistente, que não é voltado a estimulação genital ou carícias preliminares com parceiros humanos que consentem ou apresentam fenótipo normal e maturidade física. " (p. 463-464)

Pedofilia é definida como a preferência sexual por crianças e raramente é identificada em mulheres, podendo ser entendida como "uma preferência sexual por crianças, usualmente de idade pré-puberal ou no início da puberdade" (TELLES, 2006, p. 277). Alguns pedófilos são atraídos apenas por meninas, outros apenas por meninos e outros, ainda, são interessados em ambos os sexos. Um dado importante a ser assinalado é que a pedofilia não exclui a responsabilidade penal e tampouco a diminui. A maior parte dos pedófilos não recebe medida de segurança, e a inimputabilidade fica subordinada à condição de psicótico. A pedofilia encontra-se inserida no CID-10, nosografia oficialmente adotada no Bra-

---

[57] Ver comentário da nota de rodapé n° 25 (capítulo 2).

sil e preconizada pela Organização Mundial de Saúde, sob o código diagnóstico F65.4, apresentando os seguintes critérios diagnósticos:

a) Por um período de pelo menos seis meses, fantasias sexualmente excitantes, impulsos sexuais ou comportamentos intensos e recorrentes envolvendo atividade sexual com criança ou crianças pré-púberes (em geral, 13 anos ou menos).

b) O indivíduo coloca em práticas esses impulsos sexuais, ou os impulsos e as fantasias causam sofrimento intenso ou dificuldades interpessoais.

c) O indivíduo tem, no mínimo, 16 anos, e, é, pelo menos, cinco anos mais velho que a criança ou as crianças referidas no critério A.

Nota para codificação: não incluir um indivíduo no final da adolescência envolvido em um relacionamento sexual contínuo com pessoa de 12 ou 13 anos de idade.[58]

Entre os pedófilos são encontrados homens que "mantêm uma preferência por parceiros sexuais adultos, mas que, por serem cronicamente frustrados em conseguir contatos apropriados, habitualmente se voltam para crianças como substitutos" (TELLES, 2006, p. 278-279).

Segundo a mesma autora, homens que abusam sexualmente de seus próprios filhos pré-púberes podem também seduzir outras crianças, mas, em qualquer caso, "seu comportamento é indicativo de pedofilia". Em geral, o transtorno inicia na adolescência, e seu portador costuma fazer várias vítimas durante sua vida. Não é incomum a presença de outras parafilias nesses indivíduos (p. 278-279). Atividades como despir e observar a criança, exibir-se, masturbar-se na sua presença ou tocá-las suavemente, são incluídas nas práticas dos pedófilos, embora eles possam também praticar felação, penetrar a vagina, a boca ou o ânus da criança com seus dedos, objetos estranhos ou pênis. Costumam omitir, minimizar, negar ou mentir a respeito de seu comportamento sexual desviante, bem como apelar para racionalizações como o valor educativo que sua conduta representa para a criança; atribuir à criança a conduta provocante ou, ainda, apelar para o fato de que ela obtém prazer sexual. Os pedófilos costumam também ameaçar a criança com o fim de impedir que revelem seus atos. São um grupo heterogêneo quanto às preferências, práticas e críticas em relação ao problema:

Muitos indivíduos com esse transtorno afirmam que o comportamento não lhes causa sofrimento e que seu único problema é a reação das outras pessoas a suas atitudes. Outros relatam extrema culpa, vergonha e depressão, por pensarem e sentirem tais impulsos, buscando formas de evitar tais condutas (TELLES *et al.*, 2011, p. 254).

Outros autores, como assinala Sattler (2011), classificam os abusadores em *situacional* e *preferencial*. O abusador situacional seria aquele "cujo envolvimento erotizado com criança não resulta de uma preferência

---

[58] DSM-5. Manual Diagnóstico e Estatístico de Transtornos Mentais. 5. ed. *American Psychiatric Association*. Porto Alegre: Armed, 2014, p. 698.

Inquirição da criança vítima de violência sexual **143**

sexual"; "tende a exercitar-se com adultos, sendo o fator da escolha da vítima a facilidade de acesso a ela frente a determinadas situações" (p. 243). De outro lado, o abusador preferencial é aquele que apresenta, em sua identidade sexual,

> (...) uma definida preferência por crianças ou adolescentes; faz muitas vítimas, procurando, constantemente, oportunidades para se aproximar de crianças, em parques, clubes, colégios, na família, chegando a escolher companheiras pelo fato de terem filhos que o atraem (p. 244).

A violência sexual praticada contra a criança, independente da classificação adotada com relação ao abusador, é a transgressão de uma regra, "de uma lei que interdita essa violência", como afirma Machado (2000, p. 24). A autora colhe ilustrativas amostras em entrevistas realizadas com apenados do sistema prisional. Eles manifestam não entenderem seu erro como uma transgressão, já que fizeram "o que todos os homens fazem"; o que "todos fazem com as prostitutas"; o que "todos os homens fazem com todas as mulheres: elas sempre dizem não, mas sempre querem" (p. 24). Do mesmo estudo, destaca-se, ainda, a seguinte manifestação:

> Não gosta de falar sobre o que fez. Na hora do ocorrido se sentia perturbado. O estado de espírito estava perturbado. Quem cai e não admite que caiu, nunca poderá se levantar de novo. Os companheiros não achavam legal ele assumir o crime, mas para ele é muito importante. Mesmo que os outros digam que as mulheres têm culpa, elas não têm (...) (p. 27).

Voltando aos dados do *corpus*, insta salientar que, nos oitenta e dois processos examinados, em apenas um caso foi suscitado incidente de insanidade mental do acusado, buscando apurar, mediante perícia do Instituto Psiquiátrico Forense, a capacidade do réu, ao tempo da ação, para entender o caráter ilícito dos fatos, bem como a capacidade de determinar-se de acordo com esse entendimento. Este dado é relevante para afastar a ideia, porventura existente, de que o abusador, em regra, possa ser considerado inimputável.

As informações colhidas no mencionado processo envolvem a história social do abusador, com 67 anos ao tempo que foi submetido à perícia, nos autos do incidente de insanidade mental contra ele instaurado. Diz o laudo:

> Filho de agricultores. Eram nove irmãos, dois vivos. O pai era alcoolista. Não estudou porque a escola era muito longe e os pais não se interessavam em encaminhar os filhos para os estudos. Começou a ajudar o pai na roça a partir dos seis anos de idade. Sempre trabalhou na agricultura em terras arrendadas. Está casado há quarenta anos. Teve seis filhos, todos casados. Atualmente, está aposentado pelo INSS (Processo nº 70020247763).

No caso acima, o periciado, além de não ter frequentado a escola, foi envolvido no trabalho infantil. Embora sua infância tenha ocorrido em época que antecedeu a legislação atual, vale lembrar que, passados mais de 25 anos de vigência do Estatuto da Criança e do Adolescente, ainda é possível encontrar grande número de crianças em situações semelhantes. Em que pese o crescimento dos índices de frequência escolar, observados, no período de 1997 e 2007, "a média não atingiu os 4 anos de estudo completos para as crianças de 11 anos de idade que, de acordo com o sistema educacional, deveriam ter, no mínimo, essa escolaridade, mas apresentaram 3,3 anos de estudo" (IBGE, 2008). Em 2014, o maior aumento da taxa de escolarização deu-se na faixa de crianças de 4 a 5 anos de idade (82,7%), frente a 81,4% em 2013. A elevação da taxa de escolaridade na pré-escola se deve à Emenda Constitucional 59, de 11 de novembro de 2009, e ao Plano Nacional da Educação (Lei nº 13.005, de 25 de junho de 2014.). No Brasil, 554 mil pessoas, com idade entre 5 e 13 anos, encontravam-se em situação de trabalho infantil, ao passo que, no grupo de 14 a 17 anos, estavam 2,8 milhões de pessoas (IBGE, 2015).

Por outro lado, segundo o IBGE, mais de um milhão e duzentos mil meninos e meninas, de cinco a treze anos, ainda são vítimas de exploração no trabalho infanto-juvenil, sendo que os meninos negros ou pardos, de famílias de baixa renda, que moram em áreas rurais do Norte e do Nordeste do país, formam o perfil médio do pequeno trabalhador (ANDI, 2010c). Em 2007, o IBGE (2008) revela aumento na proporção de crianças de 10 a 15 anos que trabalham na própria casa e no domicílio do empregador.

Quanto ao sexo do abusador, o estudo do *corpus* revela que, em 98,78% (81) dos casos, os abusadores eram do sexo masculino e, em 1,22% (1), do sexo feminino (a mãe).[59] Para Saffioti (1997), além de o controle social efetuado sobre a sexualidade feminina ser muito superior ao que se realiza com a sexualidade masculina, as várias possibilidades abertas pela maternagem podem se mostrar mais eficazes "para desenvolver entre mãe e filhos (as) relações realmente familiares" (p. 174), que favorecem atitudes não abusivas.

Sexo do Abusador

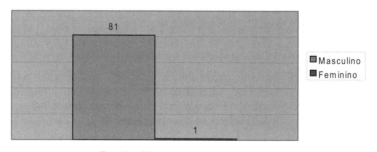

Total = 82 processos

---

[59] Ver classificação da OMS citada na página 83 do Capítulo 2.

No único caso de violência sexual intrafamiliar em que a mãe foi denunciada, os fatos foram praticados por ela em concurso com o pai. Menciona a denúncia:

No período compreendido entre janeiro a abril de 2006, por diversas vezes, na residência dos denunciados, estes, em comunhão de vontades e desígnio comum, constrangeram, mediante violência (presumida e real) e grave ameaça, K.N.S, de apenas 5 anos de idade, a praticar e permitir que com eles fossem praticados atos libidinosos diversos da conjunção carnal.

Nas ocasiões, o denunciado beijava a vítima no pescoço e na boca, além de passar suas mãos e introduzir seus dedos na vagina de K. Os denunciados agrediam a vítima fisicamente (atestado médico de fl. 10) e a xingavam de *puta, diabinha* e *feia*, quando ela não permitia a prática de atos libidinosos.

Ademais, a denunciada, na condição de garantidora – já que é mãe da vítima (certidão de fl. 14) – além de não impedir a prática de tais atos, considerando seu dever legal de fazê-lo, ainda presenciava, permitia e estimulava os abusos sexuais praticados pelo denunciado, já que, segundo a própria vítima, seu pai *namorava com as duas ao mesmo tempo* – referindo-se à denunciada e a ela (vítima).

Os crimes foram praticados com abuso de poder, já que os denunciados são pais da vítima e com ela residiam (certidão de fl. 14) (Processo nº 048/2.06.0000692-9, p. 3-4).

Neste caso, embora a mãe não tenha provocado a situação, ela é considerada coautora, em termos penais, por presenciar, permitir e estimular as ações acima descritas, praticadas pelo genitor.

A vítima, que havia sido afastada de casa e colocada em acolhimento institucional, ao ser inquirida, em Juízo, relatou:

Lembra da história que contou para a diretora e a professora, de que dormia com o pai e a mãe. O pai lhe chamou de *puta* e lhe mordeu no braço. Só o pai fazia, a mãe não fazia. O pai fazia cócegas nas axilas, na barriga, na perna, na outra perna e na vagina. O pai colocava o dedo na vagina. Não gostava do que o pai lhe fazia. Chorava porque o pai chamava de puta, demônia, vagabunda. A mãe ficava junto, mas não fazia nada. Na mesma cama ficavam o pai, a mãe e a depoente. É verdade que o pai namorava um pouco com a vítima e um pouco com a mãe. Tinha que fazer carinho na perna e no pinto do pai. Não gosta de seu pai porque ele a surra com cinta. Acha que o pai é feio e não gosta dele. Gosta da mãe, mas não do pai. No dia em que foi para casa, o pai ainda lhe namorou. (...) (p. 203).

Pelo juiz, foi consignado que

(...) a vítima está extremamente envergonhada e não olha quando o juiz faz as perguntas. Responde apenas quando o juiz não está olhando (se escondendo), respondendo para a estagiária, que vai digitando. A vítima fica toda hora olhando para as mãos, colocando-as na boca. (...) A vítima depôs sentada no colo da professora (p. 203).

Do mesmo processo, colhe-se do estudo social:

As limitações deste núcleo familiar são muito evidentes. Vivem de uma maneira precária e atrasada e parecem não dispor nem mesmo de elementos para compreender as grandes limitações que enfrentam. Assim, quando as crianças deste núcleo familiar foram abrigadas e passaram a ser avaliadas e atendidas em seus aspectos emocionais, neurológicos e até mesmo fonoaudiológicos, apresentaram progressos. Parece-nos que tais progressos não serão mantidos caso as crianças retornem ao convívio familiar, até mesmo porque seus pais e avós não apresentam disponibilidade e condições para conduzir as crianças aos atendimentos que recebem atualmente. Além disso, provavelmente, não irão considerar estes acompanhamentos úteis ou necessários. (...) (p. 623).

No caso relatado, o processo iniciou a partir da revelação do abuso pela vítima, aos prantos, à professora da Escola Infantil, confirmando os achados no sentido da importância dos profissionais da educação na proteção da criança. Nesse sentido, assinala Furniss (1993):

A escola, para as crianças mais velhas, e a creche, para as pequenas, são os lugares mais importantes do mundo do meio, entre a casa e o estranho mundo lá fora, nos quais as crianças cada vez mais revelam o abuso sexual vivenciado. É muito importante que os professores e outras pessoas da equipe das escolas e creches sejam treinadas para detectar sinais e sintomas de abuso sexual e que saibam como lidar com as suspeitas e as revelações das crianças (p. 209).

Por ocasião da avaliação psicológica, no entanto, o comportamento da vítima foi assim descrito pela psicóloga:

Em entrevista inicial, apresentou significativa resistência em expressar-se verbalmente, desejando então utilizar-se da expressão gráfica, onde se evidenciou, em sua produção simbólica, significativa desorganização, regressão e a presença de conteúdos fálicos (...). Quando questionada sobre a conversa que tivera com a professora na escola, primeiramente nega estar frequentando qualquer escola, expressando significativa angústia e desorganização em seu comportamento (...). Considera-se que a resistência de K. em relatar os fatos expressados na escola, bem como no decorrer da perícia médica, evidenciam um bloqueio emocional, possivelmente desenvolvido em função da ameaça realizada pela mãe, quando K. informou o comportamento libidinoso do pai, bem como devido às perdas que vêm tendo ao longo do processo, onde teve de repetir por diversas vezes o ato libidinoso dos pais. Nos demais encontros realizados, permaneceu expressando-se através de produções gráficas, com simbolismos fálicos e persecutórios, evidenciando significativa fragilidade emocional. (...) (fl. 116-117).

Em outra avaliação a que foi submetida a criança, o médico registra:

(...) K. se recusou a comentar sobre o que relatou anteriormente à psicóloga de nossa equipe. Neste momento, mudou o comportamento, evitando contato e informando que não deseja falar sobre nada. (...). No momento da avaliação, a paciente preenchia os critérios para o diagnóstico de Transtorno de Estresse Pós-Traumático (p. 355).

Furniss (1993) alerta sobre as diversas vezes em que a vítima é chamada a relatar o ocorrido:

Devemos evitar entrevistar repetidamente a criança. Uma vez que o momento e o lugar da entrevista de revelação são determinados pelos profissionais, não deveria ser necessário repetir entrevistas. Entrevistas repetidas podem levar não apenas a dano psicológico.

As crianças, muitas vezes, mudam a história, pois ficam confusas e interpretam o repetido questionamento como ameaçador. As crianças pequenas podem contar histórias diferentes, porque o repetido questionamento é visto por ela como um sinal de não ter dado uma resposta suficientemente boa na primeira entrevista. As crianças, muitas vezes, voltam a mentir e a negar para evitar a ansiedade e a confusão de entrevistas repetidas (p. 209).

Assim como é da maior relevância realizar a avaliação psicológica e, em alguns casos, psiquiátrica com a vítima, avaliar o abusador, nos seus aspectos emocionais, é igualmente imprescindível. A inexistência dessa avaliação impede os profissionais de avançarem no conhecimento de aspectos importantes, inviabilizando a adoção de medidas de prevenção e de proteção.

O estudo do *corpus* apontou que, em 95,12% (78) dos casos, não foi realizada avaliação psicológica do abusador, o que ocorreu em apenas 4,88% (4). Sem esse dado, fica difícil estabelecer o risco de ele vir a cometer novos atos, e se deixa de conhecer aspectos do seu desenvolvimento mental, impedindo a adoção de medidas previstas no artigo 129 do Estatuto da Criança e do Adolescente, quando o abusador é o pai da criança.

Também a avaliação psiquiátrica do abusador deixou de acontecer em 91,46% (75) dos processos examinados, estando presente em apenas 8,54% (7).

Chama a atenção que o sistema de justiça, que deveria ter compromisso com a garantia de direitos da criança, por um lado, exija a sua inquirição e, por outro, poupe o abusador, na medida em que deixa de recorrer a avaliações hoje disponíveis, em psicologia e em psiquiatria, que poderiam elucidar características do seu funcionamento mental e permitir a adoção de medidas de prevenção contra novos abusos. Na mesma linha de pensamento, estudiosos do tema assinalam que, "na sociedade actual, mesmo que a decisão seja pela prisão do abusador, isto não significa que este não virá a repetir os mesmos actos e, por outro lado, não significa que tenha assumido a sua responsabilidade" (CAMÕES, 2006, p. 10). Conforme a autora, apesar das dificuldades que costumam estar presentes no acompanhamento de abusadores, como a perda de motivação, é necessário trabalhar a negação, motivo pelo qual é de extrema importância a intervenção de psicólogos.

Voltando ao abusador, no estudo realizado, observou-se que, em 74,39% (61) dos casos, o abuso foi cometido por parentes da vítima; e, em apenas 25,61% (21), o autor não mantinha vínculo de parentesco com a vítima.

Em São Paulo, de acordo com relato de Cromberg (2004), levantamento realizado entre 1988 e 1993, em cerca de mil agressões sexuais registradas no SOS-Criança, mostra, no mesmo sentido deste estudo, que mais de 75% das ocorrências foram cometidas por parentes: 50% pelo pai e o restante por avô, padrasto e tio. No Centro Regional de Atenção aos Maus-Tratos na Infância de Campinas/São Paulo, CRAMI, no período compreendido entre 1985 e 1989, 57% das agressões sexuais registradas contra a criança tiveram como autor o pai, padrasto, primo ou tio. Nesse caso, chama a atenção que os dados foram colhidos em período anterior à vigência do Estatuto da Criança e do Adolescente, tempo em que poucos recursos eram disponibilizados à população, inclusive, quanto aos locais de denúncia. Em 1992, trabalho de Cohen e Matsuda pesquisou, durante seis meses, crianças que foram submetidas a exame do Instituto Médico Legal, constatando que 21% dos casos eram incestuosos: 41,6% dessas crianças foram abusadas pelos pais, 20,59%, pelos padrastos, 13,86%, pelos tios, 19,93%, pelos primos, e, o restante, "por irmãos, cunhados, companheiros da mãe, avôs, tios-avôs, concunhados e madrastas" (p. 254). Mais recentemente, em 2015, o Centro Regional de Atenção aos Maus-Tratos na Infância do ABC (Diadema, Santo André e São Bernardo do Campo), CRAMI, registrou que, em 31% dos casos atendidos, os autores da violência sexual eram desconhecidos, ex-companheiros da avó ou vizinhos; seguido do parente (avô, irmão, primo e tio) 28%; do padrasto (18%), do pai (18%) e da mãe (5%).[60]

No estudo do *corpus* em análise, dos 74,39% casos (61) em que o abusador mantinha grau de parentesco com a vítima, sua posição nas relações familiares pode ser assim classificada: o padrasto é o que figura em primeiro lugar, 39,34% (24), seguido do pai, 27,87% (17), do tio, 16,39% (10), do primo, 8,20% (5), do cunhado, 3,28% (2), da mãe, 1,64% (1), índice que se repetiu com relação ao avô e ao ex-companheiro da mãe.

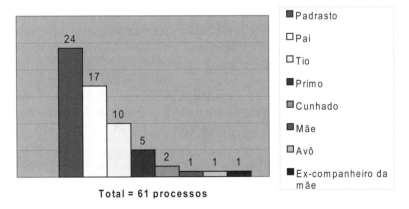

Parentesco do abusador com a vítima

Total = 61 processos

---

[60] CRAMI. Centro Regional de Atenção aos Maus-Tratos na Infância do ABCD. *Pesquisa: casos notificados em 2015*. Disponível em: <http://crami.org.br/pesquisa/>. Acesso em 09.08.2016.

Nos dados acima, chama a atenção o fato de os abusadores preferenciais serem o padrasto e o pai, em especial quando se confrontam esses dados com os índices do IBGE.[61] Outros estudos, citados por Farinatti e colaboradores (1993), também apontam para a alta incidência do padrasto como abusador. Entre os motivos, sugere "a inexistência de apego entre o padrasto e a enteada, o qual não se fez porque o padrasto não participou dos cuidados da criança nos primeiros tempos" (p.96). Os mesmos autores mencionam pesquisa realizada por Parker (1985), em Quebec, em que foi possível constatar que "os pais incestuosos tinham passado um tempo mínimo com suas filhas, quando elas tinham menos de 3 anos, e tinham participado, igualmente, muito pouco dos seus cuidados físicos durante o mesmo período" (p. 85).

Considerando que 17,4% das famílias brasileiras, em 2007, eram constituídas pela mulher, sem cônjuge, com filhos, no grupo em que o pai ou padrasto está presente, o que poderia ser visto como um fator a favorecer o desenvolvimento da criança, pode também significar o risco de que venha a sofrer violência sexual, em especial, se atentarmos para os dados demonstrados no gráfico acima.

Saffioti (1997) chama a atenção para o incesto pai-filha, face às particularidades que o revestem, e os desvios de compreensão que podem gerar nas vítimas. Para a autora,

> (...) a abordagem sexual do pai significa um abuso de poder, percebido, aliás, pela filha, que, todavia, é incapaz de lhe impor limites. Mas, diferentemente do estupro, ocorre no seio de uma relação afetiva e representa uma afirmação de que aquele tipo de amor é o único possível por parte do pai (p. 180-181).

Considerando o grupo em que o abusador não apresentava vínculo de parentesco com a vítima, correspondente a 25,61% (21), confirma-se a assertiva de que, na violência sexual, quem abusa costuma ser pessoa da confiança da criança. No estudo realizado, estes ocupavam a seguinte posição na vida da criança/adolescente: 47,62% (10) eram vizinhos; 14,28% (3), amigos da vítima; 9,53% (2), motoristas do transporte escolar; 9,53% (2), amigos da mãe da vítima; 4,76% (1), um *ficante* da vítima em uma festa; 4,76% (1), o pai de amiga da vítima; 4,76% (1), o monitor do abrigo em que a vítima residia e 4,76% (1), um amigo do irmão da vítima.

---

[61] Em 2007, 17,4% das famílias brasileiras eram constituídas pela mulher, sem cônjuge, com filhos. No caso dos núcleos formados por casal sem filhos, a proporção de mulheres como pessoa de referência passou de 3,4%, em 2004, para 10,9%, em 2014. Quanto aos casais com filhos, de 3,6%, em 2004, para 15,1%, em 2014. Nos arranjos monoparentais com filhos, as proporções mantiveram-se estáveis. (IBGE, 2015).

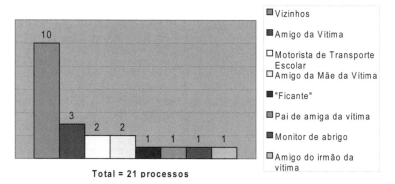

Dados semelhantes foram encontrados em estudo realizado por Ribeiro e colaboradores (2004), em que foram analisados 226 casos de violência sexual intrafamiliar praticados contra crianças e adolescentes no Município de Ribeirão Preto (SP). Em 34,2% dos casos, o pai era o abusador; o padrasto, em 30,8%. Em 19,7% dos casos em que os pais foram os abusadores, a vítima foi uma criança, ao passo que os padrastos praticaram violência sexual contra vítimas adolescentes em 17,1% dos casos.

Resultados colhidos pelo Programa Sentinela, de Campina Grande, na Paraíba, apontam que "a violência sexual ocorreu no ambiente intrafamiliar, sendo praticado por padrasto, pai, cunhado, irmão, avô ou primo, pessoas em que as vítimas confiavam e de quem dependiam para se desenvolver" (Baptista *et al.*, 2008, p. 9). No mesmo sentido, Kondeff, Dieguez e Martínez (2013) assinalam que a maioria dos abusadores são conhecidos da vítima:

> Se considera que esta relación de vecindad permite um mayor conocimiento de la victima y uma mayor posibilidad de atracción hacia ellas a ravés de diferentes medios que favorecen la realización del delito com mayor facilidade. (p.7)

Com relação aos abusadores, Reis e colaboradores (2001) apontam que são, predominantemente, homens de pele branca, com idade entre 20 e 24 anos, seguidos daqueles que estão na faixa etária entre 25 e 39 anos. No mesmo sentido, pesquisa realizada por Campos e Schor (2008), no Conjunto Hospitalar de Sorocaba, encontrou poucos agressores idosos, afastando a ideia de que a violência sexual envolvendo crianças é frequentemente praticada por idosos. No *corpus* em análise, foram encontrados dados semelhantes: em 30,49% (25), o abusador tinha entre 30 e 39 anos; em 20,73% (17), entre 50 e 59 anos; em 19,51% (16), entre 18 e 29 anos; em 19,51% (16), entre 40 e 49 anos; em 7,32% (6) dos casos, o abusador tinha entre 14 e 17 anos; e, em 2,44% (2), entre 60 e 80 anos.

Quanto à profissão do abusador, o estudo do *corpus* constatou, segundo as afirmações fornecidas no processo, que: 14 trabalhavam na construção civil; 9, na agricultura; 9 prestavam serviços gerais; 4 eram comerciantes/empresários; 5, desempregados; 4, estudantes; 4 eram técnicos de edificação; 3, porteiros/segurança; 3, motoristas; 2, funcionários públicos; 2, garçons; 2, mecânicos; 1, aposentado; 2, catadores de lixo; 1, carpinteiro; 1, autônomo; 1, monitor; 1, lixador; 1, garagista; 1, pescador; 1, boia-fria; 1, biscateiro; 1, auxiliar de escritório; 1, auxiliar administrativo; 1, tecelão; 1, ourives; 1, cortador de grama; 1, militar. Em 4 casos não constava a informação.

No levantamento realizado por Braun (2002), 30% (15) trabalhavam na construção civil; 10% (5), como motorista; 8% (4), no comércio; 38% (19), em outras profissões não especificadas na pesquisa.

Autores como Serafim e colaboradores (2009), ao estudarem o perfil psicológico e comportamental de agressores sexuais de crianças, referem que,

> (...) segundo dados do Departamento de Justiça dos Estados Unidos, criminosos sexuais são indivíduos que podem pertencer a qualquer classe socioeconômica, raça, grupo étnico ou religião. A grande maioria não tem comportamento criminal específico. Tipicamente seu grau de escolaridade é de ensino fundamental ou médio, está empregado e apenas 4% sofrem de doença mental severa (p. 2).

Os dados acima confirmam a suspeita de que, 20 anos após a revogação do Código de Menores, ao sistema de justiça continuam a chegar predominantemente casos que envolvem famílias de baixa renda. Não haverá violência sexual nas classes mais abastadas? Por que estes casos não chegam ao Judiciário?

Com relação à escolaridade do abusador, a análise dos casos constatou que, em 62,19% (51 abusadores), o autor dos fatos havia cursado o ensino fundamental; em 14,63% (12 abusadores), o ensino médio; em 7,32% (6 abusadores), o autor dos fatos não possuía qualquer escolaridade; em 7,32% (6 abusadores), o ensino superior; em 2,44% (2 abusadores), o autor dos fatos se qualificou como semialfabetizado e, em 6,10% (5 abusadores), os autos do processo não traziam informação quanto à escolaridade.

Braun (2002), no levantamento que fez, identificou 42% (21) dos abusadores com ensino fundamental; 14% (7) com ensino fundamental incompleto; 10% com ensino médio incompleto; 6% (3) com ensino médio completo; 2% (1) com ensino superior incompleto; 22% (11) não constavam a informação.

A baixa escolaridade é facilmente constatada. No Brasil, "completaram o ensino fundamental, aos 20 anos de idade, 8% dos jovens pertencentes aos 25% de menor renda e 54% dos jovens pertencentes aos 25% de maior renda" (Cepal, 2005ª). Na região, como um todo, 10% dos chefes de família de renda mais elevada tinham 11,3 anos de estudos, e 30% dos mais pobres tinham apenas 4,3 anos, conforme Reis e colaboradores (2007).

A reforçar a vulnerabilidade das famílias em que a violência sexual se faz presente, está a constatação de que 59,76% (49) dos abusadores apresentavam antecedentes judiciais, e somente 40,24% (33) não possuíam registros judiciais anteriores.[62]

A busca de informações sobre o abusador evidencia, como foi possível constatar nos itens 3.3.1 e 3.3.2, que abordou a família e também a vítima, a insuficiência de dados sobre o grupo familiar. Se fossem conhecidos, poderiam sugerir medidas que viessem a oferecer condições de mudança de vida para estes sujeitos. Nesse sentido, recente alteração legislativa poderá contribuir para que o sistema de justiça corrija velhas omissões. A mudança relaciona-se com a forma de realizar o interrogatório do réu, nos processos criminais, operada com a Lei nº 10.792, de 1º de dezembro de 2003. Segundo a redação do artigo 187 do Código de Processo Penal, já com as alterações, o interrogatório do réu é constituído de duas partes: a primeira deve versar sobre a pessoa do acusado, e a segunda, sobre os fatos. Diz o § 1º do mencionado artigo:

> Na primeira parte o interrogado será perguntado sobre a residência, meios de vida ou profissão, oportunidades sociais, lugar onde exerce a sua atividade, vida pregressa, notadamente se foi preso ou processado alguma vez e, em caso afirmativo, qual o juízo do processo, se houve suspensão condicional ou condenação, qual a pena imposta, se a cumpriu e outros dados familiares e sociais.

Consequentemente, conhecer a família da criança que foi vítima de violência sexual, no que se incluem aspectos da vida do abusador, normalmente pessoa de suas relações familiares, é fundamental para que o processo penal, além de perseguir o aspecto punitivo, possa também servir de instrumento de transformação social, contribuindo para que outras medidas sejam adotadas, com reflexos não só na vida do abusador como nos demais membros de sua família.

3.4. CRIMES DE ESTUPRO E ESTUPRO DE VULNERÁVEL

Assim como a alteração trazida pela Lei nº 10.792, de 1º de dezembro de 2003, por força da Constituição Federal de 1988, várias outras ocorre-

---

[62] Em tramitação no Senado Federal, o PL nº 338/2009 versa sobre a criação de banco de dados sobre condenados por crimes contra a liberdade sexual de criança ou adolescente.

ram. A Lei nº 12.015, de 7 de agosto de 2009, mais recentemente, alterou o Título VI do Código Penal, regulando os crimes que envolvem violência sexual, os quais passam a se chamar de *Crimes Contra a Dignidade Sexual*, e não mais *crimes contra os costumes*. A nova classificação é louvável, uma vez que dignidade reporta à decência, compostura, respeitabilidade, enfim, algo vinculado à honra. Em outros termos, conforme Nucci (2014b, p.20) "busca-se proteger a respeitabilidade do ser humano em matéria sexual, garantindo-lhe a liberdade de escolha e opção nesse cenário, sem qualquer forma de exploração, especialmente quando envolver formas de violência". A nova lei, em atenção ao comando constitucional, evidencia o desenvolvimento sexual do menor de 18 anos e dá destaque ao menor de 14 anos. O estupro, antes privativo do homem contra a mulher, passa a ser delito comum, podendo ser cometido tanto pelo homem como pela mulher. No polo passivo, igualmente, podem figurar tanto a mulher como o homem. Com essa lei, o artigo 213 do Código Penal passa a ser definido nos seguintes termos: "Constranger alguém, mediante violência ou grave ameaça, a ter conjunção carnal ou a praticar ou permitir que com ele se pratique outro ato libidinoso: Pena: reclusão, de 6 (seis) a 10 (dez) anos".

No estudo do *corpus*, considerando o resultado da sentença de primeiro grau, 56,10% (46) referiam-se à hipótese antes descrita pela lei como atentado violento ao pudor (artigo 214 CP, redação anterior à Lei nº 12.015/09); 29,27% (24), à figura típica do estupro (artigo 213 CP, redação anterior à Lei nº 12.015/09); 4,88% (4) dos casos envolviam estupro na forma tentada; 3,65% (3), atentado violento ao pudor e estupro (em concurso); 2,44% (2) envolviam atentado violento ao pudor na forma tentada; 2,44% (2) referiam-se ao artigo 61 do Decreto-Lei nº 3.688/41 e, por último, 1,22% (1) envolvia lesão corporal (artigo 129, *caput*, CP).[63]

Com a nova redação, foram unificados os crimes de estupro e atentado violento ao pudor, antes definidos em tipos penais distintos (artigos 213 e 214 do CP). Desta forma, tratando-se de conjunção carnal, não é necessária a completa introdução do pênis na vagina, nem a ejaculação; quanto a outro ato libidinoso, a forma consumativa é mais ampla, pois as maneiras de cometer o crime são diversificadas. Ambas as condutas que configuram o crime de estupro costumam ocorrer "às escondidas, sem qualquer visibilidade, inclusive para não permitir à vítima alguma chan-

---

[63] Conforme informação da Secretaria da Segurança Pública do RS (Divisão de Estatística Operacional), no período compreendido entre 2007 e 4/05/2010, verificou-se, quanto ao número de ocorrências no Estado do Rio Grande do Sul: *exploração sexual* – 2 (2007), 1 (2008); 3 (2009) e 1 (2010); *atentado violento ao pudor* – 561 (2007), 758 (2008); 489 (2009) e zero (2010); *estupro* – 102 (2007), 156 (2008); 397 (2009) e 240 (2010) (RIO GRANDE DO SUL/SSP, 2010).

ce de socorro" (NUCCI, 2009, p. 21), e têm como agravante o fato de que costuma envolver pessoas conhecidas.

Entre as inovações trazidas pela Lei nº 12.015/09 está o tipo penal denominado *estupro de vulnerável* (artigo 217-A do Código Penal).

A expressão *vulnerabilidade* é originária dos Direitos Humanos e designa *indivíduos fragilizados jurídica e politicamente*, como declara Alves (1994). De origem latina, a palavra *vulnerabilidade* deriva de *vulnus (eris) e* tem o significado de ferida. A vulnerabilidade costuma ser definida como "a suscetibilidade de ser ferido, significação etimológico-conceitual, originária e radical que se mantém em todas as evocações do termo" (GIORGIS, 2010, p. 36).

Na América Latina, a noção de *vulnerabilidade social* é recente e pode ser ordenada em três ordens de fatores, de acordo com Seffner (1998, p. 12): os que "dependem diretamente das ações individuais, configurando o comportamento do indivíduo a partir de um determinado grau de consciência que ele manifesta"; os que dizem respeito "às ações comandadas pelo poder público, iniciativa privada e agências da sociedade civil, no sentido de diminuir as chances de ocorrência do agravo"; os que se referem a um conjunto de fatores sociais "que dizem respeito à estrutura disponível de acesso a informações, financiamentos, serviços, bens culturais, liberdade de expressão". Vulnerabilidade pode ainda ser entendida como a condição objetiva da situação de exclusão que aumenta a probabilidade de um evento ocorrer. O que a identifica são os processos sociais e situações que produzem fragilidade, discriminação, desvantagem e exclusão social, econômica e cultural, como indica a Política Nacional de Assistência Social proposta pelo Ministério do Desenvolvimento Social e Combate à Fome, em 2004. A vulnerabilidade social

> (...) ha sido entendida como una condición social de riesgo, de dificultad que inhabilita, da manera inmediata o en el futuro, a los grupos afectados para la satisfacción de su bienestar, en tanto subsistencia y calidad de vida. El concepto se refiere a condiciones y situasiones de debilidad, de fragilidad en las redes sociales. Los individuos, grupos, comunidades vulnerables son aquellos que se enfrentan al riesgo del deterioro, la pérdida de modos de acceso o la impossibilitad de disponer de condiciones de vida digna (Grupo de Investigación Laboratorio Universitario de Estudios Sociales, 2005, p. 80).

O conceito de vulnerabilidade está sempre acompanhado do sentido de susceptibilidade, ou seja, um ser vulnerável está permanentemente apto a ser lesado por um evento externo qualquer, vive em risco de sofrer algum revés, como diz Lorenzo (2006). Na visão do Código Penal, a pessoa vulnerável "é a que não tem qualquer possibilidade de opção, compreendendo, entre outros, o menor de quatorze anos que não tem o necessário discernimento ou que não pode oferecer resistência" (GIORGIS, 2010, p. 39).

O termo *vulnerabilidade* "busca estabelecer uma síntese conceitual e prática das dimensões sociais, políticas, institucionais e comportamentais associadas às diferentes susceptibilidades de indivíduos, grupos populacionais e até mesmo nações". (AYRES; FRANÇA JUNIOR; CALAZANS; SALETTI. 2000. p. 49-73.)

No campo da saúde, começa a ser utilizado, a partir de 1992, nos Estados Unidos, no livro *AIDS in the world*, editado por Jonathan Mann, Daniel Tarantola e Thomas Netter, como relatam Reis e colaboradores (2001). A ideia de pessoa vulnerável inicialmente restrita ao âmbito médico, tornou-se usual em outros campos do saber, em especial em alguns ordenamentos jurídicos. Quando envolve crianças e adolescentes, "a tendência é percebê-las como vítimas; portanto, como seres de necessidades que precisam ser urgentemente atendidas. Esta condição lança à família, à sociedade e ao Estado a responsabilidade para com sua formação" (SIERRA; MESQUITA, 2006, p. 150). Pode-se afirmar, ainda, que as pessoas vulneráveis são seres de "relativa ou absoluta incapacidade de proteger seus proveitos ou que não tenham poder, inteligência, educação, recursos, forças ou outros atributos necessários a garantir suas conveniências" (GIORGIS, 2010, p. 37).

Na ótica da Doutrina da Proteção Integral, é possível afirmar que a condição de vulnerabilidade da criança impõe a realização de investimentos que precisam ser aplicados visando à garantia dos direitos fundamentais de que é detentora. Nesse sentido, preceitua o artigo 98 do Estatuto da Criança e do Adolescente:

> As medidas de proteção à criança e ao adolescente são aplicáveis sempre que os direitos reconhecidos nesta Lei forem ameaçados ou violados: I – por ação ou omissão da sociedade ou do Estado; II – por falta, omissão ou abuso dos pais ou responsável; III – em razão de sua conduta.

A leitura do artigo 89 do Estatuto da Criança e do Adolescente permite afirmar que, para a lei infantojuvenil, o conceito de vulnerabilidade está diretamente relacionado à ameaça ou violação de qualquer direito fundamental arrolado no seu artigo 4º ou mesmo em outro dispositivo da mesma lei.

Por outro lado, para a lei penal, diferentemente, o conceito de vulnerabilidade está restrito às hipóteses elencadas no artigo 217-A do Código Penal, onde o *estupro de vulnerável* vem assim descrito:

> Ter conjunção carnal ou praticar outro ato libidinoso com menor de 14 (catorze) anos. Pena: reclusão, de 8 (oito) a 15 (quinze) anos.
> § 1º Incorre na mesma pena quem pratica as ações descritas no *caput* com alguém que, por enfermidade ou deficiência mental, não tiver o necessário discernimento para a prática do ato, ou que, por qualquer outra causa, não possa oferecer resistência.

§ 3º Se da conduta resulta lesão corporal de natureza grave:
Pena: reclusão, de 10 (dez) a 20 (vinte) anos.
§ 4º Se da conduta resulta morte:
Pena: reclusão, de 12 (doze) a 30 (trinta) anos.

Vulnerável, portanto, para a lei penal, é o menor de 14 anos, o enfermo ou deficiente mental sem o necessário discernimento para a prática da conjunção carnal ou de outro ato libidinoso, bem como aquele que, por outra causa, não possa oferecer resistência. Veda, assim, o novo tipo penal, "o relacionamento sexual do vulnerável, considerado o menor de 14 anos, o enfermo ou deficiente mental, sem discernimento para a prática do ato, bem como aquele que, por qualquer outra causa, não puder oferecer resistência" (NUCCI, 2009, p. 35).

Os tribunais, com frequência, são chamados a decidir casos em que a vítima de violência sexual é menor de quatorze anos.[64] A defesa do abusador, em geral, alega que o não oferecimento de resistência pela vítima configura o consentimento para a prática do ato, o que afastaria a ilicitude da conduta penal. Os tribunais, após a inclusão do artigo 217-A no Código Penal, na linha da proteção integral e do reconhecimento da criança como pessoa em fase especial de desenvolvimento, têm reiteradas vezes afastado a tese defensiva, consolidando o entendimento de que "a violência presumida foi eliminada pela Lei nº 12.015/2009. A simples conjunção carnal com menor de quatorze anos consubstancia crime de estupro". Portanto, a redação atual do artigo 217-A do Código Penal, na linha da proteção integral que considera a criança pessoa em fase especial de desenvolvimento, não mais autoriza o exame do discernimento nas hipóteses em que a vítima tem idade inferior a 14 anos. Nesse sentido, extrai-se de decisões do Superior Tribunal de Justiça:

> (...) é no sentido de ser absoluta a presunção de violência na prática de conjunção carnal ou outro ato libidinoso com menor de 14 (catorze) anos, de forma que o suposto consentimento da vítima, sua anterior experiência sexual ou a existência de relacionamento amoroso com o agente não tornam atípico o crime de estupro de vulnerável. STJ, REsp1.582.124/ RS, Ministro Reynaldo Soares da Fonseca, j. 01.04.2016.

> (...) Agora, basta a realização da conjunção carnal ou outro ato libidinoso com menor de 14 anos para que se configure o crime previsto no art. 217-A do Código Penal. STJ, Recurso Especial nº REsp1.400.878/RS, Ministro Reynaldo Soares da Fonseca, j. 05.04.2016.

Com relação à configuração da expressão *ato libidinoso*, colhe-se de decisão do Superior Tribunal de Justiça:

---

[64] Dados da Secretaria da Segurança Pública do Rio Grande do Sul apontam que, em 2015, 1.410 meninas e 383 meninos foram vítimas de estupro de vulnerável. Em 2016 (de janeiro a julho), são apontadas 750 meninas e 227 meninos.

Discute-se que a inocorrência de efetivo contato físico entre o recorrente e a vítima autorizaria a desclassificação do delito ou mesmo absolvição sumária do acusado. A maior parte da doutrina penalista pátria orienta no sentido de que a contemplação lasciva configura o ato libidinoso constitutivo dos tipos dos arts. 213 e 217-A do Código Penal, sendo irrelevante, para consumação dos delitos que haja contato físico entre ofensor e ofendido.[65]

Embora o Brasil não disponha de dados, "a violência sexual contra crianças e adolescentes com deficiência é tão comum quanto silenciosa" (ALMEIDA, 2010). A condição de deficiência mental, em qualquer idade da mulher, é importante fator de vulnerabilidade para a prática de violência sexual, situação que passa a ser reconhecida pela legislação. Nesse sentido, referindo dados comentados por Drezett, no início dos anos 2000,

(...) estima-se que 50% das deficientes mentais são sexualmente abusadas ao menos uma vez em suas vidas. Nelas, à semelhança do que ocorre com as crianças, detecta-se maior risco para que a condição se torne crônica, principalmente em portadoras de doenças mentais severas (2000, p. 3).

O Superior Tribunal de Justiça apreciou situação em que a vítima, do sexo masculino, além de ser menor de idade, era também portador de retardo mental. Colhe-se do julgado:

(...) a idade foi considerada juntamente com seu real comprometimento psíquico, em razão de ser portador de retardo mental. A conjugação de ambos os fatores é que culminaram na ausência de discernimento da vítima. Não se está aqui, sob hipótese alguma, afirmando que a idade, isoladamente, ocasionou a ausência de discernimento, como faz parecer crer a impetração, mas, a reunião da idade com o problema psíquico da vítima (STJ, Habeas Corpus nº 136.750).

Há previsão de aumento de pena, de ½ (metade), se do crime resultar gravidez; e, de 1/6 (um sexto) até ½ (metade), se o agente transmite à vítima doença sexualmente transmissível de que sabe ou deveria saber ser portador (art. 234-A do Código Penal).

A gravidez decorrente do estupro costuma ser encarada como segunda violência, na maioria das vezes, intolerável para a mulher, independente da idade. Para Drezett (2000, p. 7), "a gravidez se destaca pela complexidade das relações psicológicas, sociais e médicas que determina". Segundo o autor, "a taxa de gravidez decorrente de estupro varia de 1% a 5%, estimando-se algo como 32.000 gestações por estupro, a cada ano, apenas nos EUA".

---

[65] BRASIL. Superior Tribunal de Justiça. Recurso em Habeas-Corpus nº 70.976 – MS (2016/01211838-5), julgado em 02 de agosto de 2016, Quinta Turma, Relator Ministro Ilan Paciornik, Mato Grosso do Sul.

Por outro lado, se a vítima adquirir doença sexualmente transmissível em decorrência da violência sexual, como acima assinalado, a pena sofrerá aumento. A aquisição de uma DST em decorrência da violência sexual pode implicar severas consequências físicas e emocionais. Drezett ainda assinala que, na infância, frente ao diagnóstico de infecção gonocócica, vaginose bacteriana, sífilis ou clamidíase, é imperativo que se investigue a hipótese de abuso sexual. No Zimbábue, cerca da metade dos casos sem suspeita de abuso sexual na infância puderam ser identificados, partindo-se do diagnóstico inicial de uma DST; entre as crianças, a possibilidade de adquirir a infecção pelo HIV é cada vez mais reconhecida (p. 5).

O Código Penal prevê também aumento de pena de 1/2 (metade), se o agente é ascendente, padrasto ou madrasta, tio, irmão, cônjuge, companheiro, tutor, curador, preceptor ou empregador da vítima ou se, por qualquer outro título, tem autoridade sobre ela (artigo 226, inciso II). Pesquisas revelam que, na maioria dos casos, os violentadores "são pais ou padrastos (companheiros da mãe que moram na mesma casa)" (CROMBERG, 2004, p. 61), o que vem reafirmado no presente estudo.

Quanto à qualificadora prevista no artigo 226, inciso II, do Código Penal, ela se fez presente em 48,86% (43) dos casos. Neste universo, 65,12% (28) foram de atentado violento ao pudor; em 27,91% (12), o crime descrito foi estupro; e 4,65% (2) envolviam tentativa de atentado violento ao pudor; em 2,32% (1), tentativa de estupro.

A Lei n° 12.015/2009 inova, no artigo 234-B, ao estabelecer que os processos em que se apuram crimes definidos no Título VI, *Dos Crimes contra a Dignidade Sexual*, correrão em segredo de justiça. O dispositivo, embora mais abrangente, encontra harmonia com o artigo 201, § 6°, do Código de Processo Penal, com a redação dada pela Lei n° 11.690/2008, ao indicar que o juiz tomará as providências necessárias à preservação da intimidade, vida privada, honra e imagem do ofendido, podendo, inclusive, determinar o segredo de justiça em relação aos dados, depoimentos e outras informações constantes dos autos a seu respeito para evitar sua exposição aos meios de comunicação. No âmbito do Ministério Público, é digna de registro a Recomendação n° 43, de 13 de setembro de 2016, do Conselho Nacional do Ministério Público, dispondo sobre a necessidade de conferir maior celeridade e efetividade nas investigações, denúncias e acompanhamento das ações penais pela prática dos crimes de abuso e exploração sexual, tortura, maus tratos e tráfico de crianças e adolescentes.

Os crimes contra a dignidade sexual, em especial o estupro de vulnerável, costumam ocorrer na clandestinidade, sem testemunhas e, em grande parte, no interior da família. Somente a iniciativa de um adulto comprometido com a proteção da criança, em que se incluem os profissionais da saúde e da educação, permite que o sistema de proteção ou mesmo que o sistema de justiça venha a ser acionado. Para que isto ocorra, o Conselho Tutelar passa a desempenhar relevante papel, constituindo elo de ligação entre os fatos que ocorrem na sociedade e o sistema de justiça.

3.5. CONSELHO TUTELAR: ELO DE LIGAÇÃO ENTRE A COMUNIDADE E O SISTEMA DE JUSTIÇA

O Conselho Tutelar, como abordado no Capítulo 2, item 2.3.3, é o órgão encarregado de receber as notificações de suspeita ou confirmação de maus-tratos praticados contra a criança ou o adolescente. Após a sua criação, o que ocorreu com a vigência do Estatuto da Criança e do Adolescente é possível observar maior participação da sociedade no enfrentamento da violência praticada contra a criança. Através da notificação ao Conselho Tutelar, é possível que os casos cheguem com maior frequência ao sistema de justiça.

Como consequência das novas disposições legais, somente nas últimas décadas tem havido um envolvimento mais abrangente do sistema de justiça com situações de violência sexual praticadas contra a criança. O crescimento dos casos tem-se refletido em todos os agentes que integram o sistema (juízes, promotores, defensores, advogados e técnicos), provocando novas reflexões, estudos e pesquisas na tentativa de aperfeiçoar o agir profissional. Em que pese ampla divulgação que os meios de comunicação têm ofertado às diversas formas de violência praticadas contra a criança, viabilizando que um número maior de casos seja comunicado ao Conselho Tutelar e ao sistema de justiça, é importante ressaltar que:

> Os crimes sexuais são pouco denunciados e há falta de instrumentos adequados para registrar estatisticamente o problema, dificultando a produção de um diagnóstico nacional exato sobre a violência doméstica e sexual no Brasil. O número real de casos é muito superior ao volume notificado à Polícia e ao Judiciário. Estudos do Departamento de Medicina Legal da Unicamp, de 1997, indicam que apenas 10% e 20% das vítimas denunciam o estupro (SOUZA; ADESSE, 2005, p. 25).

As dificuldades para a notificação dos casos são de várias ordens, a começar pelas características da violência sexual intrafamiliar, marcada pelo silêncio da vítima, em especial, quando se tratar de vítima criança. Caberá ao professor, ao conselheiro tutelar, ao médico, ao enfermeiro, ao assistente social, ao psicólogo, entre outros, "ao tomarem conhecimento da violência, ou da suposta violência", a obrigação, legal e ética, "de tomar providências imediatas na direção da garantia da proteção" (FUZIWARA; FÁVERO, 2011, p. 46).

Os profissionais, antes mesmo de acionarem a rede de proteção, devem proporcionar um espaço de "verdadeira escuta", com o mínimo de interferência, dispondo-se a ouvir o que a criança tem a falar. Ouvir, como ensinam Fuziwara e Fávero, envolve

> (...) ouvir com os ouvidos, os olhos, a razão e os sentimentos, sem que estes últimos se sobreponham à necessária interação profissional e humanizada, para que o impacto que a revelação pode causar não supere o entendimento de que a criança é um ser em formação e toda e qualquer ação e reação frente à violência sofrida vai afetá-la de alguma maneira (p. 46).

Ao lado das características próprias da violência sexual intrafamiliar, autores também apontam o descrédito da população nas instâncias judiciárias e de segurança pública. "A subnotificação da violência sexual é motivada também pela dificuldade da sociedade lidar com a questão nos diferentes setores: judiciário, de segurança e de saúde" (SOUZA; ADESSE, 2005, p. 26). A falta de políticas públicas voltadas à proteção e ao cuidado da criança, bem como a insuficiente capacitação dos agentes das três esferas (Judiciário, segurança pública e saúde) levam os profissionais a transferir o problema para outros serviços, instaurando-se uma verdadeira peregrinação das famílias que se veem atingidas pela violência sexual. Os profissionais, apesar dos esforços empreendidos nas últimas décadas, não são capacitados para tratar das questões da violência, havendo grande ausência sobre este tema nos currículos superiores do país, como observam Souza e Adesse (p. 27).

O despreparo profissional tem sido apontado como um dos fatores que contribui para a não notificação ao Conselho Tutelar dos casos de suspeita ou confirmação de maus-tratos praticados contra a criança.

No levantamento do *corpus* em exame, foi observada a participação do Conselho Tutelar em 52,44% (43). O dado possibilita visualizar o novo modelo de política de atendimento que se instaurou no país a partir da vigência do Estatuto da Criança e do Adolescente, com a criação do Conselho Tutelar e as atribuições conferidas ao órgão colegiado que passa a integrar o sistema de proteção à infância. Por outro lado, mostrando a desconexão entre os sistemas protetivo e punitivo, o estudo constatou que 30,49% (25) dos processos não informam sobre a participação do Conselho Tutelar, quando, indiscutivelmente, todos os casos configuram hipótese do artigo 98 do Estatuto da Criança e do Adolescente, justificando a intervenção do Órgão (artigo 136, inciso I, ECA). Por sua vez, em 17,07% (14) dos casos não houve a intervenção do Conselho Tutelar.

Inquirição da criança vítima de violência sexual

3.6. SISTEMA DE JUSTIÇA E VIOLÊNCIA SEXUAL INTRAFAMILIAR: PRODUÇÃO DA PROVA E DIREITO DA CRIANÇA

Os casos de violência sexual praticados contra a criança ou o adolescente, que foram notificados no Conselho Tutelar ou que geraram registro policial, desembocam no sistema de justiça através das Varas Criminais, das Varas de Família ou da Infância e Juventude. As dificuldades que envolvem a violência sexual, em especial, a intrafamiliar, chegam ao sistema de justiça através dos processos criminais e dos processos no âmbito do Direito de Família, mo qual se discute guarda e visitas de filhos menores, como nos feitos da Justiça da Infância e Juventude, em especial, nas ações de suspensão ou destituição do poder familiar, bem como nos procedimentos que apuram o ato infracional praticado pelo adolescente.

Há quatro décadas, no âmbito judicial, além de serem poucos os registros de crimes envolvendo violência sexual praticados contra a criança, prevaleciam os casos de violência sexual extrafamiliar. Neste tempo, o senso comum cultivava a ideia de que o perigo morava na rua, a casa era o lugar seguro, de máxima proteção. O abusador seria um estranho, um desconhecido. Na atualidade, além de ser possível observar crescimento significativo no número de processos, tanto na esfera penal como cível, a maioria situa-se no âmbito intrafamiliar, como apontam os dados do *corpus* estudado (93,18% dos casos), passando o perigo da esfera pública para a esfera privada. Segundo Simon (2009),

> (...) quase 2/3 de todas as vítimas de estupro conhecem seus agressores. Os dados relativos ao estupro praticado por conhecidos têm grande probabilidade de serem incorretos, pois esta categoria é subdenunciada quer porque a vítima é uma criança, quer porque a vítima não registra queixa na Polícia, pois sente vergonha de relatar o fato. Quase 1/5 das vítimas têm entre 12 e 15 anos de idade (p. 76).

O crescimento do número de processos que envolvem violência sexual intrafamiliar não pode ser tomado como sintoma de que sua incidência tenha aumentado em relação às décadas passadas. Antes não se falava abertamente sobre o tema da violência sexual, sobre a condição de sujeito de direitos da criança – posição conquistada, no Brasil, apenas com a Constituição Federal de 1988 – nem sobre os danos que a violência causa ao desenvolvimento físico, social e emocional da criança. A partir de 1988, são instalados espaços institucionais mais acessíveis, como o Conselho Tutelar, favorecendo que um número cada vez maior de ocorrências chegue ao sistema de proteção e justiça. Nesse sentido, Cromberg (2004) ressalta que não podemos esquecer de que somente a vinte e cinco anos a legislação, a justiça e a saúde preventiva começaram a dar destaque a estas questões através de novas leis e instituições.

O Conselho Tutelar, de posse das notificações, investiga os fatos, averigua a situação da família e envia as informações obtidas aos demais órgãos envolvidos com a proteção da criança. Há casos em que, com a notificação que lhe é enviada, por exemplo, pela instituição de saúde, recebe junto o estudo social. No entanto, com frequência, o estudo social é providenciado no âmbito do sistema de justiça, que conta com técnicos aptos a realizar tal procedimento.

3.6.1. Estudo social: instrumento de proteção à criança e à família

A relevância do estudo social vem apontada no Relatório sobre Saúde Mundial (OMS, 2008), ao observar que:

> Os indicadores sociais, tais como trabalho, educação, alimentação, acesso à água potável e saneamento, moradia, repercutem diretamente na saúde humana. A organização recomenda aos países tomar medidas para tratar a saúde de forma integral. Em primeiro lugar, é preciso dar mais atenção ao desenvolvimento primário da criança e à educação dos jovens. O segundo ponto é melhorar a disponibilidade e acesso a uma moradia digna, saneamento e pavimentação das ruas (ANDI, 2008b).

A realização do estudo social nas situações de violência sexual, como ensinam Quáglia e colaboradores (2011), "requer, do assistente social, rigor quanto ao processo investigativo da situação a ser estudada, clareza com relação a sua finalidade, bem como a utilização de uma fundamentação teórica, ética e técnica" (p. 280).

Os casos de violência sexual praticados contra a criança, ao chegarem ao sistema de proteção, podem, em tese, exigir a aplicação de medidas de proteção (artigo 101 ECA), tais como a inclusão em serviços e programas oficiais ou comunitários de proteção, apoio e promoção da família, da criança e do adolescente; (inciso IV); a inclusão em programa oficial ou comunitário de auxílio, orientação e tratamento a alcoólatras e toxicômanos (inciso VI), bem como a aplicação de medidas aos pais (artigo 129 ECA). Embora a lei aponte alternativas para o enfrentamento das situações de vulnerabilidade, como vem indicado nos artigos 101 e 129 do Estatuto da Criança e do Adolescente, na prática, são insuficientes os programas para atendimento dessa parcela da população. Torna-se então necessário, em muitos casos, acionar o Poder Judiciário na busca de vagas em creche ou de tratamento a alcoólatras e toxicômanos.[66] No que se refere aos usuários de álcool ou

---

[66] "AGRAVO DE INSTRUMENTO. ECA. FORNECIMENTO DE VAGA EM CRECHE. MUNICÍPIO DE PORTO ALEGRE. DIREITO CONSTITUCIONALMENTE GARANTIDO AO INFANTE, COMPROVADA A SUA NECESSIDADE. ENTENDIMENTO PACÍFICO NA CÂMARA. A Constituição Federal, em seu art. 208, inc. IV, assegura atendimento a crianças de zero a seis anos em creche ou pré-escola, cuja competência foi cometida ao município pela lei de Diretrizes e Bases da Educação (Lei 9.394/96). No mesmo norte, são

Inquirição da criança vítima de violência sexual

drogas, em que pese a Resolução n° 816/2002, do Ministério da Saúde, que estabelece a implantação do CAPS-AD em Municípios com 70.000 a 200.000 habitantes, a prática está longe de alcançar a previsão legal, prejudicando o atendimento dos pacientes com transtornos decorrentes do uso e dependência de substâncias psicoativas.

Ainda que a Constituição Federal de 1988 tenha instituído o princípio da proteção integral à criança, as ações, no âmbito da Justiça Criminal, continuam a se voltar, prioritariamente, para o agressor, buscando sua responsabilização penal, sem atentar para os indivíduos que vivem ao seu redor. Sabe-se, no entanto, como declara Nucci (2014b), p.18, que "a paz social não se consegue simplesmente pelo direito da força (penal), mas pela força do conjunto das regras vigentes em sociedade (ordenamento jurídico)", uma vez que o direito penal é apenas um dos fragmentos do ordenamento jurídico e não deve ser considerado o mais importante entre eles, nem o mais utilizado, "sob pena de todos os conflitos existentes na comunidade se tornarem casos de polícia". A criança, que igualmente deveria receber medidas de proteção (artigo 101 ECA), tem ficado em segundo plano, muitas vezes, sem receber o cuidado que a lei lhe confere, e sem poder usufruir das políticas públicas previstas para o enfrentamento da violência sexual. No levantamento do *corpus*, em 81,71% (67) dos casos não foi realizado estudo social, medida que ficou restrita a apenas 18,29% (15) dos casos.

---

as diretrizes estabelecidas pelo ECA, em seu art. 54, IV. RECURSO PROVIDO". (TJRS, Agravo de Instrumento n° 70070635164, Sétima Câmara Cível, Relator: Liselena Schifino Robles Ribeiro, Julgado em 05/08/2016)
"ECA. SAÚDE. DIREITO DO ADOLESCENTE À INTERNAÇÃO E TRATAMENTO PARA DROGADIÇÃO EM HOSPITAL PSIQUIÁTRICO DE QUE NECESSITA. OBRIGAÇÃO SOLIDÁRIA DO PODER PÚBLICO DE FORNECÊ-LO. CUSTAS PROCESSUAIS. DESCABIMENTO. REEXAME NECESSÁRIO. DESCABIMENTO. 1. Não estão sujeitas ao reexame necessário as causas em que a condenação posta na sentença encontre-se em consonância com a matéria já pacificada nos Tribunais Superiores. Inteligência do art. 496, § 4°, do NCPC. 2. O ECA estabelece tratamento preferencial a crianças e adolescentes, mostrando-se necessário o pronto fornecimento do tratamento de que necessita o adolescente. 3. Os entes públicos têm o dever de fornecer gratuitamente o atendimento à saúde de que necessita o adolescente, cuja família não tem condições de custear. 4. A responsabilidade dos entes públicos é solidária e está posta nos art. 196 da CF e art. 11, § 2°, do ECA. 5. A prioridade estabelecida pela lei enseja a responsabilização do poder público, sendo irrelevante a alegação de escassez de recursos ou inexistência de leitos em hospitais psiquiátricos, o que o obriga a providenciar e custear a internação, ainda que obtido sem licitação, em estabelecimento particular. 6. Tratando-se de processo afeto à Justiça da Infância e da Juventude, a ação é isenta de custas, nos termos do artigo 141, § 2°, do ECA. Reexame necessário não-conhecido e Recurso provido em parte". (TJRS, Apelação e Reexame Necessário n° 70068747625, Sétima Câmara Cível, Relator: Sérgio Fernando de Vasconcellos Chaves, Julgado em 27/07/2016)

Realização de Estudo Social

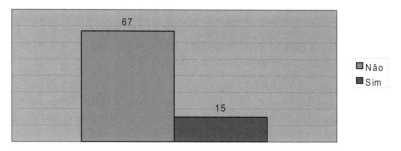

Total = 82 processos

Sem a realização do estudo social, informações que, em tese, deveriam estar disponíveis, deixaram de vir aos processos, especialmente aquelas relativas às condições da família em que a violência sexual ocorreu, inviabilizando sua inclusão, ou de alguns de seus membros, em programas e serviços disponíveis e impossibilitando o traçado do perfil dos indivíduos e das famílias envolvidas neste grave problema de saúde pública. Para evidenciar a validade desses dados, lê-se em um dos estudos sociais realizados com a família de um menino, com 2 anos à época dos fatos, mas que já tinha 5 anos por ocasião da avaliação social:

> (...) L. está recebendo atendimento psicoterápico e a família observava que, em muitas ocasiões, voltava triste das visitas ao pai e, em outros momentos, revoltado. Apesar das visitas terem sido suspensas desde julho p.p., o menino continuou sendo entregue ao pai, pois a mãe só soube da suspensão das visitas em meados de setembro (Processo nº 1289115).

Em outro processo objeto do presente estudo, em que a vítima contava com 9 anos à época dos fatos e o abusador era o pai, o estudo social, realizado cinco anos após, refere:

> Quanto ao comportamento da vítima, sua irmã refere-se a ela como sendo reservada, "não gostava de sair, falava pouco e não era marota". Referente à saída da vítima da Casa de Passagem (Abrigo), para residir com algum familiar, a irmã da vítima comprometeu-se em verificar junto a sua família a possibilidade de a vítima permanecer com ela, de toda a forma irá conversar com suas irmãs, neste final de ano, para definir posicionamento em relação ao caso anteriormente exposto neste relatório (Processo nº 138/2.07.0000221-5).

Estudo social proveniente de processo judicial em que a vítima era uma adolescente com 16 anos à época dos fatos, apresentando debilidade mental, e o infrator, um adolescente de 15 anos, assinala:

> O adolescente autor do ato infracional é portador de deficiência mental, proveniente de uma família de baixa renda. Seu histórico pessoal apontou figura paterna e convivência familiar violenta (com pessoas usuárias de substâncias psicoativas). Suas condições de saúde, por

si só, parecem limitar sua compreensão e responsabilidade pelo dito ato infracional. Além disto, tal ocorrência pode ter representado apenas parte da descoberta da sexualidade de ambos os jovens. Não há outros registros de prática de atos infracionais por parte do adolescente a quem se atribui a prática do ato infracional, nem mesmo a participação em grupo delitivo. Neste momento, o jovem se beneficiaria com reavaliação de suas condições de saúde e adesão às oficinas. Sua família também se favoreceria com o acompanhamento social nesta entidade (Processo nº 017/5.08.0000400-7).

Em outro processo, de natureza criminal, em que o abuso ocorreu quando a vítima contava com 8 a 10 anos ao tempo dos fatos, e o abusador era o pai, o estudo social, depois de entrevistar a mãe, o pai e a vítima, na ocasião já com 15 anos, relata:

Quanto à situação de abuso, inicialmente a adolescente fica mais ansiosa, começa a mexer nas unhas e mostra-se mais retraída. Estimulada, mas com dificuldade, a vítima fala que não lembra dos detalhes, mas que teria acontecido quando contava com sete para oito anos. Na ocasião, o pai estava alcoolizado e teria se esfregado nela uma única vez. Percebe-se claramente que é difícil para a adolescente falar sobre essa situação que certamente ela quer esquecer (Processo nº 001/2.06.0084148-1).

Laudo social, elaborado em processo criminal em que o abusador era o pai, e os atos foram praticados no período dos 5 aos 9 anos da vítima, informa:

A residência é construída em madeira e apresenta características de má conservação e precárias condições de higiene. Dispõem de instalação de luz e utilizam água de vertente próxima à residência. Não utilizam fogão a gás porque dizem que é muito perigoso. (...) Cabe esclarecer que não há ônibus urbano até este pequeno núcleo habitacional. O ponto de ônibus mais próximo se localiza a cerca de um km da residência. (...) o único membro desta família que dispõe de trabalho fixo é o pai da vítima, ou seja, ele praticamente sustenta toda a família. (...) No que se refere especificamente à situação das crianças, o Sr. F. (abusador) afirma que K. foi abrigada porque uma professora, que ela tinha na época, "inventou uma história". Diz também que não sabe porque os outros filhos foram abrigados, mas entende que "se abrigam um, abrigam todos". (...) A mãe das crianças parece não compreender a realidade e ter muita dificuldade de traduzir em palavras o que pensa. Acreditamos que apresente alguma limitação intelectual (Processo nº 048/2.06.0000692-9).

As informações lançadas no laudo acima demonstram condições socioeconômicas presentes em grande parte dos casos que chegam ao sistema de justiça. Na maioria das vezes, situações desta natureza só poderão ser desvendadas através do trabalho do assistente social, profissional que se constitui em um "dos agentes por intermédio do qual o Estado intervém no espaço privado dos conflitos – em especial, o familiar – que materializa expressões da questão social, na viabilização do acesso aos direitos" (IAMAMOTO, 2002, p. 38).

É dos autos de processo criminal em que a vítima contava com onze anos e seis meses à época em que foi abusada sexualmente pelo padrasto, que se extrai parte do laudo pericial social, nos seguintes termos:

> Percebe-se que o grupo familiar da vítima, embora as dificuldades econômicas, foram criados pela Sra. M., aprendendo a ser responsáveis e unidos. Mesmo sabendo de sua timidez, a vítima sempre teve bom relacionamento com a mãe e os irmãos, pois, os vínculos familiares estabelecidos pelo grupo, através da fala da vítima, nota-se que foram pautados na confiança mútua, fator que provavelmente favoreceu para que a vítima, na época ainda criança, tenha procurado sua irmã para falar sobre a violência cometida pelo padrasto. E, neste contexto, a atitude imediata da Sra. M. ao realizar a denúncia, fortaleceu na vítima a certeza de ser protegida por sua família no enfrentamento desta situação, segurança expressa por ela, ao relatar que, quando o padrasto retornou a sua casa, ela o enfrentou dizendo que chamaria a polícia. Sabe-se dos reflexos ocasionados na vida de uma criança ou adolescente vítima de violência, mas, apesar disso, e, embora a vítima tenha relatado o quanto sentiu sua vida afetada, o posicionamento de sua família, acreditando em sua fala e agindo em prol de sua proteção, favoreceu para que conseguisse reconstruir sua vida, estabelecendo relações afetivas saudáveis. Outro fator relevante para a minimização dos efeitos traumáticos no desenvolvimento da vítima foi a realização de acompanhamento psicológico, relatado por ela e do qual gostou e afirmou ter lhe ajudado bastante (Processo nº 060/2.02.0001426-6).

O parecer, em conclusão, sugere que a vítima "possa receber novamente atendimento psicológico para uma avaliação mais aprofundada e também para que se dê um suporte no enfrentamento das questões que necessitaram ser revividas por ela neste procedimento". Tais assertivas confirmam que o estudo social "envolve uma dimensão de totalidade que deve ser expressa nos registros que o expõem ao conhecimento do outro, seja o juiz, seja o defensor, seja o promotor de justiça, seja o psicólogo, enfim, ao olhar de outros profissionais com os quais o assistente social interage, direta ou indiretamente" (FÁVERO, 2006, p. 37).

A mesma autora, com propriedade, questiona o papel do assistente social: "deve atuar somente como perito ou sua intervenção deve ter uma dimensão mais ampla, articulada à rede social, sobretudo junto à infância e juventude?" (p.12) e chama a atenção para a necessidade de o assistente social ver, com clareza, como ponto de partida, "que a questão social atravessa o cotidiano dos sujeitos aí atendidos – em todas as suas dimensões" (p. 17).

Nesse contexto, o estudo social, que se materializa através do "relatório social", apresenta-se como suporte para a aplicação de medidas protetivas e judiciais dispostas no Estatuto da Criança e do Adolescente, na legislação civil, referente à família, bem como nos processos de natureza criminal. O relatório social, como assinala Fávero, é

> (...) um documento específico elaborado por assistente social, que se traduz na apresentação descritiva e interpretativa de uma situação ou expressão da questão social, enquanto objeto de intervenção desse profissional no seu cotidiano laborativo (2008, p. 44-45).

A partir do estudo social, se for necessário, o caso será encaminhado ao Conselho Tutelar, que terá atribuição para aplicar medidas de proteção à criança, previstas no artigo 101, bem como medidas aos pais, enumeradas no artigo 129 do Estatuto da Criança e do Adolescente, com vistas a garantir os direitos fundamentais assegurados a esta parcela da população. A não realização do estudo social, por outro lado, impede a adoção de iniciativas que assegurem a proteção integral à criança nos aspectos cruciais de sua vida, como, habitação, saúde, educação, respeito, alimentação, convivência familiar em ambiente livre da presença de pessoas dependentes de substâncias entorpecentes, como refere o artigo 19 do Estatuto da Criança e do Adolescente. Nesse sentido, estudos evidenciam que, no que tange à educação, "quando a violência sexual ocorre com meninas, dentre suas consequências devem ser considerados também os problemas escolares", porquanto, segundo estudos realizados por Herbst e colaboradores (1999), "46,1% das jovens pré-púberes abusadas sexualmente apresentavam dificuldades na escola, seja de aprendizagem, de comportamento, de relacionamento ou de ambos" (MATTAR *et al.*, 2007, p. 460). Um dos instrumentos que permitem identificar as dificuldades enfrentadas pelas vítimas, inclusive, referentes à escolarização, é o estudo social. Ao verificar a existência de problemas no âmbito da educação ou mesmo de relacionamento, o assistente social poderá sugerir, no relatório, o encaminhamento do caso ao Conselho Tutelar para aplicação das medidas que se fizerem necessárias à proteção da criança ou adolescente, como antes abordado.

No âmbito das Varas de Família, diferentemente do que ocorre na Justiça Criminal, pesquisa realizada por Reis (2010), envolvendo famílias que tiveram suas vidas expostas ao Poder Judiciário, ressalta a relevância dada por estas pessoas ao trabalho realizado pelos assistentes sociais. Referindo-se ao trabalho do assistente social, no âmbito do Judiciário, assinala Fávero:

> O relatório social e/ou o laudo social ou o parecer social, que apresentam, com menor ou maior detalhamento, a sistematização do estudo realizado (ou da perícia social, como definido geralmente neste espaço), transformam-se em instrumentos de poder. Ou num saber, convertido em poder de verdade, que contribui para a definição do futuro de crianças, adolescentes e famílias, na medida em que é utilizado como uma das provas que compõem ou que podem compor os autos (2006, p. 28).

Importante mencionar que, a partir da Lei n° 12.318/2010, no Juízo de Família, aportam, em número cada vez maior, alegações de alienação parental, com acusações de abuso sexual, normalmente envolvendo ex-cônjuges ou companheiros e seus filhos. A tendência em atribuir ao ex-parceiro a prática de violência sexual tem sido artifício utilizado para afastar, via de regra, o outro genitor da criança, justificando-se pela dificuldade em produzir a prova de vestígios físicos.[67]

3.6.2. Vestígios físicos e dano psíquico

De todas as formas de maus-tratos praticadas contra a criança, a violência sexual, de modo especial a intrafamiliar, é a que apresenta maiores dificuldades de identificação e manejo. A violência física, pela visibilidade que estampa, desperta a atenção não só de familiares, como dos profissionais da educação e saúde e das pessoas da comunidade, permitindo a adoção de medidas necessárias à efetiva proteção da criança. Na violência sexual de origem intrafamiliar, no entanto, é comum o abusador não deixar na vítima marcas físicas, dificultando a identificação do abuso. A existência de achados físicos, em exames periciais, foi observada em apenas 10% dos casos de violência sexual (ROSA E CAMPOS; SCHOR, 2008, p. 3). Estudo realizado em Porto Alegre constatou que a maioria das crianças (80%) "não apresentou alterações no exame físico" (SALVAGNI; WAGNER, 2006, p. 6). Entretanto, com ou sem vestígios físicos, na violência sexual, "a criança é tratada como objeto, o que a desumaniza e isso, por si só, é uma forma de violência" (MAIO, 2005).

A violência sexual intrafamiliar praticada contra a criança deixa, no entanto, importantes marcas situadas no campo psíquico, causando o chamado *dano psíquico*. Para Castex (1997):

> Puede hablarse de la existencia de dano psíquico em um determinado sujeto, cuando éste presenta un deterioro, disfunción, distubio o trastorno, o desarrollo psico-génico o psico--orgánico que, afectando suas esferas afectiva y/o volitiva, limita su capacidad de goce individual, familiar, laboral, social, y/o recreativa (p. 17).

Ao mencionar as consequências psíquicas, também denominadas de *traumas psicológicos*, decorrentes da violência sexual, Gesse e Aquotti (2008) caracterizam-nas como:

---

[67] AGRAVO DE INSTRUMENTO. VISITAÇÃO PATERNA. SUSPEITA DE ABUSO SEXUAL. MANUTENÇÃO DO *STATUS QUO*. Diante de fortes indícios de abuso sexual praticado pelo genitor da criança, prudente que se aguarde a apuração dos fatos, bem como a realização de avaliações psicológicas, antes de fixar, se for o caso, as visitas paternas, resguardando, assim, a integridade física e psicológica da menor. INSTAURAÇÃO DE INCIDENTE DE ALIENAÇÃO PARENTAL. POSSIBILIDADE. Considerando as alegações do genitor, de que o mãe da menina está apresentado falsas denúncias contra ele, inclusive em relação ao abuso, de ser instaurado o incidente de alienação parental, para melhor esclarecimentos dos fatos. Agravo de instrumento parcialmente provido. (Agravo de Instrumento nº 70066815416, Sétima Câmara Cível, Tribunal de Justiça do RS, Relator: Jorge Luís Dall'Agnol, Julgado em 24/02/2016)

(...) aquelas que não podemos ver, ou seja, não é no corpo da vítima, mas sim no seu psicológico, na sua forma de agir e se comportar, como por exemplo, os transtornos sexuais, depressão, transtorno de estresse pós-traumático, entre muitos outros, e esses traumas podem influir na vida profissional, sexual, afetiva e social das vítimas (p. 42).

Outros autores, como Zavaschi e colaboradores (2002), acreditam que o trauma, "incidindo sobre um indivíduo geneticamente vulnerável, pode desencadear o primeiro episódio depressivo" (p. 193), indicando o quanto é preciso evitar situações desta ordem na vida das crianças.

Considerando as dificuldades de produzir a prova da autoria e da materialidade, em especial, no âmbito criminal, o sistema de justiça, desde décadas que antecederam a Constituição Federal de 1988, vem valorizando, de forma privilegiada, a inquirição da vítima como meio de prova. Para este fim, poderia ter valorizado iniciativas de cunho interdisciplinar, já que conta, em seus quadros, com técnicos da área da saúde e do serviço social. Entretanto, optou por manter a prática de inquirição da criança, com o intuito de extrair da vítima o relato da cena e a indicação do autor, fazendo recair sobre ela a incumbência de produzir a prova e, quiçá, levar o abusador à cadeia. Este procedimento, face à condição de dependência que a criança tem da família, acaba por se constituir num paradoxo que, a despeito da intenção protetiva, acaba por expô-la e até mesmo desrespeitá-la como sujeito de direitos, obrigando-a a expor sua intimidade em uma situação constrangedora e formal. Na perspectiva da criança, submetida à inquirição, de seu relato poderão derivar consequências nefastas para si e para os demais familiares, considerando os possíveis efeitos que recairão sobre a constituição familiar. Do mesmo modo, a lembrança das situações de violência, se não acompanhadas por profissionais especializados, pode desencadear fantasias e sofrimento que também constituem desrespeito a sua condição de sujeito de direitos. Em outras palavras, diante da incompetência do sistema para apurar os fatos, recorre-se, mais uma vez, à vítima, atribuindo-lhe a árdua missão de produzir a prova. Dessa forma, a criança deixa a condição de vítima e passa à condição de testemunha-chave da acusação.

Nos documentos examinados, no curso do processo criminal, o objetivo principal e único foi obter a condenação do abusador, desprezando-se, por inteiro, o compromisso com a proteção integral da criança. Em consequência, fica evidenciado que, nesses casos, os promotores de justiça, defensores, advogados e magistrados desconhecem as particularidades do funcionamento da mente de uma criança que passa por situação traumática. Schmickler (2006) ensina que, desde 1914, Freud já sinalizava para a necessidade que muitas crianças têm de esquecer impressões, cenas ou experiências, bloqueando-as. Segundo a autora,

(...) acontecimentos ocorridos na infância podem também ficar esquecidos por lembranças encobridoras, o que comumente ocorre. Freud também chama a atenção para outras importantes vivências, as que ocorreram num passado remoto da infância e que não foram entendidas na época, o que só acontece mais tarde, quando podem ser interpretadas. O que ocorre então com o sujeito? Em geral, ele não recorda o que foi esquecido e reprimido, mas atua-o (*acts it out*). Assim, reproduz o reprimido não como uma lembrança, mas como uma ação, sem saber que o está repetindo. Esta é a maneira de recordar. E, quanto maior é a resistência, mais a atuação (*acting out*) substituirá o recordar (p. 88-89).

Na medida em que conhecemos a forma como o psiquismo infantil pode reagir diante da existência da violência sexual, é fácil admitir que, mesmo quando, por ocasião da inquirição, a criança nega o fato, isso não significa certeza sobre a sua inexistência. O trauma, como explica Rosa (2010),

(...) implica uma dificuldade em simbolizar o ocorrido e incide, sempre, na vivência amorosa e sexual posterior, permanecendo entre a estrutura da fantasia individual e do mito familiar coletivo, entre gerações, enleio do qual o sujeito não pode fugir. (...) Por evidente que a sua situação de desamparo, confusão e perda de confiança nas referências *cuidadoras*, fundem-se no momento de enunciar qualquer discurso sobre o ocorrido (p. 164).

Em que pesem os conhecimentos da saúde mental, a Justiça Criminal continua a buscar, na palavra da vítima, obtida através da inquirição, elementos para embasar uma decisão condenatória que relacione a inquirição da criança com o resultado da sentença.

O estudo realizado permite exemplificar a questão da falta de vestígios físicos nos casos de violência sexual praticada contra a criança. Dos 82 processos examinados, em 80,49% (66) não foi realizada avaliação física, o que somente em 19,51% (16) dos casos, em exame físico feito por médico não perito oficial.

O dado, por si só, evidencia falha do sistema na medida em que não providencia a avaliação clínica a ser realizada por pediatra, oportunidade em que deveria ser realizado exame físico meticuloso, envolvendo a pele, a cabeça, os órgãos internos, bem como lesões ósseas, através de RX ou de exames laboratoriais. Embora o exame físico e os achados laboratoriais isoladamente não diagnostiquem o abuso sexual, como referem Salvagni e Lueska (2011), "tornam-se motivo de preocupação quando são acrescidos de alterações comportamentais específicas ou quando não há explicação plausível para os achados" (p. 296). Nesse sentido, já alertavam Salvagni e Wagner (2006):

Em ambulatório de pediatria, o relato de alterações generalizadas (sono, enurese, encoprese ou fobias) e queixas dirigidas para a genitália, aliado à apresentação de comportamento sexualizado incomum, deve alertar para a possibilidade de abuso sexual (p. 6).

Quanto ao exame de corpo do delito, realizado por peritos oficiais, integrantes do Departamento Médico Legal, verificou-se que 79,27% (65)

contaram com a realização de perícia física, e 20,73% (17) não dispõem deste elemento de prova.

Relativamente aos 65 casos em que houve a realização do exame de corpo de delito, os resultados foram os seguintes: 50,77% (33) obtiveram resultado negativo; 40% (26) apresentaram resultado positivo e 9,23% (6) apresentaram resultado prejudicado, em face da demora na realização do exame, impossibilitando ao perito responder aos quesitos. Para exemplificar a última hipótese (resultado prejudicado), colhe-se, de um dos processos examinados, a seguinte manifestação do egrégio Tribunal de Justiça do Rio Grande do Sul:

> Isso porque o auto de exame de corpo de delito de fl. 11 é inconclusivo, descrevendo que a suposta vítima possui hímen que, embora apresente soluções de continuidade, tais podem advir de rompimento parcial cicatrizado ou, mesmo, de aspectos congênitos da examinada (Processo nº 027/2.05.0002600-9).

Para melhor elucidar este aspecto da prova da materialidade, foi possível verificar que, dos 33 casos em que o resultado do exame do corpo de delito foi negativo, 69,70% (23) resultaram em sentença condenatória, e 30,30% (10) tiveram sentença absolutória.

Os crimes que deixam vestígios exigem a realização do exame do corpo de delito, evidenciando a sua relevância e tendo em vista se constituir na prova da materialidade. Nesse sentido, ressalta França (1998):

> A finalidade da perícia é produzir a prova, e a prova não é outra coisa senão o elemento demonstrativo do fato. Assim, tem ela a faculdade de contribuir com a revelação da existência ou não de um fato contrário ao direito, dando ao magistrado a oportunidade de se aperceber da verdade e de formar a sua convicção (p. 7).

A importância da prova da materialidade nos crimes que deixam vestígios é incontroversa. Entende-se por materialidade o conjunto de elementos objetivos que materializam ou caracterizam um crime ou uma contravenção, um ilícito penal. É, em outras palavras, o oposto da inexistência do fato, sendo que o processo penal "coloca ênfase em provar quem perpetrou o evento, uma eventualidade que pode ser impossível, dependendo do tipo de abuso e do desenvolvimento e motivação da criança" (GARFINKEL *et al.*, 1992, p. 302).

No âmbito do processo penal, "quando a infração deixar vestígios, é indispensável o exame de corpo de delito, direto ou indireto, não podendo supri-lo a confissão do acusado" (artigo 158 CPP). "Os peritos elaborarão o laudo pericial, onde descreverão minuciosamente o que examinarem, e responderão aos quesitos formulados" (artigo 160 CPP). Nesse caso, por quesitos, entende-se "as questões formuladas sobre um assunto específico, que exigem como respostas opiniões ou pareceres. Os quesitos podem ser oferecidos pela autoridade judicial e partes até o ato de diligência (artigo 176 CPP)".

A prova da materialidade nos crimes que envolvem violência sexual,

> (...) sob o prisma médico-legal, consiste na realização de prova pericial na vítima, onde o perito irá buscar evidências da prática de conjunção carnal ou de algum ato libidinoso diverso da conjunção carnal, tais como lesões próximas da genitália da vítima, presença de esperma, ruptura do hímen e eventuais lesões corporais que possam sugerir a prática delituosa (Prado, 1972; Almeida Jr. E Costa Jr., 1985; Croece e Croece Jr., 1995; Maranhão, 1995; Galvão, 1996; França, 1999) (Benfica; Souza, 2002, p. 174).[68]

Quanto à inquirição da vítima, reza o artigo 201: "*sempre que possível*, o ofendido será qualificado e perguntado sobre as circunstâncias da infração, quem seja ou presuma ser o seu autor, as provas que possa indicar, tomando-se por termo suas declarações". O § 1°, com a redação da Lei n° 11.690/08, por sua vez, menciona: "Se, intimado para este fim, deixar de comparecer sem motivo justo, o ofendido *poderá* ser conduzido à presença da autoridade" (sem grifo no original).

As opiniões divergem acerca do valor do depoimento do ofendido no processo: autores negam a categoria de prova às suas declarações, como faz Faria: "não é, propriamente, meio de prova, mas um auxílio à justiça" (1942, p. 259-260); outros consideram-no testemunha, constituindo suas declarações meios de prova. Assim, afirma Manzini (1951):

> (...) o ofendido pelo crime, seja ou não denunciante, querelante ou parte civil, tem plena capacidade testemunhal, e *vem a ser efetivamente testemunha*, para todas as consequências de direito, se é citado nesta qualidade. O ofendido pelo delito não está sequer isento de juramento, diferentemente do que dispunham os códigos anteriores. Seu testemunho vale como qualquer outro e, portanto, pode ser a única fonte de convicção do juiz (p. 270-271).

A jurisprudência oscila. Colhe-se do Supremo Tribunal Federal, quanto às perguntas ao ofendido, a seguinte manifestação: "é ato informal e praticado pelo juiz *ad clarificandum*. Nele não incide o princípio do contraditório, e, por isso, as partes não intervêm no seu procedimento" (Recurso Extraordinário Criminal n° 85.594).

Ao julgar o Habeas Corpus n° 67.052-1, manifestou-se a Primeira Turma: "a audiência do ofendido (artigo 201 do CPP) não se insere no âmbito da garantia do contraditório. Precedentes do Supremo Tribunal Federal: RREE 73.705 e 85.594". Considerando a controvérsia sobre o tema, encon-

---

[68] Por outro lado, sabe-se que, "embora seja um excelente meio de provar a existência da conjunção carnal e, até, da autoria do delito, através do exame de DNA, é muito baixo o índice de casos de violência sexual que resultam na gravidez da vítima" (BENFICA; SOUZA, 2002, p. 184).

tramos decisão em sentido contrário, no julgamento da Apelação-Crime n° 70008977142, Sétima Câmara Criminal do TJRS, em que foi Relator o Des. Marcelo Bandeira Pereira, atribuindo eficácia plena ao depoimento da vítima, colhido sob o crivo do contraditório para o suporte da condenação.

Para a doutrina tradicional, em face do princípio da verdade real, instala-se a obrigatoriedade da inquirição da vítima, porquanto "deve o juiz buscar todos os meios lícitos e plausíveis para atingir o estado de certeza que lhe permitirá formar o seu veredito" (NUCCI, 2005, p. 200).

Paradoxalmente, é na mesma doutrina que são encontrados subsídios para afastar a inquirição da vítima, quando criança:

(...) as declarações do ofendido constituem meio de prova, tanto quanto o interrogatório do réu, quando este resolve falar ao juiz; (...) não se pode dar o mesmo valor à palavra da vítima que se costuma conferir ao depoimento de uma testemunha, esta, presumidamente, imparcial; *(...) a vítima é pessoa diretamente envolvida pela prática do crime, pois algum bem ou interesse seu foi violado, razão pela qual pode estar coberta por emoções perturbadoras do seu processo psíquico, levando-a à ira, ao medo, à mentira, ao erro, às ilusões de percepção, ao desejo de vingança, à esperança de obter vantagens econômicas e à vontade expressa de se desculpar – neste último caso, quando termina contribuindo para a prática do crime (Psicologia Jurídica, V. II, p. 155-157). Por outro lado, há aspectos ligados ao sofrimento pelo qual passou a vítima, quando da prática do delito, podendo, então, haver distorções naturais em suas declarações; (...) a ânsia de permanecer com os seres amados, mormente porque dá como certo e acabado o crime ocorrido, faz com que se voltem ao futuro, querendo, de todo o modo, absolver o culpado. É a situação muitas vezes enfrentada* por mulheres agredidas por seus maridos, *por filhos violentados por seus pais* e, mesmo por genitores idosos atacados ou enganados por seus descendentes (sem grifo no original) (NUCCI, 2014a, p.481).

Na mesma linha diz, adiante:

(...) a criança fantasia por natureza, podendo ser instigada por adultos a fazê-lo, ainda com maior precisão e riqueza de detalhes, *sem ter maturidade suficiente para compreender o significado e as consequências de suas atitudes;* (...) a criança violada pelo pai pode, por razões familiares – de amor ao genitor ou por conta da interferência da mãe, que não quer perder o marido, mesmo que o preço a pagar seja alto – esconder a realidade, criando situações inverídicas para proteger o culpado (sem grifo no original) (NUCCI, 2014a, p. 482).

O depoimento da vítima, considerada por alguns autores como *testemunha*, não se reveste de credibilidade absoluta, porquanto suas declarações vêm impregnadas de impressões pessoais, havendo "um certo coeficiente pessoal na percepção e na evocação da memória, que torna, necessariamente incompleta a recordação, de forma que não há maior erro que considerar a testemunha como uma chapa fotográfica" (ALTAVILLA, 1982, p. 252). Diversos são os fatores a interferir na prova testemunhal, como o interesse, a emoção e, assim, sucessivamente.

O mesmo autor assinala que quanto mais intensa é uma concentração afetiva, tanto mais facilidade existe para, passado um certo tempo, haver o desvio da atenção do primeiro objeto para um objeto diverso. E complementa: "a violenta ressonância emotiva, colorida de desagrado, que em nós pode provocar um objeto, pode, particularmente, facilitar ou apressar um desvio de atenção" (p. 253). Torna-se necessário, portanto, "conhecer com precisão a posição processual de uma testemunha e as suas relações de interesse, de amizade ou de parentesco com as partes" (p. 255), a fim de valorar com adequação o teor de seu depoimento. A inquirição da vítima, nos crimes que envolvem violência sexual intrafamiliar, agrega elementos que decorrem da posição que o abusado ocupa na família e no processo, porquanto, na maioria dos casos, além de manter vínculos afetivos com a vítima, a criança é também a única testemunha. Para Furniss (1993), "o *não* das crianças, quando questionadas se sabiam do abuso, não significa que não tenham estado envolvidas, que não tenham sabido ou que não tenham sido afetadas por ele; ele geralmente significa que elas estão assustadas demais para falar" (p. 312).

Não é de surpreender que as vítimas de violência sexual considerem os julgamentos traumáticos, uma vez que passa a ser exigido delas que se impliquem retrospectivamente na experiência. Alguns relatos, como assinala Vilhena (2001), "apontam os julgamentos como mais traumáticos que o próprio fato, levando-as a recorrer, defensivamente, a respostas evasivas" (p. 61).

Também é preciso considerar que a criança, "mesmo dizendo a verdade, é tão facilmente sugestionável que pode, com facilidade, ser induzida a retratar-se numa acareação, especialmente sendo-lhe oposta uma pessoa a quem tema e respeite" (ALTAVILLA, 1982, p. 332). Em consequência, a fim de preservá-la como sujeito de direitos, é preciso buscar, em juízo ou fora dele,

> (...) evitar a ocorrência do segundo processo de vitimização, que se dá nas Delegacias, Conselhos Tutelares e na presença do juiz, quando da apuração de evento delituoso, causando na vítima os chamados danos secundários advindos de uma equivocada abordagem realizada quando da comprovação do fato criminoso e que, segundo a melhor psicologia, poderiam ser tão ou mais graves que o próprio abuso sexual sofrido (BORBA, 2002, p. 1).

Na tentativa de considerar alguns aspectos mais evidentes que decorrem da inquirição das crianças vítimas de violência sexual intrafamiliar, têm sido adotadas, em algumas instâncias, alternativas ditas inofensivas, denominadas depoimento sem dano, que consistem no depoimento da criança vítima, colhido

> (...) em uma sala aconchegante, especialmente preparada para o atendimento de menores de idade, equipada com câmeras e microfones para se gravar o depoimento. O juiz, o

Ministério Público, os advogados, o acusado e os servidores judiciais assistem ao depoimento da criança por meio de um aparelho de televisão instalado na sala de audiências. No Rio Grande do Sul, o profissional designado pelo juiz para inquirir as crianças costuma ser o assistente social ou o psicólogo, que permanece com fone no ouvido para que o juiz possa indicar perguntas a serem formuladas à criança (BRITO, 2008, p. 114).

Referido método deixa de considerar a proteção da criança à luz dos conhecimentos trazidos por outras áreas da ciência a respeito da condição infantil, o que valorizaria a interdisciplinaridade. Neste aspecto, cabe ressaltar que a população que chega ao sistema de justiça criminal, em decorrência da prática de crimes contra a dignidade sexual, praticados contra a criança é, na quase totalidade, não só de baixa renda como de baixa escolaridade. Esta condição contribui para a não percepção, por parte da família, da situação constrangedora a que a criança é exposta, por ocasião da inquirição judicial. A vítima, como se sabe, na maior parte dos casos, não dispõe da assistência técnica de advogado, impedindo de não só questionar a conveniência da medida como perceber os prejuízos que a inquirição traz para a criança e o adolescente. A vítima e sua família não costumam dispor de conhecimentos técnicos que permitam questionar a inquirição da criança, desconhecendo, ainda, os prejuízos causados pelo procedimento, em especial, quando a vítima conta com pouca idade.

Sustenta-se, com base na expressão contida no artigo 201, *caput*, do Código de Processo Penal (*sempre que possível*) e, ainda, na expressão "*poderá*", contida no § 1º do mesmo artigo, que a autoridade judicial, diante de pedido formulado pelos representantes legais da vítima, pela própria vítima (artigo 15 do ECA) ou pelo Ministério Público, devidamente fundamentado, de dispensa de prestar depoimento (ainda que seja sob a forma do depoimento especial), poderá deferir o pedido, levando em consideração as condições pessoais da vítima, como idade, aspectos emocionais, existência de vínculo familiar ou afetivo com o réu. Sabe-se que, "quanto maior o grau de dependência da criança (o que, certamente, não se esgota na reducionista consideração da mera idade), maior o risco de se ter uma manifestação viciada pelo temor ou pelo risco de perda que acompanha a manifestação infantil" (OLIVEIRA LEITE, 2000, p. 32). Ademais, "a criança pode sempre se recusar a falar diante do juiz", "o direito à oitiva tem como corolário o direito de recusar de exprimir-se, isto é, o direito ao silêncio" (p. 33), garantido expressamente na Carta Maior, inclusive, ao réu (artigo 5º, inciso LXIII, da Constituição Federal). No caso da criança, em face dos princípios constitucionais vigentes, em especial, da dignidade da pessoa humana e do seu melhor interesse, urge que a vítima-testemunha seja vista como pessoa, e não como prova; considerando-a em fase especial de desenvolvimento biopsicossocial, e não como adulto (POTTER, 2010).

Neste sentido, o Substitutivo ao PL n° 3.792/2015, aprovado na Câmara dos Deputados, em 21 de fevereiro de 2017, embora avance em relação ao PL n° 8.045/2010, que trata do Código de Processo Penal, merece revisão. Senão vejamos:

A mencionada iniciativa legislativa, em seu artigo 5°, inciso III, afirma que a criança e o adolescente terão a *intimidade e as condições pessoais protegidas* quando vítima ou testemunha. Por outro lado, o artigo 12, inciso VI, § 2°, afirma que o *juiz tomará todas as medidas apropriadas para a preservação de sua intimidade*. O que se entende por direito à intimidade? Responder a perguntas sobre a violência sexual sofrida, não seria ferir o direito à intimidade, em especial quando o direito permanecer calado, mencionado no artigo 5°, inciso VI, é literalmente excluído quando o Substitutivo trata do procedimento para o Depoimento Especial (artigo 12)?

Melhor seria complementar a redação do inciso I do artigo 12, destacando o direito de a criança ou o adolescente permanecer calado (Os profissionais especializados esclarecerão à criança ou adolescente sobre a tomada do Depoimento Especial, *informando-lhe de seus direitos, inclusive de permanecer calado*, dos procedimentos a serem adotados além de planejarem sua participação, sendo vedada a leitura da denúncia ou outras peças processuais).

Ainda, o parágrafo único, do artigo 5° prevê que o planejamento descrito no inciso VII, no caso de Depoimento Especial, *será realizado entre profissionais especializados e o juízo*. O inciso VIII, por sua vez, afirma que a criança e o adolescente *serão resguardados e protegidos de sofrimento, com direito a apoio, planejamento de sua participação*. Em respeito à condição de pessoa em fase precoce de desenvolvimento, em respeito às normas nacionais e internacionais de proteção dos direitos de crianças e adolescentes, bem como aos direitos arrolados no artigo 5° do mencionado Substitutivo, melhor seria acrescentar novo inciso ao artigo 12, exigindo-se, no caso de vítima ou testemunha com idade inferior a 12 anos, avaliação por profissional de saúde mental, com o fim de atestar a aptidão da criança para prestar o Depoimento Especial, sem que sobre si recaiam prejuízos emocionais decorrentes da situação traumática a que foi submetida. Para as crianças com idade inferior a 7 anos, bem como para aquelas que necessitem ser preservadas de prestar o Depoimento Especial, melhor seria avaliação interdisciplinar, realizada por profissionais especializados. Aspecto relevante ainda a ser assinalado se refere ao *sigilo*. O Substitutivo trata do tema no *artigo 12, inciso VI* (o Depoimento Especial será gravado em áudio e vídeo), bem como o *inciso III* do mesmo artigo (no curso do procedimento judicial, o Depoimento Especial será transmitido em tempo real para a sala de audiência, *preservado o sigilo*), além do *artigo 12, § 5°*. Este último dispositivo assinala que as condições de preservação e segurança da mídia relativa da criança ou do adolescente, de forma a garantir o direito à intimidade e à privacidade da vítima ou testemunha, serão objeto de regulamentação. Como garantir a privacidade e o sigilo do Depoimento Especial, uma vez que a gravação acompanha o processo judicial, manuseado, como se sabe, por inúmeras pessoas, em que pese o segredo de justiça? A gravação de áudio e vídeo congela aquele momento da vida da vítima. A gravação, sempre que exposta, renovará, para a criança ou adolescente, o momento traumático experimentado em fase precoce de seu desenvolvimento. A criança vai crescer e a gravação permanecerá, nem que seja numa prateleira do arquivo judicial. Até lá, muitos terão acesso, repita-se, em que pese o segredo de justiça. Por outro lado, a regulamentação anunciada no final do texto do § 5º do artigo 12, por mais detalhada que venha a ser, não terá o condão de preservar a privacidade e o sigilo dos fatos, expondo-se, mais uma vez, aqueles que a Constituição Federal de 1988 elegeu como prioridade absoluta. É isto que se quer com a aprovação do Substitutivo na PL nº 3.792/2015?

3.6.3. Inquirição da vítima como meio de produzir prova

A falta de vestígios físicos, presente em grande parte dos casos que envolvem violência sexual intrafamiliar, motivou o sistema de justiça a investir na inquirição da vítima como forma de produção de prova, ou, como preferem outros, como testemunha chave da acusação.

A prática, amplamente utilizada no período que antecedeu à Constituição Federal de 1988, período em que a criança não passava de sujeito de necessidades, vem reforçada, na atualidade, com a utilização do método do depoimento sem dano (mais recentemente chamado de depoimento especial), sem considerar a conquista da criança como *sujeito de direitos*.

Dos 82 casos analisados, em 90,24% (74), a vítima foi inquirida; em 9,76% (8), não houve inquirição.

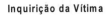

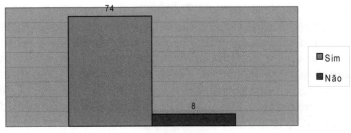

Comparados os dados que tratam da realização do exame de corpo de delito, essencial nos crimes que deixam vestígios físicos, com os que representam a inquirição da criança, é possível observar que, na amostra examinada, a Justiça Criminal atribui maior relevância à inquirição do que ao exame de corpo de delito, que se constitui em prova técnica, classificação que não pode ser atribuída à inquirição da vítima. A afirmação vem confirmada quando de relaciona a inquirição da vítima e o resultado da sentença, uma vez que, do total de casos em que ocorreu a inquirição da vítima (74), em 72,97% (54) dos casos, o abusador foi condenado e, em 27,03% (20), absolvido.

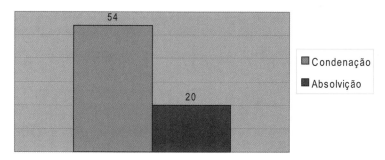

Quanto à forma de realizar a inquirição, foi possível constatar que, em 81,08% (60) a inquirição foi pelo método tradicional; em 12,16% (9), pelo método depoimento especial; e, em 6,76% (5) a vítima foi inquirida duas vezes: na forma tradicional e através do método depoimento sem dano.

Dos 79,27% (65) de casos em que ocorreu a inquirição pelo método tradicional, onde se inclui aqueles que contaram com dupla inquirição, em 69,23% (45), houve a condenação do abusador e, em 30,77% (20), a absolvição. Na totalidade dos casos em que a vítima foi inquirida através do método depoimento sem dano (14 casos), em 100% o resultado da sentença foi condenatório.

Percebe-se, portanto, que, nos crimes envolvendo abuso sexual contra a criança, recai sobre a vítima a sobrecarga da produção da prova da violência sexual. Dependendo do conteúdo de suas afirmações, por ocasião da inquirição judicial, o abusador poderá ir para a cadeia; a criança poderá perder o apoio da mãe, nos casos em que ela for conivente com o abusador, ou, ainda, poderá ser afastada de sua casa, sendo encaminhada para o programa de acolhimento institucional, antes denominado de abrigo, como medida de proteção em face da fragilidade da família em protegê-la.

Neste contexto, cabe questionar: é possível, à luz da Doutrina da Proteção Integral, fazer recair sobre a criança, considerada pela lei pessoa em fase especial de desenvolvimento, a responsabilidade pela produção da prova, como se fazia antes da vigência da Constituição Federal de 1988? A Doutrina da Proteção Integral legitima a prática de inquirir a criança, em especial, quando não há vestígios físicos, ciente das consequências que suas declarações acarretarão ao abusador e ao grupo familiar? Essa situação valoriza a criança, como sujeito de direito, ou a expõe a mais uma violência? Que outros instrumentos seriam legítimos de ser usados para apurar a existência do fato e buscar a responsabilização do abusador? Considerando as descobertas das áreas da psicologia e da psiquiatria, desde Freud, datadas do início do século XX e reafirmadas por inúmeros estudiosos da saúde mental, que envolvem a possibilidade de a criança bloquear, no âmbito verbal, a cena da violência, seria recomendável exigir a sua inquirição?

Práticas recepcionadas pela velha Carta Constitucional, como a inquirição da criança com o fim de produzir a prova da autoria e da materialidade, permanecem sendo reproduzidas pela Justiça Criminal, que não se beneficia dos conhecimentos desenvolvidos por outras áreas do saber. No processo penal inquisitivo, "não se encontram exigências comunicacionais, pois o inquirido é tratado por seu inquisitor como um *objeto* da investigação e não como uma pessoa em processo de compreensão recíproca, isto é, como sujeito de direitos (...)" (POTTER, 2010, p. 51).

Desta forma, a utilização do velho método da inquirição, além dos prejuízos emocionais que pode acarretar à criança, pode dar ensejo a que o abusador ou outros familiares atribuam a ela a responsabilidade pela prisão do autor dos fatos, levando a vítima a sentir-se responsável pelos prejuízos causados ao grupo familiar, além de contribuir para mascarar o real motivo da condenação do abusador, ou seja, a prática de crime.

Se, diferentemente, houvesse preocupação de ouvir a criança, provavelmente muitas dessas consequências poderiam ser evitadas e, respeitada em seus direitos, a criança abusada poderia colaborar com a Justiça, sinalizando a melhor alternativa de encaminhamento da questão *sub judice* sem carregar nenhuma culpa relacionada ao ato de que foi vítima nem às consequências familiares que dele podem advir.

Qual a diferença entre inquirir e ouvir a criança? *Inquirir* significa perguntar, indagar, fazer perguntas direcionadas, investigar, pesquisar. *Ouvir*, por sua vez, significa escutar o que ela tem a dizer, dar ouvidos, dar atenção às palavras da criança, o que pode vir expresso através do brinquedo, como valioso instrumento utilizado por profissionais da saúde mental na avaliação da criança.[69] Nesse sentido, Alves (1994) explica:

> Escutar é complicado e sutil. (...) Não é bastante ter ouvidos para ouvir o que é dito. É preciso também que haja silêncio dentro da alma. (...) A gente não aguenta ouvir o que o outro diz sem logo dar um palpite melhor (...). Sem misturar o que ele diz com aquilo que a gente tem a dizer. Como se aquilo que ele diz não fosse digno de descansada consideração (...) E precisasse ser complementado por aquilo que a gente tem a dizer, que é muito melhor. Nossa incapacidade de ouvir é a manifestação mais constante e sutil de nossa arrogância e vaidade.

Quando se aborda a possibilidade de ouvir a criança, é importante lembrar que, com a vigência da Lei nº 8.069/90, o legislador passa a valorizar sua opinião, em especial nos feitos que envolvem colocação em família substituta (guarda, tutela e adoção). A inovação atende os princípios da *Convenção das Nações Unidas sobre os Direitos da Criança*, consolidados na legislação pátria, permitindo que se manifestem sobre fatos relacionados diretamente a sua rotina, oferecendo-lhe a oportunidade de participar ativamente das decisões que venham a interferir em sua vida pessoal e familiar.

Expressar as próprias opiniões, como menciona o documento internacional, tem sentido diverso de exigir da criança, em face de sua peculiar condição de pessoa em desenvolvimento, em Juízo ou fora dele, o relato de situação extremamente traumática e devassadora ao seu aparelho psíquico, vivenciada no ambiente familiar e praticada, em regra, por pessoa muito próxima, como o pai, o padrasto, o avô, o tio ou mesmo o irmão.

Quando o Estatuto da Criança e do Adolescente reconhece a peculiar condição de pessoa em desenvolvimento da criança e do adolescente, está a falar de sua imaturidade ou, em outras palavras, de seu incompleto estágio de desenvolvimento físico, mental e psicossocial, fato que os diferencia dos adultos. Recente alteração, introduzida pela Lei nº 12.010/09, está a demonstrar a necessidade de proteger a criança, recorrendo-se, preferencialmente, à equipe interdisciplinar, respeitado o estágio de desenvolvimento da vítima. A nova lei, por outro lado, fixa o limite de doze anos para a oitiva do adolescente em audiência, numa clara demonstração da importância de preservar a criança de situações que possam comprometer seu desenvolvimento saudável (artigo 28 ECA).

---

[69] O brinquedo é uma forma ímpar de contar o ocorrido uma vez que lida com a memória e o comportamento implícitos. Ao brincar, a criança desloca para o exterior seus medos, suas angústias e problemas internos, dominando-os pela ação. Isso permite que ela domine a situação externa que vivencia, tornando-se ativa e não passiva. No caso do abuso sexual o brinquedo expresso em sessões de avaliação ou de psicoterapia é um indicador privilegiado da ocorrência do fato e sua repercussão dentro da criança em geral, assim como uma forma de alívio e caminho para elaboração (FERREIRA *et al.*, 2011, p. 151).

Não há que confundir a hipótese inovadora do artigo 28, § 1º, do Estatuto da Criança e do Adolescente, que prevê a ouvida da criança, através da equipe interprofissional, com a sua inquirição nos processos criminais que apuram a existência de violência sexual intrafamiliar.

No primeiro caso, feitos que discutem a colocação em família substituta (guarda, tutela ou adoção), ouvir a criança tem por objetivo conhecer seus sentimentos e desejos, permitindo ao Julgador considerá-los por ocasião da decisão, o que deve ser feito através de equipe interprofissional e não diretamente pelo juiz. Em audiência, somente devem ser ouvidos os adolescentes, e não as crianças. No segundo caso, diferentemente, o objetivo da inquirição é produzir prova, hipótese que não encontra respaldo na aludida *Convenção Internacional* e tampouco no ordenamento jurídico pátrio. Inquirir a vítima, com o intuito de produzir prova e elevar os índices de condenação, não assegura a credibilidade pretendida, além de expô-la a nova forma de violência ao permitir reviver situação traumática, reforçando o dano psíquico. Nesse sentido, enquanto a primeira violência foi de origem sexual, a segunda passa a ser emocional, na medida em que se espera que a materialidade – que deveria ser produzida por peritos capacitados e especializados – venha compor os autos através da inquirição, sem qualquer respeito às condições de imaturidade próprias do desenvolvimento infantil. Nesse sentido,

> (...) para o tribunal, a vítima é a testemunha-chave de acusação: ao precisar dar provas do ato, é colocada como testemunha. No entanto, ela está relatando a violação de sua própria condição de sujeito. Quando é chamada como testemunha de sua violação, o que lhe está sendo pedido é que ela repita esta experiência, o que não raramente gerará uma extrema angústia (VILHENA, 2001, p. 62-63).

Considerar a fala da criança, como prevê a *Convenção das Nações Unidas sobre os Direitos da Criança* (artigo 12), necessariamente não exige o uso da palavra falada, porquanto o sentido da norma é muito mais amplo, estando a significar a necessidade de respeito incondicional à vítima, como pessoa em fase especial de desenvolvimento.

A prova da materialidade é a questão de fundo a justificar a inquirição da criança por aqueles segmentos que sustentam ser obrigatória, independentemente de idade, nos feitos que envolvem a violência sexual. Inquirir a criança, nos feitos criminais, não tem por finalidade saber como ela está se sentindo ou mesmo propiciar a aplicação de medida de proteção (artigo 101 ECA), em que pese "a assistência ao paciente vítima de abuso sexual" já tenha sido objeto "de importantes estudos quanto aos seus aspectos clínicos e de saúde mental" (BENFICA; SOUZA, 2002, p. 173). Este procedimento, como já se afirmou, busca trazer aos autos a prova da materialidade, em especial nos casos em que a violência não deixou vestígios físicos. Rivera, ao se referir à inquirição da criança, assinala:

> El menor por su edad y su condición, no puede, no sabe, no comprende lo que está ocurriendo y tampoco sbe contarlo, no sabe como expresar a los adultos y especialmente a personas extrañas lo ocurrido, y además, los adultos no sabemos comprender o entender el lenguaje de los niños (2003, p. 74).

A violência sexual intrafamiliar, por vir acompanhada de particularidades capazes de elevar as dificuldades dos profissionais que lidam com a criança vítima, a família e o abusador, não pode ser enfrentada de modo fragmentado, sob pena de não surtir efeitos benéficos. Igualmente, procedimentos voltados a sobrecarregar a criança com a produção da prova precisam ser repensados e reexaminados à luz dos conhecimentos científicos disponíveis em diferentes áreas do saber e da proteção integral que a lei lhe assegura. Tem partido dos profissionais a necessidade de buscar outras formas de intervenção, uma vez que o modelo tradicional, no qual as diferentes profissões não se comunicam, não apontam bons índices de sucesso, levando-os a recorrer, cada vez mais, às propostas interdisciplinares que "permitem resultados novos que não seriam alcançados sem esse esforço comum" (PAVIANI, 2008, p. 41).

A falta de vestígios físicos detectáveis através do exame pericial realizado por médico perito, como vem sendo ressaltado, gera inúmeras incertezas e angústia aos profissionais. Para muitos, a palavra da vítima, obtida através da inquirição judicial, mostra-se suficiente para o decreto condenatório, como se vê da decisão do egrégio Tribunal de Justiça do Rio Grande do Sul:

> Como se tem decidido, nos crimes contra os costumes, cometidos às escondidas, a palavra da vítima assume especial relevo, pois, via de regra, é a única. O fato dela (vítima) ser uma criança não impede o reconhecimento do valor do seu depoimento. Se suas palavras se mostram consistentes, despidas de senões, servem elas como prova bastante para a condenação do agente (Processo nº 70027627645).

Para outros, é insuficiente, como demonstra a decisão abaixo:

> Diante desse quadro, conforme já ressaltei, constata-se que a prova mais consistente, tanto da autoria como da materialidade, se resume à palavra da vítima que, entretanto, está longe de ser considerada consistente o bastante para embasar, isoladamente, um decreto condenatório. A vítima pode estar falando a verdade, o que, diga-se de passagem, é muito provável. Porém, certeza disso não há, face o peculiar contexto probatório carreado aos autos, devendo, assim, incidir a máxima *in dubio pro reo*, sendo impositiva a absolvição dos réus das imputações que lhe foram atribuídas (Processo nº 70027394782).

Promotores, procuradores de justiça, juízes de direito, desembargadores, assistentes sociais, psicólogos e psiquiatras, todos, gostariam de afirmar ou negar, com segurança, a ocorrência da violência sexual. Alguns segmentos, diante da incerteza, optam por apostar na inquirição da criança, como se fazia antes do seu reconhecimento como sujeito de direitos, quando tais práticas não eram sequer questionadas.

Prosseguir exigindo da criança vítima de violência sexual a produção da prova através da inquirição judicial, ainda que revestida de nova roupagem, como propõe o depoimento especial parece covardia. Transmitir perguntas por meio de sistema de áudio, como ocorre em algumas situações, serve mais para proteção da autoridade judicial do que da criança, detentora, constitucionalmente, de proteção integral, com absoluta prioridade. A prática da inquirição da criança, ainda que através de novos métodos, como o depoimento especial, "não introduz um novo procedimento na justiça brasileira, já que apenas modifica a forma de conduzir a inquirição de crianças nos processos de violência ou abuso sexual" (WOLFF, 2010, p. 121). A utilização de técnicas ditas inovadoras, ainda que imbuídas de melhores intenções, exigem cautela, "a fim de que não se agreguem mais problemas às recentes e patogênicas experiências da pequena vítima, impostas pela trajetória familiar desfavorável a que esteve submetida" (SOUZA; COSTA, 2011, p. 134). O tema tem propiciado debate, em nível local e nacional. Posições favoráveis e desfavoráveis ecoam de norte a sul, ora enaltecendo, ora combatendo com veemência o Substitutivo ao Projeto de Lei da Câmara nº 3.792/2015, que estabelece o sistema de garantia de direitos da criança e adolescentes vítimas e testemunhas de violência, e dá outras providências, como a escuta especializada e depoimento especial da criança ou do adolescente vítima.[70] Segundo o mencionado Substitutivo, Escuta Especializada é o procedimento de entrevista sobre a situação de violência contra a criança ou adolescente perante órgão da rede de proteção, limitado este relato estritamente ao necessário para o cumprimento de sua atribuição (art. 7º). Depoimento Especial, por sua vez, vem definido como o procedimento de oitiva de criança e adolescente vítima ou testemunha de violência perante autoridade policial ou judiciária.

Para Cezar (2010),

> (...) embora sejam várias as críticas apresentadas ao trabalho, verificar-se-á que o novo sistema de inquirição de crianças e adolescentes vítimas, em juízo, está pouco a pouco se consolidando, seja pela recente integração das atividades que ele envolve – ciências jurídicas, sociais e de saúde – ou pela constatação de que, em vários países do mundo, não se trata mais de uma novidade (p. 72).

---

[70] A matéria foi objeto de inúmeras iniciativas legislativas, como o Projeto de Lei da Câmara dos Deputados nº 4.126/2004, que no Senado recebeu o nº 35/2007. Mais recentemente, o substitutivo ao Projeto de Lei nº 3.792/2015 que estabelece o sistema de garantia de direitos de crianças e adolescentes vítimas e testemunhas de violência, e dá outras providências, aprovado na Câmara dos Deputados em 21/02/2017.

Entre defensores do método, encontramos ainda Tabajaski, Paiva e Visnievski (2010), técnicas do Juizado da Infância e Juventude de Porto Alegre. Para as autoras, "o que foi construído é uma metodologia do trabalho técnico, que atua no sentido de facilitar a aplicação da lei e, ao mesmo tempo, proteger os interesses da criança" (p. 69).

Em sentido contrário, assinala Rosa (2011):

O que há de novo no Depoimento Sem Dano é a terceirização do lugar de inquisidor, ou mesmo, cheio de boas intenções, a transferência da função de sugador de significantes, à força simbólica e sua violência respectiva, para um profissional de outra área, em princípio, mais capaz de abrandar a violência e imaginariamente funcionar como mecanismo paliativo de desencargo, na sanha de se condenar, até porque, de regra, são iludidos sobre o lugar e a função do Direito Penal em uma Democracia (p. 93).

Considerando que o método depoimento sem dano fazia do assistente social e do psicólogo um intermediário às perguntas formuladas pelo juiz à criança, questiona-se: seria este o papel reservado ao assistente social ou ao psicólogo no espaço do Judiciário? O assistente social detém autonomia no exercício de suas funções?

Fávero (2006) sustenta a autonomia do assistente social, em razão da competência teórico-metodológica e ético-política por meio da qual executa o seu trabalho, em que pese sua subordinação administrativa a um Juiz de Direito. Para a autora, a autonomia é garantida por lei, com base no Código de Ética Profissional, que regulamenta a profissão, no Estatuto da Criança e do Adolescente e na legislação civil.[71]

Para o Conselho Federal de Psicologia, "não é papel do psicólogo tomar depoimentos ou fazer inquirição judicial, ou seja, colocar seu saber a serviço de uma inquirição com o objetivo único de produzir provas para a conclusão do processo" (2010).

Rosa (2010), juiz de direito de Santa Catarina, ao se referir à inquirição da criança através do depoimento sem dano, assinala que o referido método transformava a criança em objeto, levando-a a pensar: "um fantasma imaginário, junto com o agressor, a espreita do outro lado do espelho, do vidro, da câmera... o que andam fazendo? O que querem de mim? " (p. 171).

Conte (2008), ao discorrer sobre a inquirição,[72] assinala que a ética que está em jogo é a responsabilidade frente ao sofrimento da criança

---

[71] Resolução nº 554 do Conselho Federal de Serviço Social, de 15 de setembro de 2009. Dispõe sobre o não reconhecimento da inquirição das vítimas crianças e adolescentes no processo judicial, sob a Metodologia do Depoimento Sem Dano/DSD, como sendo atribuição ou competência do profissional assistente social.

[72] Resolução nº 010/2010 do Conselho Federal de Psicologia, de 29 de junho de 2010. Institui a regulamentação da Escuta Psicológica de Crianças e Adolescentes envolvidos

submetida ao método: "Para tal escuta ser possível, é necessário um enquadre que possibilite uma intervenção psicológica/psicanalítica, uma construção com vistas à elaboração psíquica" (p. 223).

Fávero (2010), por sua vez, indaga:

No DSD, que verdade se busca ou prioriza? A verdade *descoberta* pelas disciplinas – para garantia de direitos da criança e/ou adolescente ou para a punição do abusador? A fronteira entre a inquirição policial para a busca da *verdade* ou da *prova* e a investigação científica para esclarecimento de uma situação pode ser tênue, daí a necessidade do norte dado pelos princípios éticos (p. 203).

Chama a atenção que a proposta ande na contramão da interdisciplinaridade, característica do tempo contemporâneo, uma vez que mantém a autoridade judiciária no comando da inquirição. Nesse sentido, esclarece Potter (2010): "os meios probatórios inquisitoriais no processo penal brasileiro acabam por ofender tanto os direitos das vítimas quanto dos acusados por entender ambos como objeto e fonte de verdade e não sujeitos de fala"(p, 51). Adiante a autora declara:

A equivocada abordagem dos operadores jurídicos às vítimas-testemunhas infantojuvenis para comprovar o fato criminoso é o inquisitorialismo inerente à estrutura processual, que permite ampliação de poderes contra todos que não ocupam espaços de poder, como vítimas, acusados, testemunhas (p. 51).

Ademais, a inquirição da vítima de violência sexual intrafamiliar, devido ao medo de represálias, culpa associada com o ato de aceitação da sedução ou medo de dissolução da família, pode fazer com que a criança retire a acusação, como confirma a prática forense. E, ainda, "a criança pode não desejar discutir o(s) incidente(s) novamente porque a recordação é dolorosa e os pais podem pertinentemente apoiar a criança nesta

---

em situação de violência na Rede de Proteção. Conforme decisão liminar, proferida em 25.08.2010, nos autos do Mandado de Segurança nº 5017910-94.2010.404.7100 (Justiça Federal do RS), impetrado pelo Estado do Rio Grande do Sul contra o Presidente do Conselho Regional de Psicologia da 7ª Região (CRP/RS – Porto Alegre) e o Presidente do Conselho Federal de Psicologia (CFP – Brasília), restou determinada a suspensão dos efeitos da Resolução, no âmbito do Poder Judiciário do Estado do Rio Grande do Sul, bem como a abstenção da aplicação de penalidades aos profissionais servidores do Poder Judiciário em decorrência do referido ato normativo. Os impetrados interpuseram o Agravo de Instrumento nº 5006296-52.2010.404.0000, que restou convertido em Agravo Retido. Embora a Procuradoria Regional dos Direitos do Cidadão tenha expedido a Recomendação PRDCIRS nº 01/2010 ao Conselho Federal de Psicologia, no sentido da suspensão imediata dos efeitos da Resolução, o Presidente do Conselho Federal de Psicologia ofereceu resposta, no sentido de não acatar a referida Recomendação, entendendo que a inquirição de crianças e adolescentes em juízo, pelo psicólogo, não corresponde aos limites do exercício da Psicologia e aos limites éticos da profissão. Em setembro de 2014, o processo foi remetido do TRF4 para o STJ, estando concluso para julgamento ao Ministro Relator Dr. Francisco Falcão, desde 02/09/2016.

resistência" (JOHNSON, 1992, p. 301). Para Santos e Costa (2011), em razão do contexto vivenciado pela vítima, ela pode vir a se retratar,

provocando grande confusão nas pessoas envolvidas – vítima, familiares, sistema legal e de tratamento, pois coloca a palavra da criança ou adolescente em dúvida e mascara a real ocorrência das situações de violência sexual, assim como suas implicações (p.531).

Furniss (1993) chama ainda a atenção para o fato de que as ameaças de violência e de desastre na família levam a criança, em muitos casos, a alterar os fatos, o que ocorre com mais frequência, quando negam ter ocorrido o abuso. Para o autor, "as crianças mentem sobre o abuso sexual porque estão com medo de serem castigadas, não acreditadas e não protegidas" (p. 31). Tais constatações, presentes no dia a dia dos profissionais que atuam na área, contribuem para demonstrar a complexidade do tema, justificando o envolvimento das diversas áreas do conhecimento no estudo, na pesquisa e na reflexão a seu respeito.

Face à insatisfação crescente a respeito da questão, tentativas outras foram experimentadas no país. Em São Paulo, o Tribunal de Justiça implantou, em junho de 2010, nova experiência, intitulada *Justiça sem dor para ouvir*. O método começou a ser adotado em quatro cidades, como noticiou a Agência Nacional dos Direitos da Infância (ANDI). Em 2016, no TJSP, seguia com o Projeto da Escuta Especial, com a criação de seção técnica específica, chefiada pela Psicóloga Irene Pires Antônio. Paralelamente, o mesmo Tribunal de Justiça instituiu o SANCTVS – Setor de Atendimento de Crimes da Violência contra Infante, Idoso, Pessoa com Deficiência e Vítima de Tráfico Interno de Pessoas, vinculado à 16ª Vara Criminal Central da Comarca da Capital Paulista.

Batizado de Avaliação Especial, a técnica muda o processo pelo qual passa a vítima ou testemunha infantil no sistema judiciário tradicional, que é muitas vezes mais traumático do que o próprio crime. Estudos apontam que, pelo método tradicional, a criança precisa repetir até nove vezes a mesma versão do crime para várias autoridades diferentes – conselheiros tutelares, polícia, assistente social, psicóloga, juiz, entre outros. O novo método prevê, por exemplo, que o depoimento seja filmado, e a criança ou adolescente não precisará mais se sentar à frente do juiz numa audiência (2010b).

Importante salientar que o Substitutivo ao Projeto de Lei n° 3.792/2015, aprovado na Câmara dos Deputados, em 21/02/2017, traz alguns avanços como assegurar à criança e ao adolescente a livre narrativa sobre a situação de violência, podendo o profissional especializado intervir quando necessário, utilizando técnicas que permitam a elucidação dos fatos (art. 12, inciso II).

Reforçando o posicionamento favorável à inquirição da criança, o Conselho Nacional de Justiça expediu a Recomendação n° 33, de 23 de novembro de 2010, sugerindo aos tribunais a criação de serviços especializados para escuta de crianças e adolescentes vítimas ou testemunhas de violência nos processos judiciais.

Dentre as tentativas apresentadas, a avaliação psicológica e psiquiátrica, realizada por peritos psicólogos e psiquiatras, especialistas no atendimento de crianças e adolescentes, credenciados no Departamento Médico Legal, por constituir prova técnica, aparece como alternativa mais segura e sem dano para a criança, uma vez que retira de sua responsabilidade a produção da prova, trazendo ao processo informações sobre eventuais sequelas causadas pela violência sexual. Assim como as lesões físicas são apuradas por médico legista, através de perícia realizada em consultório, sem a interferência de outro técnico e sem o acompanhamento em tempo real pelo magistrado, advogados e réu, a constatação dos danos psíquicos há que ser apurada por médico psiquiatra e psicólogo, cujos laudos técnicos devem ser levados aos autos do processo, constituindo-se prova da materialidade. Cembranelli, que trabalhou na acusação do "caso Isabella", em entrevista concedida à Zero Hora, em Porto Alegre, ao ser questionado sobre as possibilidades de se obter a condenação do réu em crimes que não contam com testemunhas presenciais, afirmou "existirem outros meios para se provar o que a acusação alega; testemunhos, muitas vezes, são falhos; provas científicas, não". Para o Promotor de Justiça, "é importante evoluirmos e não ficarmos tentando conseguir condenações como se estivéssemos nos anos 60 (...)" (Zero Hora, 2010, p. 48).

No que tange à produção de prova técnica, cabe mencionar a avaliação psiquiátrica que vem sendo realizada, em Porto Alegre, pelo Departamento Médico Legal, nas dependências do CRAI, Centro de Referência no Atendimento Infantojuvenil. Lá, os peritos psiquiatras avaliam a criança, respondem quesitos e elaboram laudo descritivo, como se procede em todos os crimes que deixam vestígios, constituindo-se em prova da materialidade. A avaliação é filmada, permitindo aos magistrados, defensores e promotores de Justiça examinar a prova, caso se faça necessário. A perícia, nestes moldes, realizada por médicos psiquiatras especialistas na infância, se baseia em conhecimentos científicos e, entre todas as alternativas, é a única capaz de considerar a criança sujeito de direitos, retirando dos seus ombros a cruel responsabilidade pela produção da prova.

A criança, como sujeito de direitos, merece proteção em todas as situações, especialmente quando se vê envolvida em processo judicial na condição de vítima, não podendo o sistema de justiça se sobrepor ao sistema de garantias de direitos enunciado na normativa internacional. Nos processos criminais que apuram violência sexual de natureza intrafamiliar, a vigilância deve ser maior em face dos aspectos que se fazem presentes e têm sido objeto de exame ao longo deste trabalho. Ao Poder Judiciário cabe dispensar tratamento condizente com os princípios constucionais da proteção integral e da dignidade da pessoa humana, o que pressupõe conhecer o contexto de vida da criança, nas suas diversas facetas, investindo, cada vez mais, em ações cooperativas de cunho interdisciplinar.

A prática de inquirir crianças vítimas de violência sexual, em razão dos novos paradigmas que norteiam a proteção da infância, motivou a edição da Resolução n° 20/2005 do Conselho Econômico e Social das Nações Unidas. Segundo o documento, milhões de crianças do mundo inteiro são vítimas de violência provocada pela prática de crimes e de abuso de poder por parte de adultos, podendo ter os danos agravados quando são chamadas a auxiliar na instrução dos processos judiciais. A resolução assinala, ainda, que os direitos da criança devem ser considerados em primeiro lugar, onde se inclui o direito à proteção e à chance de um desenvolvimento harmonioso; o direito de expressar livremente suas opiniões e crenças; o direito de ser informada sobre o andamento de processo judicial que diga respeito a fatos de sua vida, bem como sobre todos os seus possíveis desdobramentos (ONU, 2005).

Nesse sentido, longe de manter a criança à margem do processo judicial, o tratamento que vem sendo dispensado à vítima deve estar em consonância com a *Convenção das Nações Unidas sobre os Direitos da Criança*, fazendo-se necessário oportunizar-lhe a possibilidade de comparecer à presença da autoridade judiciária sempre que desejar revelar fatos e fazer pedidos, em respeito a sua condição de pessoa em fase especial de desenvolvimento. O item XI da Resolução n° 20/2005 assegura a participação da criança nas audiências e julgamentos, desde que previamente planejada e assegurada a continuidade do seu relacionamento com os profissionais que vêm mantendo contato com ela durante todo o desenrolar do processo. Os direitos de participar e de ser ouvida são garantias da criança, o que não pode ser confundido com o dever de ser inquirida com o fim de produzir a prova de fato em que figura como vítima (ONU, 2005).

A mudança de concepção da criança no sistema jurídico brasileiro, decorrente de longo debate que se iniciou em 1924, com a *Declaração de Genebra*, exige alterações profundas nas condutas e práticas exercidas desde o início do século XX. Passados mais de vinte e cinco anos da edição do Estatuto da Criança e do Adolescente, ainda são tímidas as iniciativas que valorizam a criança, respeitando sua condição de sujeito de direitos. Para isso, os cursos de Direito, assim como os de Serviço Social, Pedagogia, Medicina, Psicologia, precisam se tornar parceiros da criança, incluindo essa discussão em seus currículos e possibilitando maior capacitação dos seus profissionais para o reconhecimento da criança como sujeito de direitos.

Inquirição da criança vítima de violência sexual

3.7. QUALIFICAÇÃO PROFISSIONAL E VIOLÊNCIA SEXUAL: FORMAÇÃO DE DEFENSORES DOS DIREITOS DA CRIANÇA

Apesar do desafio posto na atuação profissional, não se observa, na formação de nível superior, espaço de qualificação para trabalhar a violação dos direitos da criança. No âmbito do ensino fundamental, a Lei nº 11.525, de 25 de setembro de 2007, acrescentou o § 5º ao artigo 32 da Lei nº 9.394/96 (LDBN), para incluir nos currículos conteúdo que trate dos direitos da criança e do adolescente. Por outro lado, os órgãos encarregados de traçar as políticas de atendimento dos direitos da criança e do adolescente, em especial os Conselhos de Direitos, nas esferas nacional, estadual e municipal, têm apontado, em suas Conferências, no eixo Educação, a necessidade de incluir o ECA como conteúdo programático dos currículos escolares em todos os níveis de ensino, elaborando-se material didático adequado às faixas etárias, com respeito às diversidades étnico-sociais, a exemplo das propostas aprovadas nas plenárias finais das IV, V e VI Conferências Nacionais dos Direitos da Criança e do Adolescente (eixo II – Educação), IV Conferência Estadual dos Direitos da Criança e do Adolescente (eixo II – Educação). Por sua vez, a V Conferência Estadual registrou a inclusão do tema violência doméstica como matéria nos currículos escolares, "em todos os níveis de ensino, com a devida qualificação dos profissionais, garantindo a interdisciplinaridade, integrando e comprometendo todos os segmentos da sociedade". Em 2009, a VIII Conferência Nacional, realizada em Brasília, entre 7 e 10 de dezembro, no item 9, Eixo 1, tornou efetiva a implantação da Lei nº 11.525/07, que torna obrigatório o ensino dos direitos da criança e do adolescente no Ensino Fundamental, e recomendou sua inclusão no ensino médio, tendo como referência o ECA e as Convenções Internacionais. A recomendação veio assim expressa:

> Tornar obrigatória a inclusão de matérias relacionadas aos direitos da criança e do adolescente nos editais de concursos públicos para ingresso do Poder Judiciário; garantir, nas redes de ensino federal, estadual, municipal e rede privada, o estudo do Estatuto da Criança e do Adolescente nos estudos dos temas transversais da LDBN (Lei nº 9.394/96), como forma de investir na proteção e na prevenção da violência contra crianças e adolescentes (CONANDA, 2009).

No âmbito do ensino superior, poucos são os cursos no país que têm a disciplina Direito da Criança e do Adolescente[73] como obrigatória, em

---

[73] Conforme pesquisa realizada na internet, em 2016, no âmbito das Faculdades de Direito localizadas no Rio Grande do Sul, a disciplina é obrigatória no Centro Universitário Metodista IPA (Porto Alegre e Santa Maria); na Fundação Escola Superior do Ministério Público (FMP); Faculdade dos Imigrantes (Caxias do Sul), Centro de Ensino Superior Cenecista

total descompasso com a prioridade absoluta expressa no artigo 227 da Constituição Federal. Na área do direito, Rosa (2007) assinala:

> As leis não mudam os atores jurídicos, ainda mais quando a grande maioria foi formada sem sequer abrir o ECA. Os cursos de Direito dedicam – e quando dedicam – uma disciplina, em regra, optativa, para o estudo do Estatuto. Daí que os atores jurídicos não podem aplicar o que não conhecem (p. 6).

Nesse sentido, autores da área da enfermagem sugerem que as instituições de ensino incluam em seus projetos pedagógicos o tema violência,

> (...) de modo a preparar o enfermeiro para o diagnóstico da violência intra e extrafamiliar e capacitá-lo para cuidar da criança, do adolescente e de seus familiares, dado que este tipo de violência requer educação continuada nos três níveis de prevenção: primária, secundária e terciária (BAPTISTA *et al.*, 2008, p. 9).

A Resolução nº 75 do Conselho Nacional de Justiça, de 12 de maio de 2009, torna obrigatória a inclusão da disciplina referente ao Direito da Criança e do Adolescente nos concursos públicos para ingresso na carreira da magistratura, em todos os níveis do Poder Judiciário nacional, numa clara demonstração da relevância da matéria por ocasião da seleção dos magistrados (Conselho Nacional de Justiça, 2009). No mesmo sentido, as provas da Ordem dos Advogados do Brasil (OAB), necessárias ao regular o exercício da advocacia, contemplam, cada vez mais, a matéria do Estatuto da Criança e do Adolescente, tratada como prioridade absoluta pela Constituição Federal de 1988.

A relevância da melhor qualificação dos profissionais justifica-se pela complexa tarefa que recai sobre o cuidador de crianças e de famílias em que a violência sexual se faz presente.

3.7.1. O cuidador

Para trabalhar com crianças vítimas de qualquer forma de violência, não basta a formação acadêmica nos moldes disponíveis na atualidade. É preciso muito mais, sendo imprescindível considerar

---

de Farroupilha (CESF); Faculdade IDEAU (Bagé; Faculdade de Direito de Santa Maria, Faculdade Palotina (Santa Maria); Universidade Regional do Noroeste do Estado do Rio Grande do Sul (UNIJUI); Centro Universitário UNIVATES (Lajeado); Universidade de Santa Cruz do Sul (UNISC) e na Universidade de Cruz Alta (UNICRUZ). Na graduação da Faculdade de Direito da PUCRS, a disciplina é eletiva, ao passo que no Curso de Pós--Graduação em Direito de Família e Sucessões oferecido pela PUCRS, a disciplina é obrigatória. Na Faculdade de Serviço Social da PUCRS, no curso de graduação, a disciplina Políticas Sociais para Crianças, Adolescentes e Jovens faz parte do currículo obrigatório.

(...) que o *caso* em estudo não é *um caso*, ou seja, ele tem sua condição singular, todavia a sua construção é social, histórica e cultural. As influências familiares, os condicionantes culturais, as determinações sociais relacionadas ao mundo do trabalho, às políticas sociais, ao território onde se vive, particularizam-se em sua história e explicam sua condição presente (FÁVERO, 2007, p. 3).

O cuidador, ao se debruçar sobre um caso de violência sexual praticado contra uma criança, há de oferecer o seu cuidado aos envolvidos, através de sua formação. O cuidado deve ir além da atenção com o corpo físico da vítima, pois mais do que o sofrimento físico decorrente da violência, "há que se levar em conta as questões emocionais, a história de vida, os sentimentos e emoções da pessoa a ser cuidada" (MINISTÉRIO DA SAÚDE, 2008, p. 7).

Com propriedade, Boff (2000) ensina:

O modo de ser cuidado revela de maneira concreta como é o ser humano. Sem cuidado ele deixa de ser humano. Se não receber cuidado desde o nascimento até a morte, o ser humano desestrutura-se, definha, perde sentido e morre. Se, ao largo da vida, não fizer com cuidado tudo o que empreender, acabará por prejudicar a si mesmo por destruir o que estiver à sua volta. Por isso o cuidado deve ser entendido na linha da essência humana (p. 74).

Com relação à capacidade profissional para o manejo com casos de violência sexual, Furniss (1993, p. 43) aponta três fatores básicos para o bom desempenho da tarefa: a capacidade de lidar pessoalmente com as questões de abuso sexual e de encontrar apoio pessoal e profissional; a aptidão para manejar a situação, em termos pessoais, o que exige conhecimento e habilidades profissionais, e a disponibilidade de recursos, estruturas e ambientes para os serviços necessários ao manejo da situação e à ação profissional de proteção à criança que sofreu abuso sexual e sua família.[74]

Deslandes, Mendes e Luz (2013), ao analisarem o sistema de indicadores para o enfrentamento da violência intrafamiliar e exploração sexual de crianças e adolescentes, assinalam que

a necessidade de capacitação profissional para identificar, notificar e acompanhar crianças e adolescentes em situações de violência é largamente reconhecida, quer pelas políticas setoriais, quer pelas pesquisas que consultam os próprios profissionais da rede pública. (p.873)

Atender e acompanhar crianças vítimas de violência sexual intrafamiliar "exige condições específicas por parte dos profissionais" (Azambuja; Ferreira, 2011, p. 48). A falta de compreensão da dinâmica do abuso sexual intrafamiliar, verificado, com frequência, nas agências de prote-

---

[74] A Lei nº 12.845, de 1º de agosto de 2013, prevê o atendimento obrigatório e integral, por parte dos hospitais, às vítimas de violência sexual.

ção, saúde e no sistema de justiça, acaba por gerar intervenções inadequadas com sensíveis prejuízos ao desenvolvimento da criança. A nomeação do abuso sexual da criança cria o abuso como um fato para a família, podendo "refletir-se na rede profissional e no nosso próprio pânico e crise profissionais, quando intervimos cegamente em um processo que muitas vezes não compreendemos" (FURNISS, 1993, p. 1).

A violência sexual traz, no seu âmago, a negação ou síndrome do segredo que envolve todo o desenrolar do processo de abuso sexual intrafamiliar (ver item 2.3.2.2, capítulo 2). Isso ocorre nas etapas em que o fato ainda não foi identificado, podendo perdurar por vários anos,[75] acompanhado de frequentes ameaças,[76] "uma vez que as ameaças reiteradamente exercidas pelo violentador fragilizam a criança e/ou adolescente, pois se sentem incapazes de responder ao poder físico e emocional do adulto" (BARROS; SUGUIHIRO, 2003, p. 3). O mesmo fato também é observado nas etapas que se desenvolvem nos Sistemas de Saúde e/ou Justiça, cabendo referir que "sobreviver ao abuso sexual da criança como pessoa intacta pode ser tão difícil para o profissional como é para a criança e para os membros da família" (FURNISS, 1993, p. 1).

Ferreira (1999) chama a atenção para os cuidados a serem dispensados aos profissionais que trabalham com o abuso sexual:

> É necessário salientar a necessidade de apoio e cuidado constante do profissional e equipe que atende a criança abusada em função do aumento importante de *stress* que este tipo de trabalho traz. É bem superior ao encontrado no trabalho com os demais pacientes. É semelhante *stress* que contamina as equipes que trabalham com pacientes em centros de tratamento intensivo, ultrapassando os limites do ambiente profissional e contaminando a vida familiar e pessoal dos cuidadores (p. 42).

Tais profissionais precisam, em primeiro lugar, lidar com sua própria atitude em relação ao sexo e ao abuso sexual da criança, bem como com sua capacidade de utilizar uma linguagem adequada para falar com a criança. Por se tratar de assunto que envolve a privacidade e a emoção, os profissionais necessitam apoiar-se mutuamente, preservando sua capacitação (FURNISS, 1993), ação característica de uma atividade interdisciplinar.

---

[75] Estudo realizado por Benfica e Souza aponta que "nos casos de violência sexual contra crianças e adolescentes, no âmbito doméstico, praticados pelos pais ou padrastos, há uma certa continuidade no delito que, não fosse por fatores externos, jamais chegaria ao conhecimento das autoridades" (2002, p. 181).

[76] "Nossa pesquisa observou que geralmente o réu exercia alguma autoridade sobre a vítima, gerando nesta o chamado temor referencial (SZNICK, 1992), decorrente do dever de obediência para com o réu" (BENFICA; SOUZA, 2002, p. 181).

Inquirição da criança vítima de violência sexual   **193**

Reconhecer a dificuldade da tarefa e a necessidade de capacitação é, igualmente, aspecto a ser considerado. Algum profissional que tenha sofrido abuso sexual pode encontrar muita dificuldade de lidar com sua própria experiência de abuso. Ao mesmo tempo, é difícil revelar os motivos que o impedem de lidar profissionalmente com o abuso sexual da criança, fato que pode acarretar maiores entraves ao bom desenvolvimento do trabalho.

Para Furniss (1993), "a experiência pessoal de abuso sexual certamente pode levar a fortes identificações primárias com réus, clientes e pacientes e há grandes riscos de conflitos-por-procuração"[77] (p. 244). Nesse sentido, "o profissional deve, antes de tudo, avaliar sua própria postura e disponibilidade profissional para discutir assuntos relacionados à sexualidade, violência física e emocional" (QUÁGLIA *et al.*, 2011, p. 282), e tomar a iniciativa de encaminhar o caso a outros profissionais sempre que se sentir desconfortado para o trabalho.

Se é difícil para os profissionais da saúde física e mental, educação e do serviço social lidar com crianças vítimas de violência sexual, diferente não ocorre com os profissionais que atuam no sistema de justiça. Nesse sentido, Furniss ressalta ser indispensável tratar da questão no sistema legal em que advogados, jurados, promotores de Justiça, defensores públicos e juízes "lidam com casos criminais e com procedimentos de proteção à criança em isolamento e independência profissional, sem poderem recusar um caso que pode conduzir ao restabelecimento de sua própria experiência de abuso sexual da criança" (p. 244).

A justificar a necessidade de apoio aos profissionais que lidam com essas questões, Furniss arrola alguns motivos. O primeiro diz respeito à dificuldade de manter um claro senso de realidade em decorrência da síndrome do segredo, tornando complicado "decidir se aquilo que percebemos é de fato a realidade externa ou se é a nossa própria fantasia". Em segundo lugar, o trabalho com abuso sexual pode ser extremamente desgastante, "as identificações pessoais do abuso sexual podem induzir medos irreais, fantasias de salvador e subsequente fracasso". O terceiro motivo decorre da necessidade de os profissionais se apoiarem mutuamente, "de modo a serem capazes de admitir que todos cometemos erros". Em quarto lugar, o

---

[77] Segundo Furniss (1993), "no abuso sexual da criança, mais do que em qualquer outro campo do trabalho com famílias, nós encontramos conflitos na rede profissional que espelham o conflito familiar como o resultado da identificação primária dos profissionais com diferentes aspectos do processo familiar". Para o autor, quando ocorre o conflito--por-procuração nas redes profissionais, os profissionais lutam como representantes dos diferentes membros da família, o que pode se tornar extremamente prejudicial para as famílias em que o abuso ocorreu, embora possa fazer com que os profissionais se sintam bem, "mas isso nada tem a ver com ajudar a criança e sua família" (p. 83-85).

autor afirma que "precisamos ser extremamente responsáveis com relação a nós mesmos, no sentido de perceber nossas próprias fronteiras e limites, dentro dos quais temos que trabalhar quando queremos evitar o fracasso pessoal e profissional" (p. 245). Tais aspectos não devem servir como desculpa para atos irresponsáveis, mas, ao contrário, fomentar maior conscientização de que "necessitamos de constante apoio interdisciplinar para reavaliar nossos próprios limites pessoais e profissionais, que não devem ser ultrapassados". Em quinto lugar, o autor afirma:

> O abuso sexual da criança como síndrome de segredo também se reflete no tabu entre os profissionais em falarem abertamente sobre os aspectos sexuais do abuso sexual no trabalho interdisciplinar. (...) As questões de gênero e o problema de manejar o comportamento sexualizado das crianças que sofreram abuso sexual realmente requerem discussão, clarificação, apoio e consulta interdisciplinar (p. 246).

Por fim, como sexto aspecto, alerta para o fato de que a complexidade que se faz presente tanto no atendimento clínico como em "certas ações relacionadas à proteção da criança e à prevenção do crime" podem, em certos casos, conduzir ao resultado oposto ao desejado, passando a requerer "apoio para esclarecer a posição de cada profissional na órbita multidimensional da intervenção global"(p. 247)

É comum os profissionais confundirem a *entrevista legal* de uma criança, realizada para obter evidências e validar fatos legais, com a tarefa de liberá-la, psicologicamente para falar, o que, muitas vezes, acaba por impedir a revelação. As crianças pequenas, por não terem atingido todas as etapas do seu desenvolvimento, não conseguem "compreender e operar completamente o conceito de segredo", sendo levadas a brincar e falar sobre o abuso sexual de "uma maneira que obscurece as fronteiras entre inconsciente e segredo". Ao interpretar comunicações secretas no abuso da criança como fantasia, realiza-se uma atividade antiterapêutica, provavelmente resultando em maior perturbação na criança. Ainda conforme Furniss, não é raro as crianças em idade pré-escolar descreverem a experiência de violência sexual através de desenhos, ao passo que as crianças em idade escolar costumam utilizar as redações e, as crianças em terapia, alusões verbais ou não verbais, direta ou indiretamente.

Considerando então a complexidade da questão, uma pergunta se impõe: É importante haver, nos serviços de atendimento à criança, especialistas em violência sexual?

A aceitação da existência de especialistas no tema pode alimentar, como diz Furniss, a "falsa expectativa de que alguém que sabe pode informar os outros que não sabem". Para o autor, "a noção de especialista nos faz facilmente esquecer que o debate não se dá entre aqueles que conseguem enxergar e aqueles que não conseguem" (p.247), mas, entre

Inquirição da criança vítima de violência sexual

os meio-cegos e os cegos, quando se avalia a capacidade pessoal para evitar outros danos na vida da criança e de sua família e atingir os objetivos da intervenção jurídica ou de saúde.

A falta de compreensão da dinâmica do abuso sexual intrafamiliar, verificado com frequência, pode gerar intervenções inadequadas, com sensíveis prejuízos ao desenvolvimento da criança. A nomeação do abuso sexual "cria o abuso como um fato para a família", podendo "refletir-se na rede profissional e no nosso próprio pânico e crise profissionais, quando intervimos cegamente em um processo que muitas vezes não compreendemos" (p. 1).

Em vista disso, frente à criança e ao adolescente, o papel do cuidador é mais amplo do que o de acompanhar suas atividades diárias, independentemente das condições de saúde, de risco ou fragilidade que enfrentem, seja nos domicílios ou em qualquer tipo de instituição que lhe dê atenção ou cuidado diário. No caso das crianças vítimas de violência sexual expostas a situações de risco e vulnerabilidade, são necessários profissionais capacitados e em constante busca de aperfeiçoamento. Por outro lado, o estresse pessoal a que tais profissionais são expostos passa a exigir um cuidado voltado também ao cuidador, procurando entender seus próprios sentimentos e oferecendo-lhes ajuda especializada sempre se fizer necessário a fim de manter uma boa qualidade de vida e de trabalho.

Nessa esteira, Ferreira (1999) chama a atenção, na mesma linha de Furniss, para os cuidados a serem dispensados aos profissionais que trabalham com o tema:

> É necessário salientar a necessidade de apoio e cuidado constante do profissional e equipe que atende a criança abusada em função do aumento importante de *stress* que este tipo de trabalho traz. É bem superior ao encontrado no trabalho com os demais pacientes. É semelhante o *stress* que contamina as equipes que trabalham com pacientes em centros de tratamento intensivo, ultrapassando os limites do ambiente profissional e contaminando a vida familiar e pessoal dos cuidadores (p. 42).

O especialista precisa manter laços com outras profissões que também se ocupam dessas crianças e jovens, o que implica respeitar a perícia, a capacidade e as responsabilidades dos colegas de outras instituições e com formação diversa. Furniss refere:

> Quando os *especialistas* em abuso sexual da criança se tornam especialistas em saber que apenas podem ser especialistas em uma parte muito limitada do problema global, eles também permitem aos outros profissionais confiar em sua própria perícia e na experiência que adquiriram em outras áreas de seu trabalho, as quais podem utilizar no trabalho com o abuso sexual (p. 247).

Profissionais que têm larga experiência no trabalho com crianças vítimas de violência física, por exemplo, têm desenvolvidas habilidades que podem ser direcionadas às vítimas de violência sexual, não desconhecendo, no entanto, que enfrentarão um contexto diferente, pois se depararão com os reflexos da síndrome do segredo e adição, própria do abuso sexual (matéria tratada no Cap. 2, item 2.3.2.2).

Todas as áreas do conhecimento começam a perceber a necessidade de investir na formação para trabalhar com situações de violência sexual praticadas contra a criança, o que encontra ressonância na legislação atual. No entanto, as situações que são trazidas aos profissionais, no trabalho diário, são desafios ainda a serem vencidos, quer pela complexidade que comportam, quer pela carência de políticas sociais públicas aptas a dar conta da demanda. Quanto mais preparados estiverem os profissionais, melhor será enfrentada a realidade dessas famílias que se veem envolvidas com a violência sexual intrafamiliar.

3.8. OS TEXTOS LEGAIS E A VIDA COMO ELA É: AÇÃO INTERDISCIPLINAR E PROTEÇÃO À CRIANÇA

A partir da vigência do Estatuto da Criança e do Adolescente, novos espaços de proteção são criados, em especial, os Conselhos Tutelares, responsáveis pelo atendimento de crianças e adolescentes nas hipóteses do artigo 98 da Lei nº 8.069/90.[78] Os meios de comunicação, cada vez mais, incluem, nas pautas de notícias, a violência sexual, esclarecendo a população sobre seus nefastos prejuízos e apontando para a necessidade de comunicar os fatos ao Conselho Tutelar. Dados do Disque-Denúncia, como foi mencionado no Capítulo 2, também demonstram a crescente elevação no número de notificações. Entre maio de 2003 e março de 2010, foram realizados mais de 2 milhões de atendimentos, sendo registradas mais de 120 mil denúncias. Desse total, 7.264 referem-se a fatos ocorridos no Estado do Rio Grande do Sul, segundo a Secretaria de Direitos Humanos da Presidência da República (Programa Nacional de Enfrentamento da Violência Sexual Contra Crianças e Adolescentes, 2010). No entanto, é de se lamentar que "a maior parte desses relatos não apresente resultados ou sejam arquivados por incapacidade das polícias e do Ministério Público de investigar e processar tamanho volume de informações", como registra a ANDI (2010a). Segundo Dados do Disque 100, apresentados pela Ouvidoria Nacional da Secretaria Especial de Direitos Humanos, de ja-

---

[78] Ver dados referidos na nota de rodapé nº 33.

neiro a abril de 2016, foram registradas 4.953 denúncias sobre exploração e abuso sexual de crianças e adolescentes. Os Estados com maior ocorrência foram São Paulo com 796 registros; Bahia com 447; Minas Gerias com 432 casos e Rio de Janeiro com 407. A maior parte das vítimas é do sexo feminino. Há relatos em todas as faixas etárias. 31% das denúncias indicam violência sexual contra adolescentes de 12 a 14 anos, 20% entre 15 e 17 anos e 5,8% correspondem a crianças de 0 a 3 anos de idade. (BRASIL. Secretaria Especial de Direitos Humanos).[79]

A violência sexual intrafamiliar que, ao tempo que antecedeu a Constituição Federal de 1988, pouco era identificada, nas últimas décadas exige capacitação cada vez maior dos profissionais envolvidos com a criança. Na atualidade, assistentes sociais, professores, enfermeiros, dentistas, psicólogos, pediatras, psiquiatras, promotores de justiça, defensores públicos e magistrados assumem papel relevante e, ao mesmo tempo, inovador, tanto nas várias etapas que se desenrolam a partir da revelação da violência sexual intrafamiliar, como na prevenção, mostrando-se atentos aos casos de suspeita de violência sexual. Isso acontece porque, à medida que se transforma o processo histórico, as profissões se modificam. Por exemplo, relativamente ao serviço social, é uma profissão que "tem como objeto de trabalho as múltiplas expressões da desigualdade social e as diversas formas de expressar resistência a esses processos de exclusão e sofrimento, configurando a questão social" (BELLINI, 2003, p. 2), daí possuir "vínculo histórico e político que lhe é constitutivo e, por isso, transformar-se ao se transformarem as condições históricas em que se produz" (AGUINSKY, 2003, p. 24). Fávero (2006), referindo-se aos profissionais que atuam diretamente com parcela da população que vem sofrendo as consequências de um processo perverso de exclusão social, assinala a necessidade de "tomar um banho de realidade brasileira, munindo-se de dados, informações e indicadores que possibilitem identificar as expressões particulares da questão social, assim como os processos sociais que as reproduzem" (p. 17).

Passado tanto tempo da nova Carta, as políticas sociais públicas ainda não conseguem suprir as demandas. Entretanto, como bem lembra Lorenzo (2006), "as políticas públicas precisam dar conta de gerar, além de acesso a bens e serviços (desde sua criação, seu principal objetivo), acesso a oportunidades e ao desenvolvimento de capacidades pessoais de realização", garantindo, inclusive, o *acesso a fazer escolhas* (p. 307). Por esse motivo, o trabalho, as ações desenvolvidas e as políticas públicas

---

[79] Disponível em: <http://www.sdh.gov.br/noticias/2016/maio/disque-100-recebe-quase-cinco-mil-denuncias-de-violencia-sexual-contra-criancas-e-adolescentes-nos-primeiros-quatro-meses-de-2016>. Acesso em 09 dez. 2016.

devem ter como alvo promover *a autonomia do sujeito* e instituir "uma forma de cuidado psicossocial que permita desatar os nós que atravessam a relação do sujeito com a questão conflitiva", possibilitando "questionar o que está instituído, construir um processo desinstitucionalizante de si próprio, fazendo com que os nós possam caracterizar-se como dispositivos de alteração da realidade vivenciada" (DEBASTIANI; BELLINI, 2007, p. 85).

O trabalho com famílias em que a violência sexual está presente, "é incômodo, tenso, permeado por *desfiles* de tragédias, de violências pessoais, sociais, institucionais – explícitas ou simbólicas" (FÁVERO, 2006, p. 39), inviabilizando que um único profissional possa dar conta da complexidade da demanda. Nesse contexto, a interdisciplinaridade[80] "parece consistir num movimento processual na efetivação de experiências específicas e que surgem da necessidade e da contingência do próprio estatuto do conhecimento" (PAVIANI, 2008, p. 14). Para o autor, a colaboração interdisciplinar se faz necessária em face da "rigidez, da artificialidade e da falsa autonomia das disciplinas, as quais não permitem acompanhar as mudanças no processo pedagógico e a produção de conhecimentos novos" (p. 14). Propostas desta natureza pressupõem o "abandono de posições acadêmicas prepotentes, unidirecionais e não rigorosas, que fatalmente são restritivas, primitivas e tacanhas, impeditivas de aberturas novas, camisas-de-força que acabam por restringir alguns olhares, tachando-os de menores", assegura Souza (1999, p. 163).

Como bem assinala Iamamoto (2002),

> (...) é necessário desmistificar a ideia de que uma equipe, ao desenvolver ações coordenadas, cria uma identidade entre seus participantes que leva à diluição de suas particularidades profissionais. São as diferenças de especializações que permitem atribuir unidade à equipe, enriquecendo-a e, ao mesmo tempo, preservando aquelas diferenças (p. 41).

Desta forma, cabe ressaltar que o trabalho interdisciplinar "consiste num esforço de busca da visão global da realidade, como superação das impressões estáticas e do hábito de pensar fragmentador e simplificador da realidade" (LUCK, 1994, p. 72). É uma atividade que possibilita um enfoque globalizador frente a uma realidade complexa. Para Japiassu (1976),

---

[80] Em épocas passadas, ocorreram importantes tentativas no mesmo sentido, sendo possível que "Platão tenha sido um dos primeiros intelectuais a colocar a necessidade de uma ciência unificada, propondo que esta tarefa fosse desempenhada pela filosofia". A Escola de Alexandria, na Antiguidade, pode ser considerada a instituição mais antiga a assumir um compromisso com a integração do conhecimento, a partir de uma ótica filosófico-religiosa, reunindo "sábios de todos os centros intelectuais do mundo helenístico; as influências judias, egípcias e gregas misturavam-se com outras mais distantes, trazidas por mercadores e exploradores" (SANTOMÉ, 1998, p. 46).

(...) interdisciplinaridade corresponde a uma evolução dos tempos atuais, resultante de um caminho irreversível, vindo preencher os vazios deixados pelo saber proveniente das áreas de especialidade do conhecimento, constitui importante instrumento de reorganização do meio científico, a partir da construção de um saber que toma por empréstimo os saberes de outras disciplinas, integrando-os num conhecimento de um nível hierarquicamente superior, desencadeando uma transformação institucional mais adequada ao bem da sociedade e do homem (p. 72).

Também no campo da teoria jurídica, são observadas evidências que indicam a necessidade de

(...) romper definitivamente com as visões ingênuas do direito, que o colocam seja como reflexo, seja como autônomo face à política, sem que os ditos críticos discutam, ao menos, os diferentes sentidos que possuem as normas jurídicas ou se elas constituem, por exemplo, um sistema aberto ou fechado, em relação à problemática político-social do *mundo da vida* (ROCHA, 2000, p. 152).

Em outras palavras, por ser a violência sexual intrafamiliar praticada contra a criança um fenômeno multicausal, uma abordagem de atendimento que não considere todos os fatores intervenientes dificilmente atingirá as metas propostas, como a minimização dos danos causados pela violência e a interrupção do seu ciclo perpetuador, oferecendo à família a oportunidade de reconstrução dos seus vínculos afetivos. Estudos apontam que "a falta de entendimento do que seja o trabalho em rede (...) explica o insucesso de uma rede que se diz rede, mas que não tem o padrão de organização em rede" (SANTOS E COSTA, 2011, p. 536). Os mesmos autores afirmam que "a rede se faz realizar pela troca constante de informações, é nessa relação que se pode conhecer ou se deixar conhecer, revelando as insuficiências da rede e apontando caminhos alternativos para a resolução das falhas encontradas" (p. 536).

Chaves (2011), referindo-se ao sistema de justiça, assinala que "o juiz se vale, cada vez mais, de todo o quadro técnico que o auxilia e que, por vezes, até aponta a solução adequada para casos *sub judice*, não sendo possível prescindir do estudo social", assim como de laudos elaborados por médicos e psicólogos, "dada a complexidade extrema das situações trazidas a Juízo, mormente aquelas que envolvem abuso sexual" (p. 349).

Profissionais de várias áreas, com atuação no CRAMI – Centro Regional de Atenção aos Maus-Tratos na Infância –, localizado em Campinas, São Paulo, em funcionamento há mais de quinze anos, alertam:

A interrupção do ciclo perpetuador da violência se dará através da conscientização dos padrões de relacionamento familiar que mantinham o abuso e, assim, os membros desta família terão grandes chances de não reproduzir estes padrões inconscientemente nas suas relações futuras, além de retomarem a relação familiar atual com uma perspectiva mais saudável, com os papéis de cada um redimensionados e substituindo o padrão afetivo erotizado por afeto fraterno, materno, paterno(...) (PEREIRA *et al.*, 2002, p. 45).

Dentro desta linha de atuação, Furniss (1993) salienta:

(...) no abuso sexual da criança, como um problema verdadeiramente multidisciplinar e metassistêmico, nós precisamos ser capazes de compartilhar nossas dúvidas sobre estarmos ou não agindo do modo certo com colegas de outras profissões e agências, que podem nos ajudar a colocar nossas ideias e ações no contexto da intervenção global (p. 246).

Discutir acertos e desacertos praticados pela equipe com os diversos profissionais que a compõem e, em alguns casos, com o próprio envolvido no atendimento, coopera com a construção da imagem interior de forma diversa da que aconteceu com o abuso ou trauma, pois, "a equipe condensa uma unidade de diversidades", permitindo que cada especialista, "em decorrência de sua formação e das situações com que se defronta na sua história social e profissional, desenvolva sensibilidade e capacitação teórico-metodológica para identificar nexos e relações presentes nas expressões da questão social" (IAMAMOTO, 2002, p. 41).

Os profissionais que trabalham com o abuso sexual praticado contra a criança, no âmbito intrafamiliar, sabem que "a interdisciplinaridade é um objetivo nunca completamente alcançado e por isso deve ser permanentemente buscado", especialmente por não se tratar apenas de uma proposta teórica. Sua perfectibilidade é realizada na prática, através de experiências reais de trabalho em equipe, onde "exercitam-se suas potencialidades, problemas e limitações" (Santomé, 1998, p. 66), pois é através da comunicação que a troca acontece, permanecendo viva a individualidade dos envolvidos com a proposta.

Gomes e colaboradores (1999, p. 179), em estudo bibliográfico que se propôs enfrentar a prevenção à violência contra a criança e o adolescente, sob a ótica da saúde, assinalam que "todas as propostas (...) destacam a necessidade de se adotar um trabalho interdisciplinar por parte dos profissionais", evidenciando um consenso entre os estudiosos do tema. No entanto, é também da literatura que vem a constatação de que, "apesar da crescente atenção por parte dos pesquisadores para o tema do abuso sexual de crianças, o trabalho nesse campo é fragmentado, desorganizado e, em geral, metodologicamente difuso" (AMAZARRAY; KOLLER, 1998, p. 561). Para vencer a fragmentação, "as disciplinas devem comunicar-se umas com as outras, confrontando e discutindo suas perspectivas", como sinalizam Quáglia e colaboradores (2011, p. 282). Para Mendes e colaboradores, a complexidade da proposta de trabalho interdisciplinar "consiste justamente na sua própria construção, que é impregnada de trocas e articulações mais profundas entre os diferentes elementos participantes" (2008, p. 24-32).

Na impossibilidade de contar com uma equipe interdisciplinar permanente, como se configura a realidade de muitos serviços existentes

Inquirição da criança vítima de violência sexual

em nosso país, o profissional deve buscar parceria para discutir aspectos de apoio interdisciplinar, recurso que se mostra extremamente útil.[81] De outro lado, "trabalhar em uma equipe coerente proporciona a melhor oportunidade para apoio pessoal e profissional, especialmente se podemos trabalhar juntos, regularmente, durante um determinado período e tempo com colegas de outras profissões que precisam ser envolvidos" (FURNISS, 1993, p. 246-247). Alguns autores recomendam, diante das dificuldades apresentadas pelo sistema de saúde, a criação de serviços especializados, dentro da dinâmica interdisciplinar, no mínimo em regiões estratégicas, "que sirvam a diferentes municípios, ou seja, funcionem como centros de referência especializados" (GUERRA *et al.*, 1992, p. 93).

Nesse sentido, vale destacar o Termo de Compromisso Integrado Operacional, firmado em 23 de outubro de 2001, na cidade de Porto Alegre, instituindo o Centro de Referência no Atendimento Infanto-juvenil, CRAI, com o fim de oferecer atendimento integral às crianças e aos adolescentes vítimas de violência sexual. Instalado nas dependências do Hospital Materno-Infantil Presidente Vargas, o CRAI desenvolve proposta de atendimento interdisciplinar, contando com a participação, além da equipe de profissionais da saúde vinculados à Prefeitura Municipal de Porto Alegre, do Departamento Médico Legal, DML, e do Departamento Estadual da Criança e do Adolescente, DECA, ligado à Secretaria de Segurança do Estado do Rio Grande do Sul. A estimativa mensal de atendimentos, em outubro de 2010, girava em torno de 140/150 atendimentos de acolhida; 280 consultas de pediatria; 40 atendimentos de retorno de acolhimento, com consulta de psicologia; 170 exames de perícias físicas; 420 atendimentos de perícia psiquiátrica e 50 registros de Boletim de Ocorrência Policial (Hospital Materno Infantil Presidente Vargas, 2010). Em 2015, a média passou para 1.480 atendimentos mensais, sendo 280 consultas em pediatria, 40 atendimentos de retorno (consulta em psicologia), 170 exames de perícia física, 420 atendimentos de perícia psiquiátrica, 50 registros de boletim de ocorrência policial. Das 1.743 vítimas atendidas no ano de 2015, 1.053 eram procedentes da grande Porto Alegre e interior, sendo que, 690 atendimentos referiam-se a moradores da capital.[82]

Outro aspecto digno de referência é a proposta desenvolvida, através do Programa de Proteção à Criança, no âmbito do Hospital de Clínicas de Porto Alegre, desde 1986, sob a coordenação do Serviço Social, com encontros semanais, em que os casos de suspeita ou confirmação de maus-

---

[81] Ver Provimento n° 36 do Conselho Nacional de Justiça, de 24/04/2014, e Recomendação n° 33 do Conselho Nacional do Ministério Público, de 05/04/2016.

[82] Dados fornecidos pela 10ª Promotoria de Justiça da Infância e da Juventude de Porto Alegre, em agosto de 2016.

-tratos praticados contra a criança são amplamente discutidos pelos profissionais de distinta formação que integram a equipe, decidindo sobre os encaminhamentos a serem adotados. O Programa é composto por assistentes sociais, pediatras, enfermeiros, estagiários de psicologia, médicos residentes em psiquiatria infantil, contando ainda com a presença de uma procuradora de justiça, na condição de voluntária.[83] Através de uma proposta de trabalho interdisciplinar, a equipe avalia os casos de suspeita e/ou confirmação de maus-tratos praticados contra as crianças até doze anos de idade que estão em atendimento no Hospital de Clínicas, quer em nível ambulatorial, quer em nível de internação, possibilitando que as notificações enviadas ao Conselho Tutelar se façam acompanhar de laudo firmado pelos profissionais que realizaram a avaliação, o que tem evitado demora no diagnóstico e tratamento. A ação interdisciplinar favorece a realização do diagnóstico e do atendimento de crianças em situação de violência; a defesa dos direitos referentes à sobrevivência e ao bem-estar físico, social e psicológico da criança; o atendimento clínico, psicológico e/ou psiquiátrico à criança e à família; a comunicação aos Conselhos Tutelares dos casos de suspeita e/ou confirmação de maus-tratos, nos termos do artigo 13 do Estatuto da Criança e do Adolescente; o trabalho em parceria com recursos da comunidade forma uma rede de apoio com os equipamentos da assistência social, o Juizado da Infância e Juventude, Ministério Público, Escolas, Creches, Centros Comunitários, Postos de Saúde, e outros, para que as medidas de proteção à criança sejam efetivadas. As iniciativas também possibilitam e racionalizam a documentação dos casos atendidos, para fins estatísticos e de pesquisa, respeitados os princípios éticos.[84]

Relato sobre o trabalho com a mesma intenção realizado na Casa de Saúde da Mulher Professor Domingos Deláscio, da Universidade Federal de São Paulo, assinala que "a equipe interdisciplinar se reúne semanalmente para discussão de casos, garantindo a sincronia no atendimento e permitindo uma visão integral e única de todos os profissionais sobre cada paciente atendida" (Mattar *et al.*, 2007, p. 4). Esta dinâmica de traba-

---

[83] O Programa de Proteção à Criança do Hospital de Clínicas de Porto Alegre é coordenado pela Assistente Social Myriam Fonte Marques, e as reuniões semanais ocorrem às quintas-feiras, no horário compreendido entre as 15h30min e 17h30min, no Serviço Social da Instituição.

[84] No ano de 2008, 74 crianças/adolescentes foram avaliados pelo Programa de Proteção à Criança, 27 envolvendo abuso sexual e 21, negligência. Do total dos casos avaliados, restaram confirmados 66 (29 pacientes do sexo masculino e 37 do feminino). Em 2009, 94 casos foram atendidos, sendo 71 casos novos; do total de casos, 43 referiam-se a abuso sexual, seguido da negligência, abuso físico, emocional e abandono (Dados obtidos no Programa de Proteção à Criança do Hospital de Clínicas de Porto Alegre).

lho possibilita atualizar a visão de cada profissional sobre a violência e, ao mesmo tempo, investe em maior qualidade na assistência às vítimas.

Ferreira e colaboradores (1999), ao descreverem ação no Ambulatório de Atendimento à Família do Instituto de Puericultura e Pediatria Martagão Gesteira, no Rio de Janeiro, declaram:

> A violência, muitas vezes, está associada a fatores que trazem dificuldades marcantes para a manutenção do atendimento, e têm sido motivo de desgaste importante pela frustração que gera nos responsáveis pelos atendimentos. Alcoolismo, uso de outras drogas e dificuldades financeiras têm sido detectados com frequência na clientela do AAF. A identificação precoce de tais fatores tem papel fundamental no estabelecimento de estratégias que permitam maior êxito na abordagem dessas famílias (p. 5).

A sistemática desenvolvida por programas interdisciplinares que abordam a violência sexual contra crianças e adolescentes exemplificam a natureza multidimensional da etiologia da violência familiar e confirmam a alternativa mencionada por Kaplan (1995), segundo a qual a equipe multidisciplinar de tratamento precisa direcionar suas intervenções para variáveis que operem em todos os níveis do problema: psicopatologia individual, disfunção familiar, estresse e falta de apoios sociais (p. 1.029). Entre os benefícios do trabalho em equipe está a possibilidade de "assegurar que a avaliação e o encaminhamento das situações aconteçam de forma coerente e que sejam orientadas por princípios éticos", minimizando o sofrimento das pessoas envolvidas (QUÁGLIA *et al.*, 2011, p. 282).

Isso se deve ao fato de que o atendimento de uma criança vítima de abuso sexual mobiliza a equipe, instalando-se um sentimento de perplexidade e de ataque à capacidade de perceber e pensar dos profissionais. Cabe a todos, a cada passo do tratamento, reconhecer e reorientar os seus sentimentos. Ferreira (1999) alerta:

> Este desafio envolve entender a contratransferência e as reações vicariantes ao trauma e suportar carga de angústia mais além do âmbito do ambiente de trabalho. Cabe à equipe estudar estes aspectos e visualizá-los como armadilhas. Caso contrário, o paciente volta a perder sua independência e confiança no mundo e nas relações (p. 35).

Conhecer as alternativas que já foram experimentadas para o enfrentamento da violência sexual intrafamiliar praticada contra a criança, especialmente nas etapas de revelação, avaliação e tratamento, com relevância para propostas de trabalho desenvolvidas através de equipe interdisciplinar, representa, ao mesmo tempo, esperança e frustração. Esperança, na medida em que o método de trabalho, proposto por estudiosos e especialistas, vem se mostrando capaz de minimizar as sequelas do evento traumático; frustração, porque os programas em andamento se mostram insuficientes, inclusive em centros de grande porte, face à crescente e preocupante demanda contabilizada. Em vista disso, é imperioso concordar com Souza (1999), que declara: "muitos falam, poucos entendem; há muitos discursos, poucos praticam efetivamente; fala-se em apoio de todos os níveis institucionais, mas poucos são aqueles que têm comprometimento efetivo ou prático com projetos interdisciplinares" (p. 153).

A ambivalência da vítima, além de favorecer a dúvida sobre a existência da violência sexual, serve também para alimentar o estigma que costuma recair sobre a criança vítima, levando os profissionais despreparados a conclusões equivocadas:

> Se ela está viva e relativamente íntegra é porque não houve oposição suficiente ou, quem sabe, até houve alguma sedução ou prazer no episódio. Por que não fugiu quando teve uma chance, porque não reagiu agredindo o violador, por que não gritou, por que ficou sozinha com ele? Por que bebeu? Por que pegou carona, se estava de saia curta? (VILHENA; ZAMORA, 2004, p. 120).

Facetas da violência sexual praticada contra a criança, como acima sinalizado, demonstram a complexidade do tema e as inúmeras implicações na vida da criança. Nesse sentido, Cartilha elaborada pelo CEARAS e pelo CRAMI, com apoio do UNICEF, aborda o tema nos aspectos relativos à saúde física, mental e jurídica, sem deixar de avaliar o peso das consequências sociais do abuso, tais como rejeição, estigmatização, segregação, isolamento, falta de retaguarda familiar e ausência de recursos de sobrevivência, que induzem à prostituição e à promiscuidade.

A mesma cartilha salienta a importância da revelação, "mesmo que, às vezes, ela seja tratada com descrédito, com culpabilização e rejeição, desencadeando, então, consequências penosas para quem sofreu o abuso". Sem a revelação, a violência tende a se manter no tempo, impossibilitando o tratamento terapêutico "visando mudanças importantes na dinâmica e na história afetiva e social destas pessoas e de suas respectivas famílias" (CROMBERG, 2004, p. 248).

Enquanto a revelação não acontece, não há possibilidade de proteção, pois, "nada se altera, quem é submetido ao abuso permanece como depositário das disfunções internas da família, (...) sofre, retrai-se do convívio social, e indubitavelmente carrega em sua vida danos tanto psíquicos como sociais" (COHEN, 2000, p. 7).

Os estudos disponíveis já permitem afirmar que a criança exposta à violência sexual, no âmbito da família, apresenta sinais não verbais, através de alterações no comportamento, na maioria das vezes não decodificados pelos responsáveis. Jung (2006) salienta, referindo-se às manifestações da criança:

> Ela pode reagir com um estado de estresse emocional caracterizado por agitação, ou pode reagir pelo choque e recuo, com anestesia afetiva seguida por terror, regressões a comportamentos mais infantis e manifestações psicossomáticas. As queixas psicossomáticas são habituais, pois geralmente expressa suas dificuldades não na fala, mas no corpo (...) (p. 27).

É comum que as evidências se manifestem através de vários indicadores que passam a merecer a atenção da família, dos profissionais da educação e da saúde. A dificultar mais ainda um diagnóstico está o fato de que a criança pode apresentar os sinais sem que necessariamente tenha sido vítima de violência sexual e, ainda, a violência sexual não produz o mesmo resultado em todas as crianças a ela submetidas. Especialistas recomendam que os indicadores sejam cruzados com outros dados provenientes da história do caso, colhidos através de entrevistas e avaliações física e psicológica. Entre os indicadores, são mencionados: lesões genitais e anais; gestação; doenças sexualmente transmissíveis (DST); infecções no trato urinário; enurese noturna; encoprese; distúrbios do sono e de alimentação; enfermidades psicossomáticas de fundo psicológico e emocional (dor de cabeça, erupções na pele, vômitos e dificuldades digestivas); dificuldade de engolir (decorrente de inflamação causada por gonorreia na garganta); reflexo de engasgo hiperativo e vômitos (causado por sexo oral); dor, inchaço, lesões ou sangramento nas áreas genitais e anais; canal da vagina alargado; hímen rompido, reto ou pênis com edemas; baixo controle dos esfíncteres; sangue ou sêmen na criança/adolescente ou na sua roupa; ganho ou perda de peso com o objetivo de se tornar menos atraente ao agressor.

Além dos danos físicos, a violência sexual,

> (...) por ser uma experiência que está além dos limites da compreensão da criança e para a qual ela não está fisicamente nem psicologicamente preparada, e por ser uma situação imposta numa atmosfera de coerção e abuso de poder, rompe o curso normal de seu desenvolvimento psicossexual e, como consequência, diferentes tipos de sintomas podem surgir (JUNG, 2006, p. 19).

As crianças que foram abusadas sexualmente, por longos períodos, desenvolvem, com frequência, "mecanismos desadaptativos para alívio da tensão do estresse; a experiência do abuso ensinou-as a lidar com o estresse e a ansiedade através do alívio direto de tensão do comportamento aditivo" (FURNISS, 1993, p. 40).

Um aspecto que dificulta o trabalho dos profissionais que lidam com crianças vítimas de violência sexual relaciona-se à raridade de dados válidos e confiáveis sobre a questão. Mesmo assim, o autor acima referido arrisca afirmar que o dano psicológico, no abuso sexual da criança, pode estar relacionado aos seguintes fatores: a) idade do início do abuso; b) duração do abuso; c) grau de violência ou ameaça de violência; d) diferença de idade entre a pessoa que cometeu o abuso e a criança que sofreu o abuso; e) proximidade da relação entre a pessoa que cometeu o abuso e a criança; f) ausência de figuras parentais protetoras; g) grau de segredo. Faleiros e Campos (2000), por sua vez, discorrem:

A gravidade da violência sexual depende fundamentalmente do grau de conhecimento e intimidade, dos papéis de autoridade e de responsabilidade de proteção do vitimizador em relação à vítima, dos sentimentos que os unem, do nível de violência física utilizada (estupro, ferimentos, tortura, assassinato) e de suas consequências (aborto, gravidez, maternidade incestuosa, sequelas físicas e psicológicas graves, morte) (p. 9).

Os fatores apontados por Furniss, Faleiros e Campos são de extrema importância, uma vez que

(...) algumas vítimas expressam seu sofrimento através de diversos sintomas que interferem negativamente no seu desenvolvimento, enquanto outras conseguem elaborar a situação traumática, havendo pouco prejuízo no seu desenvolvimento e na sua integridade psíquica (JUNG, 2006, p. 21).

No mesmo sentido, Ippolito (2003) ressalta que as crianças podem reagir de forma diferente à violência sexual, podendo fingir que não é com elas que o fato está acontecendo; entrar em estado alterado de consciência, buscando parecer que tudo não passou de um sonho, ou, ainda, "dissociar o corpo da mente e dos sentimentos e até mesmo negando a existência da parte inferior do corpo" (JUNG, 2006, p. 27). Furniss complementa afirmando que, as crianças, "ao tentarem anular a experiência em processo, criam uma disposição complementar ao desejo da pessoa que abusa de negar o abuso em processo como uma interação legal" (1993, p. 35).

Por vir acompanhada de particularidades capazes de elevar as dificuldades dos profissionais que lidam com a criança vítima, a família e o abusador, a violência sexual intrafamiliar não pode ser enfrentada de forma fragmentada, sob pena de não surtir efeitos benéficos. Em consequência, como se tem sustentado, ela requer uma proposta de trabalho de cunho interdisciplinar por suas múltiplas implicações no âmbito pessoal e familiar, social e legal.

Em razão das graves sequelas que costumam apresentar as vítimas deste tipo de violência, não se admite que os órgãos de proteção, por despreparo e desconhecimento do tema, venham a reforçar, através de condutas inadequadas, os danos que recaem sobre a criança. Nesse sentido, o Projeto de Lei no Senado nº 156/2009, que trata da alteração do Código de Processo Penal, seguindo tendências contemporâneas, cria o Título V, para tratar dos Direitos da Vítima, a quem assegura, entre outros, o direito de ser tratada com dignidade e respeito condizentes com sua situação e o direito de receber imediato atendimento médico e atenção psicossocial.[85]

---

[85] Em 23/3/2011, foi remetido à Câmara dos Deputados, passando a tramitar sob o número PL 8.045/2010. Em consulta ao *site* da Câmara dos Deputados, em 14/3/2017, extrai-se que, em 8/3/2017, a Mesa Diretora da Câmara dos Deputados deferiu pedido para

A carência de políticas públicas voltadas à prevenção só adquire visibilidade quando os números disponíveis, ainda que não retratem a dimensão do problema, vêm à tona, deixando a todos perplexos e impotentes para dar conta dos estragos causados à vida social e emocional da criança. Embora a prevenção primária, através da implementação das políticas públicas, mostre ser o caminho mais seguro e menos oneroso para evitar os danos produzidos pela violência sexual, pouco se investe nestas alternativas. Para diminuir os altos índices e os graves prejuízos decorrentes da violência sexual, é preciso lembrar:

> A prevenção do desenvolvimento, na personalidade de um homem, do desejo de realizar um estupro reside, primariamente, em tratar os problemas do desenvolvimento psicossocial na infância e na juventude deste mesmo homem, e na fixação de um papel social apropriado durante estes dois estágios de vida, antes que nele apareça o desvio do comportamento sexual (CHARAM, 1997, p. 260).

Enquanto os índices de violência sexual contra a criança forem altos, todos os esforços devem voltar-se para a proteção da vítima. Substituir métodos de trabalho utilizados no período anterior à Constituição Federal de 1988, que não garantiam os direitos assegurados à criança, por uma proposta interdisciplinar, capaz de considerar a criança como pessoa em fase especial de desenvolvimento, investindo na interdisciplinaridade como instrumento capaz de garantir a proteção integral à criança, é a proposta que se traz ao debate.

Face às particularidades que o tema contém, nem sempre será possível obter uma resposta certa e segura sobre a existência da violência sexual anunciada. Em outras palavras, nem sempre uma sentença condenatória corresponderá à verdade dos fatos, assim como uma sentença absolutória nem sempre afasta a ocorrência do abuso. A incerteza, que tanto angustia os profissionais, não pode desmerecer a atenção e o cuidado que a criança e a família envolvida mereçam receber. Em todos os casos, os profissionais terão que se debruçar, com afinco, competência e preparo técnico sobre a questão, sem abrir mão do compromisso com a dignidade humana e com a proteção integral à criança.

Diferente de épocas passadas, em que as leis favoreciam várias práticas de violência contra a criança, na atualidade, existem instrumentos legais a nortear a ação humana. Mas, como alerta Grosman (2009):

> Las normas son sólo brújulas; se requieren el pensamiento y la mano del hombre vigilantes y activos para transformar las promesas en vivencias concretas, para que el transcurrir de

---

desapensar o PL 4.176/2017 do PL 8.545/2010. Na mesma data, foi aprovado requerimento de realização de duas reuniões temáticas de grupo de trabalho com especialistas em Justiça Restaurativa.

cada niño se refleje este deseo de una humanidad que se prolonga sin la violencia de la desigualdad, esto es, una humanidad más *humana* y solidaria (2009, p. 75)

Nesse contexto, a interdisciplinaridade é condição necessária para estabelecer uma razão comunicativa de validade, uma vez que permite

(...) a intersecção dos conhecimentos expressos pelas várias disciplinas, sendo necessário estabelecer uma linguagem comum através de um sistema permeável, flexível, dialético; e onde os agentes sejam mediadores e harmonizadores, conhecedores do processo e identificadores dos problemas, o que ensejará o compartilhamento de referenciais teóricos (...). (GIORGIS, 2010, p. 34).

À luz do princípio da proteção integral assegurado à criança, práticas antigas precisam ser revistas e repensadas sob a ótica do novo paradigma imposto pela Constituição Federal. A mudança se torna mais difícil em razão da posição de *objeto*, reservada à criança no processo penal, que costuma estar marcada pela falta de proteção, em total discrepância com sua condição de *sujeito de direitos*, há quase três décadas anunciada nas disposições constitucionais. A situação de desproteção vivenciada pela criança, na família, costuma ser reeditada nas demais instâncias, inclusive no decorrer do processo penal. O que se espera é que, no âmbito do sistema de justiça, os promotores de justiça, defensores públicos, advogados, magistrados e técnicos possam imprimir uma conduta diferente daquela experimentada no âmbito familiar, vindo a adotar uma postura capaz de respeitar as crianças, tratando-as

(...) como indivíduos autônomos e íntegros, dotados de personalidade e vontade próprias que, na sua relação com o adulto, não podem ser tratados como seres passivos, subalternos ou meros objetos, devendo participar das decisões que lhes dizem respeito, sendo ouvidos e considerados em conformidade com suas capacidades e grau de desenvolvimento (SEDH, 2006, p. 25).

Para que a criança, inserida nas diferentes relações familiares, possa ser considerada sujeito de direitos, profissionais de várias áreas do conhecimento terão que se envolver, buscando os fundamentos de sua ação numa atitude interdisciplinar que, como assinala Fávero (2010),

(...) supõe complementaridade, não fragmentação – o que dispensaria o intérprete. Atuar interdisciplinarmente implica reconhecer os óbvios limites da área de conhecimento, o que, no caso, exige humildade intelectual, exige deixar de ser o centro da ação processual ou, melhor dizendo, deixar a base positivista predominante na leitura e interpretação da lei e do Direito para dispor-se a entender o processo de conhecimento como construção por um sujeito coletivo (p. 201).

As práticas que precisam mudar são muitas. Têm suas raízes na cultura do passado, que considerava a criança um objeto a serviço dos interesses do adulto, o que levava a lei a legitimar condutas violentas e cruéis

---

Inquirição da criança vítima de violência sexual

contra a infância. Naquele tempo, não se conhecia os efeitos da violência praticada na infância e suas consequências na vida adulta. Na atualidade, ao contrário, teóricos e clínicos que sucederam Freud têm corroborado seus achados e, de acordo com Zavaschi e colaboradores (2002), "há pesquisadores que encontraram relação entre experiências infantis adversas, de gravidade cumulativa, com diversas doenças na vida adulta, tendo, inclusive, a morte como possível desfecho" (p. 190).

O conhecimento disponível na atualidade a respeito do desenvolvimento infantil parece apontar para a importância de substituir a inquirição da criança, ainda que através do depoimento especial, por avaliação realizada por equipe interdisciplinar, composta por assistentes sociais, pediatras, psicólogos e psiquiatras especializados no atendimento infantil.

Enquanto a inquirição renova o sofrimento da criança, sem garantir a credibilidade esperada pelo sistema criminal, a avaliação, nos moldes propostos, possibilita conhecer a situação vivida pela criança e sua família, permitindo a busca de medidas de proteção (artigo 101 ECA) ou de medidas aplicadas aos pais (artigo 129 ECA).

Todas as evidências observadas no presente estudo sugerem que a criança vítima de violência sexual, que tem sua vida exposta em um processo criminal, não recebe, por parte da família, do sistema de justiça ou das políticas públicas a proteção que a lei lhe assegura: direito à vida, à saúde, ao respeito e à dignidade, com prioridade absoluta, conforme o artigo 4º do Estatuto da Criança e do Adolescente. O parágrafo único do mencionado dispositivo legal explicita que a garantia de prioridade absoluta compreende a primazia de receber proteção e socorro em quaisquer circunstâncias; precedência de atendimento nos serviços de relevância pública; preferência na formulação e na execução das políticas sociais públicas, bem como a destinação privilegiada de recursos públicos nas áreas relacionadas com a proteção à infância. Importante acrescentar que, entre as linhas de ação da política de atendimento à criança e ao adolescente, a lei, de forma clara, indica "os serviços especiais de prevenção e atendimento médico e psicossocial às vítimas de negligência, maus-tratos, exploração, abuso, crueldade e opressão" (artigo 87, inciso III, ECA).

As crianças e os adolescentes que protagonizaram as histórias de vida retratadas nos oitenta e dois processos examinados não foram contemplados com a proteção prevista na lei. O que estará faltando?

As descobertas no campo das diversas ciências que estudam a criança e o conhecimento dos reflexos da violência experimentada no início da vida com o que ocorrerá ao longo de sua trajetória precisam imprimir mudanças profundas no tratamento dispensado à infância, refletindo-se, inclusive, no próprio sistema de justiça criminal brasileiro. Há mais de duas décadas, não se pode atribuir à lei a responsabilidade pela violência praticada. Ainda que a lei tenha avançado, muitas famílias, a sociedade e o poder público ainda demonstram dificuldade de acompanhar as novas diretrizes postas pela legislação.

O sistema de justiça, ao lado de outros órgãos, ocupa papel relevante no sistema de defesa, proteção e promoção de direitos previstos na normativa internacional e na legislação nacional, devendo assumir-se como integrante do processo de desenvolvimento, na busca da liberdade, justiça social e da paz. No entanto, alerta a ABMP:

> As práticas do sistema de justiça nem sempre incorporaram a mudança de paradigmas operada pelo ECA e pelas intervenções de outras áreas setoriais. Seria injusto atribuir esta falta apenas aos operadores do direito, especificamente a magistrados, promotores de Justiça e defensores públicos. Percebe-se, pelo contrário, uma falta de reconhecimento de prioridade do direito de crianças e adolescente pelas instituições do sistema de justiça, em manifesta afronta ao preceito constitucional do art. 227 (2008, p. 11).

Medidas voltadas à prevenção primária são essenciais e encontram previsão expressa na legislação, inclusiva pela Lei n° 13.257/16, mas a universalização do acesso ao pré-natal, o acompanhamento da parturiente, com a oferta de atendimento psicológico, antes e depois do parto, sempre que se fizer necessário, bem como programas voltados à interação pais-bebês são medidas que ainda aguardam alternativas de implementação.

Em nível de prevenção secundária, urge que se busquem capacitar os profissionais para a identificação precoce dos casos de violência sexual, a fim de permitir a intervenção no menor espaço de tempo, favorecendo tanto a criança como sua família. A formação de equipes interdisciplinares nas instituições públicas, em especial nos hospitais, com o envolvimento das universidades e a criação de casas de apoio às famílias que vivenciam violência sexual intrafamiliar são algumas das medidas que precisam ser implementadas em muitos Municípios para assegurar a dignidade de todos.

Enquanto as medidas de prevenção primária e secundária não se fizerem presentes na vida da população, restará apenas buscar medidas de prevenção terciária, que envolvem a denúncia aos órgãos competentes, a busca da condenação do abusador, providências que não podem prescindir do compromisso com a proteção integral da criança, ainda que o fato já tenha ocorrido e deixado suas marcas, uma vez que "é ultrapassada a concepção de um juiz indiferente ao resultado da causa" (PEREIRA, 2010, p. 4).

Alterações no currículo escolar, a começar pelo ensino fundamental, com a inclusão de conteúdos do Estatuto da Criança e do Adolescente,

Inquirição da criança vítima de violência sexual

como prevê a lei, são urgentes. De igual forma, essas questões devem ser objeto de estudo nos currículos dos cursos do ensino superior, favorecendo, a curto e médio prazo, melhor qualificação profissional.

Paralelamente, as políticas sociais públicas precisam atentar para as linhas de ação preconizadas pelo Estatuto da Criança e do Adolescente, pela Lei Orgânica de Assistência Social e Lei nº 13.257/16, abrangendo tanto a criança como seu grupo familiar.

É inadmissível, na vigência da Carta Constitucional de 1988, a manutenção de propostas de trabalho desarticuladas, sem o compromisso com a garantia de direitos fundamentais à criança, fazendo-se necessário investir em novas práticas, embasadas na visão interdisciplinar, como já vem ocorrendo em várias localidades.

As mudanças a serem operadas são apontadas com clareza na normativa internacional e na legislação brasileira. Enquanto não há vontade política para implementá-las, resta a difícil tarefa de não esmorecer na luta por efetivo acesso aos direitos da criança frente à lentidão com que elas são realizadas. Essa atitude poderá evitar que muitas vítimas de violência sexual intrafamiliar se façam, até que crianças e adolescentes venham a ser respeitados como sujeitos de direitos não só na letra fria da lei, mas também nas ações que interferem na sua vida social.

Considerações finais

Não há, numa Constituição, cláusulas a que se deva atribuir meramente o valor moral de conselhos, aviso ou lições. Todas têm força imperativa de regras.
Ruy Barbosa

Tentativas de proteger a criança de diversas formas de violência existem desde o início do século XX, o que denota quão difícil é a tarefa de assegurar direitos a uma parcela da população que, desde a Antiguidade, é exposta a atos de crueldade, opressão, discriminação e violência.

Os primeiros passos, como vimos, foram dados com a *Declaração de Genebra*, em 1924, pouco após o Comitê de Proteção à Infância alertar para a relevância da criança.

O término da Segunda Guerra lançou alicerces para nova ordem geopolítica e jurídica transnacional e, nesse panorama, a positivação dos direitos da criança veio a inserir-se no âmbito da busca pela paz mundial.

Em 1948, a *Declaração Universal dos Direitos Humanos*, ainda que não estivesse voltada unicamente à criança, ressaltava que todas, nascidas dentro ou fora do matrimônio, têm direito à proteção social. Desde então, os pais, por exemplo, podem escolher o tipo de educação que darão aos seus filhos, mas todos são obrigados a colocá-las na escola. Por sua vez, o estado protetor de direitos deve assegurar a gratuidade da educação básica, por meio de escola pública, a começar pela creche e pré-escola.

Outro passo importante, concretizado através da *Declaração dos Direitos da Criança*, promulgada em novembro de 1959, resultou de trabalho desenvolvido pela Comissão de Direitos Humanos da ONU. Embora sem força vinculante, representou um marco moral para a conquista dos direitos da infância, o que veio a se concretizar trinta anos após.

Em 1989, a *Convenção das Nações Unidas sobre os Direitos da Criança*, da qual o Brasil é firmatário, com força coercitiva, instituiu o princípio do melhor interesse da criança, calcado na dignidade da pessoa humana e no seu reconhecimento como pessoa em fase especial de desenvolvimento.

Mesmo antes de sua aprovação, o que ocorreu em 1989, o Brasil, um ano antes, assumira posição de destaque no cenário internacional ao incluir, no artigo 227, o princípio da prioridade absoluta na garantia dos direitos da criança. Em 1990, o Estatuto da Criança e do Adolescente regulamentou o dispositivo constitucional, e o país passou a dispor de um plano de proteção à infância apoiado nos princípios resultantes da normativa internacional.

A nova Carta impôs a necessidade de reformular a legislação e as práticas relativas à população com idade inferior a dezoito anos, com ressalva especial à primeira infância. Direitos fundamentais começaram a se efetivar, banindo, na letra da lei, toda forma de negligência, discriminação, violência, crueldade e opressão.

O modelo tradicional das políticas sociais praticadas no Brasil, estruturado de forma compartimentada, passa então a exigir, sob a égide da Constituição Federal de 1988 e da legislação infraconstitucional, gestão intersetorial das políticas públicas, fato que demanda novas formas de planejamento, execução e controle da prestação de serviços a fim de garantir acesso igualitário a toda população.

Várias formas de violência, especialmente as de âmbito familiar, que antes ficavam encobertas, adquiriram visibilidade, exigindo de todos os envolvidos com a população-alvo maior domínio dos dispositivos legais e das etapas do desenvolvimento infantojuvenil, tendo em vista a efetivação da proteção integral.

É na família que a violência praticada contra a criança recebe maior relevância, em especial a violência física, psicológica, a negligência e a violência sexual. A dependência que a criança apresenta em relação aos adultos e a pouca visibilidade que a violência intrafamiliar costuma apresentar são fatores que contribuem para seus elevados índices. Entre todas as formas de violência, a sexual é a que acarreta maiores dificuldades de manejo, não só por parte da família como também dos profissionais que se envolvem com suas consequências. As sequelas que dela decorrem costumam cobrar alto preço, que acompanha o desenvolvimento da vítima ao longo da vida e não raro se transmite às gerações futuras.

Na nossa cultura, a atenção à violência sexual costuma aparecer quando o fato já ocorreu, e seus danos se fazem presentes. Nessa circunstância, os esforços, embora possam ser grandes, são sempre paliativos, pois tratam os sintomas sem atacar suas causas. Os investimentos existentes, ainda hoje, não apresentam condições de se voltarem prioritariamente para os cuidados da saúde física, social e emocional da criança, e os esforços mobilizados não dão conta de reduzir a elevada incidência desta grave violação de direitos que tanto prejuízo causa à infância e à sociedade.

Na tentativa de compreender o âmbito dessa questão e seus desdobramentos, especialmente em relação à criança, esta investigação realizou, na perspectiva do Direito, o estudo de amostra colhida de processos judiciais com tramitação no estado do Rio Grande do Sul, entre 1999 e 2010, destacando dados que mostram diferentes aspectos circundantes aos casos de violência sexual, nos quais se destaca a intrafamiliar. Os achados fornecem evidências interessantes em diferentes âmbitos, como vem apontado a seguir.

1. Achados relativos à pena aplicada ao réu, recursos interpostos e julgamento pelo Tribunal de Justiça

A previsão de penas elevadas ao abusador contribui para a complexidade do tema, uma vez que o reconhecimento da condição de crime hediondo pode levar o réu a cumprir pena inicialmente em regime fechado. Nesses casos, a progressão do regime dar-se-á após o cumprimento de 2/5 (dois quintos) da pena, se o apenado for primário, e de 3/5 (três quintos), se reincidente (artigo 2º, § 2º, da Lei nº 8.072, de 25 de julho de 1990, com as alterações da Lei nº 11.464, de 2007). Considerando o universo de sentenças condenatórias (61), foi observado que 40,98% (25) aplicaram pena de dez a quinze anos ao réu; 36,06% (22) aplicaram pena inferior a dez anos; 11,48% (7) aplicaram medida socioeducativa, por envolver ato infracional praticado por adolescente; 8,20% (5) aplicaram pena superior a quinze anos; 3,28% (2) aplicaram pena de multa. O tempo que os réus costumam permanecer privados de liberdade, aliado a situações de violência a que estão expostos no sistema carcerário, sugerem os elevados custos que recaem sobre o poder público. Este fato deveria motivar ações de cunho preventivo, certamente menos onerosas e danosas ao erário público, bem como à família e à sociedade, diretamente atingidas com as consequências de crimes desta envergadura.

À medida que os dados foram examinados, ficou evidente que a violência sexual praticada contra a criança acarreta um custo pessoal e social muito grande, com repercussões nos serviços de saúde, no sistema prisional – há muito, incapaz de dar conta da demanda –, além de movimentar o sistema de justiça que, em alguns casos, acaba por renovar os danos causados à vítima, desconsiderando sua condição de sujeito de direitos. Constata-se então que as políticas públicas voltadas à prevenção, tão bem sinalizadas na legislação pós-Constituição Federal de 1988 e legislação infraconstitucional, mostram-se ainda incipientes, impedindo que a demanda ao Poder Judiciário receba o atendimento de que necessita.

Inquirição da criança vítima de violência sexual

Como o maior número de sentenças é de cunho condenatório, os recursos submetidos a julgamento pelo segundo grau de jurisdição, por via de consequência, foram interpostos pela Defesa em 45,35% (39) dos casos. Nos demais, em 30,23% (26), a iniciativa foi do Ministério Público, e, em 1,16% (1), do assistente da acusação.

Entre os casos em que a sentença restou alterada mediante a interposição de recurso, em 57,14% (24) o fato deveu-se ao regime de cumprimento de pena, pena aplicada ou reconhecimento da condição de crime hediondo. Desses, em 35,72% (15), a condenação foi substituída por absolvição e, em 7,14% (3), o réu, antes absolvido, restou condenado pelo segundo grau de jurisdição.

Os dados mostram que o Tribunal de Justiça do RS não se limita a referendar as decisões de primeiro grau, modificando, em muitos casos, a decisão proferida pelo juiz singular. É importante observar a tendência do Juízo de primeiro grau em lançar sentença condenatória (69,32%), ao passo que o Tribunal de Justiça apresenta índice considerável de absolvições (35,72%), gerando, aos réus condenados, expectativa de obter a modificação da sentença, em que pese a constatação, após o julgamento dos recursos, de que os índices de condenações são superiores aos resultados absolutórios.

Se, por um lado, o resultado da sentença é capaz de gerar expectativas favoráveis ao réu, insta salientar que o sistema de justiça, em ambos os graus de jurisdição, não pode se furtar de adotar medidas que visem a inserir a criança e o adolescente que estiver exposto à grave violação de direitos, ainda que tardiamente, em políticas públicas de atendimento de suas necessidades básicas, como a educação, a saúde, o respeito e à convivência familiar.

2. Achados relativos à característica da violência sexual, o tipo penal infringido pelo réu e a presença da qualificadora prevista no art. 226, II, do Código Penal

Considerando os processos examinados, 93,18% (82) envolviam violência sexual intrafamiliar, e 6,82% (6), violência sexual extrafamiliar. O dado percentual não difere das demais pesquisas consultadas e indica a necessidade de acompanhar as famílias, desde o período pré-natal ou, não sendo possível, desde o nascimento, permitindo ações de prevenção primária às constituições familiares mais vulneráveis, que são a predominância populacional da amostra estudada. Este fato determinou a importância de dar destaque a este tipo de violência em razão das implicações que acarreta à criança e ao grupo familiar.

Como os fatos descritos nos processos ocorreram antes da vigência da Lei n° 12.015/09, que passou a definir também como estupro o que antes era tipificado como atentado violento ao pudor, foi possível observar que 56,10% (46) dos fatos descritos se referiam ao crime de atentado violento ao pudor (artigo 214 CP, redação anterior à Lei n° 12.015/09). O dado, por si só, sinaliza para a dificuldade de produzir a prova da materialidade, uma vez que o crime, antes previsto no artigo 214 do Código Penal, em regra, não deixa vestígios físicos. O abusador, que conhece o caráter ilícito de sua conduta, costuma tomar cuidado para não deixar marcas físicas no corpo da vítima, na tentativa de impedir que sua conduta seja percebida pelas pessoas da família ou das relações da criança. De outro lado, 29,27% (24) dos processos referiam-se ao crime de estupro (artigo 213 CP, redação anterior à Lei n° 12.015/09), hipóteses em que os fatos descritos envolviam conjunção carnal.

Os dados colhidos evidenciam que, na violência sexual intrafamiliar, a conduta do réu não costuma ser a conjunção carnal, razão pela qual o número maior de processos se referia ao tipo penal antes descrito como atentado violento ao pudor.

Quanto à qualificadora prevista no artigo 226, inciso II, do Código Penal – que prevê o aumento de pena em uma quarta parte se o agente é ascendente, pai adotivo, padrasto, irmão, tutor ou curador, preceptor ou empregador da vítima ou, por qualquer outro título, tiver autoridade sobre ela, foi possível observar que ela se fez presente em 48,86% (43) dos casos.

Os dados verificados demonstram o que os estudos têm apontado: as pessoas próximas da vítima, em especial, os familiares que exercem função de autoridade, costumam ser os autores da violência sexual sofrida pela criança e pelo adolescente. Esta constatação, aliada a tantas outras aqui enumeradas, contribui para elevar a complexidade dos casos que envolvem violência sexual, em especial, no âmbito interno da família. A vítima vê-se refém do abusador, muitas vezes não tendo a quem recorrer, o que favorece a continuidade do abuso por longos períodos e eleva o risco de prejuízos ao seu desenvolvimento.

Os resultados colhidos ao longo da pesquisa reafirmam a relevância das políticas públicas voltadas à família. Isso vem indicado pelo modelo de gestão da política de assistência social, adotado no Brasil a partir do Sistema Único de Assistência Social e aos ditames da Lei n° 13.257/16, que trata das políticas públicas para a primeira infância.

3. Observações relativas à família, à vítima e ao abusador

No que diz respeito à família, bem como à vida da vítima e do próprio abusador, todos os itens pesquisados mostram deficiência quanto às informações buscadas, com exceção das idades e do sexo da vítima e do abusador.

Sobre a renda familiar, em 84,15% (69) dos casos, os autos não trazem qualquer informação, e as informações constantes transcrevem dados sem qualquer base sociológica ou científica, confundindo classificações econômicas (pobre, renda regular, renda média) e declaração de valores (entre R$ 1.000,00 a R$ 1.200,00, entre R$ 200,00 e R$ 500,00) o que, possivelmente, deva significar a mesma coisa.

O conhecimento da situação socioeconômica das famílias, em especial daquelas em que a pobreza, entendida como o resultado de um conjunto de fatores que impedem ou dificultam o desenvolvimento do ser humano, está presente, abriria a possibilidade de investir em alternativas que propiciassem a autonomia do grupo familiar. A legislação prevê inúmeras medidas possíveis de serem aplicadas aos pais, como o encaminhamento a serviços e programas oficiais ou comunitários de proteção, apoio e promoção da família, a cursos ou programas de orientação (artigo 129 do ECA). De igual forma, com o conhecimento da situação familiar, a partir de uma visão não fragmentada do processo penal, seria possível encaminhá-la, quando necessário, aos Centros de Referência da Assistência Social (CRAS), permitindo, exemplificativamente, a inclusão em programas de atenção integral, como os benefícios do Bolsa-Família (Lei nº 10.836/2004), serviços e projetos de capacitação e inserção produtiva, e, ainda, quando couber, o Benefício de Prestação Continuada da Assistência Social (Lei nº 8.742/93).

Na mesma ótica, considerando a qualidade de habitação, renovou-se a omissão. Relativamente às condições que as vítimas apresentavam para dormir, por exemplo, os dados obtidos revelam que, ainda que 51,22% (42) tenham informado não dormir no mesmo quarto/leito do abusador; 25,61% (21) não traziam qualquer informação, e 23,17% (19) diziam que a vítima dividia o quarto/leito com o abusador. Tais achados, se disponíveis e aprofundados, poderiam auxiliar a produção da prova, bem como a tomada de medidas concretas em prol da criança, da família e do abusador. Ainda que a informação seja desconhecida em um percentual considerável, é possível inferir que é elevado o índice de crianças vítimas de violência sexual intrafamiliar que dividem o quarto ou o leito com o abusador, acentuando o risco à desproteção.

Nesse contexto, a mãe da vítima também merece atenção maior, uma vez que deveria ser a pessoa capaz de adotar medidas para proteger a vítima e efetuar a denúncia do caso aos órgãos de proteção e justiça. Em todos os casos examinados, chamou a atenção o fato de a mãe da criança ser presente na família, residindo na mesma casa da vítima.

Nos processos examinados, apenas duas informações relativas à mãe da vítima aparecem, envolvendo a idade e a escolaridade. No item idade, as mães são predominantemente jovens e adultas. Em que pese a informação não constar em 17,07% (14), no universo em que foi possível conhecer (82,93% – 68), 67,65% (46) possuíam idade inferior a 40 anos. Quanto à escolaridade, observou-se que a informação consta em 62,20% (51) dos processos examinados, não havendo o dado em 37,80% (31). Considerando o *corpus* de 51 processos, verificou-se que, em 70,59% (36) dos casos, as mães das vítimas declararam ter cursado o ensino fundamental. A baixa escolaridade da mãe, como foi constatado, pode influir na própria permanência dos filhos na escola, passando a figurar como fator de risco para que as crianças, expostas a tantas formas de violência, vejam-se sem estímulos para prosseguir nos estudos, fato que as coloca, ainda, em maior vulnerabilidade. Por outro lado, a maior escolaridade não é, por si só, garantia de proteção, já que algumas mães declaram possuir formação de nível médio (6,10%, ou 5 mães) e 4,88% (4) tinham ensino superior.

Outro dado relevante para conhecer o contexto familiar em que ocorre abuso sexual diz respeito ao uso de álcool ou drogas por parte do abusador ou de familiar da vítima, tendo em vista que toda a família está implicada no desenvolvimento saudável, ou não, de seus membros. Dos processos analisados (82), em 69,51% (57) dos casos não foi questionado se o abusador ou outra pessoa da família da vítima fazia uso de álcool ou outras drogas. Dos 25 processos que trazem a informação (30,49%), 96% (24) indicam que o abusador fazia uso de álcool ou outras drogas, alertando para a possível relação entre a violência sexual intrafamiliar e o uso de álcool. Deste grupo, em 45,83% (11), o usuário era o abusador; em 33,33% (8), o pai; 16,67% (4), o tio; e, em 4,17% (1) era o primo que fazia uso do álcool ou outras drogas. Em 4% (1) dos casos, o usuário de álcool ou drogas não era o abusador, mas parente que residia com a vítima.

O desconhecimento de aspectos fundamentais da família em que a violência sexual ocorre impede que sejam feitos investimentos no cuidado e na proteção de seus integrantes através de políticas públicas capazes de fortalecer o grupo familiar com vistas a auxiliar os pais e/ou cuidadores a proteger seus filhos, evitando a renovação de danos a sua saúde física, social e emocional. Somente através da proteção à criança, em especial por parte da família, será possível contribuir para a diminuição dos altos índices de variadas formas de violência intrafamiliar a que milhares de crianças brasileiras estão expostas.[86]

---

[86] Segundo Levantamento Nacional de Álcool e Drogas, vítimas de abuso na infância têm o dobro de risco de usar álcool e drogas. O mesmo estudo também aponta que um, em cada cinco brasileiros, foi vítima de abuso na infância. (LENAD 2014).

Inquirição da criança vítima de violência sexual

Sobre a vítima, os processos examinados permitem afirmar que a maioria é do sexo feminino, 86,59% (71), achado que vem apontado na quase totalidade dos estudos produzidos sobre o tema.

Em que pese as vítimas serem predominantemente do sexo feminino, meninas e meninos precisam de cuidados especiais em razão da etapa de desenvolvimento em que se encontram. Tratando-se de população que foi exposta à violência sexual, esses investimentos devem ser reforçados. Embora as meninas figurem como as vítimas preferenciais, a proteção há que ser estendida também aos meninos, pois todos têm direitos assegurados a partir da Constituição Federal de 1988 sob o risco de, perante a omissão atual, no futuro próximo, repetirem a negligência e a violência a que foram expostos no início de suas vidas, quer como vítima, quer como abusador.

Relativamente à idade da vítima, à época dos fatos, a maioria, 81,71% (67), contava com idade igual ou inferior a doze anos, e 18,29% (15) estavam na faixa etária de 13 a 16 anos. Esta preferência pode estar relacionada à maior fragilidade frente ao adulto e à maior dificuldade para entenderem o caráter ilícito da conduta a que são estimuladas. Desta constatação, decorre a importância da capacitação continuada dos profissionais da saúde e da educação que frequentemente interagem com crianças desta faixa etária, onde se incluem aqueles que exercem suas funções na educação infantil, no ensino fundamental e nos postos de saúde, predominantemente.

Dos casos em que foi possível conhecer a posição da vítima na ordem dos filhos (71,95% – 59), as vítimas apareceram na posição de primeiro filho em 49,15% (29) dos casos; na posição de segundo filho, em 30,51% (18); na posição de terceiro filho, em 13,56% (8); de quarto filho, em 5,09% (3) e de quinto filho, em 1,69% (1), sugerindo a preferência do abusador, em ordem decrescente, pelo filho mais velho em detrimento dos mais moços. O dado reforça a necessidade de as famílias, mesmo antes do nascimento do primeiro filho, serem incluídas em programas de atendimento que privilegiem a prevenção primária, como ressalta a Lei nº 13.257/16, bem como alerta para a necessidade não só de atenção à vítima como a seus irmãos.

Quanto ao grau de escolaridade da vítima, é possível inferir que também não houve interesse, no curso dos processos, de colhê-lo, pois 31,71% (26) dos casos não traz a informação. Considerando que a educação é direito fundamental da criança, obrigatório a partir dos 4 anos, segundo o artigo 208, inciso I, da Constituição Federal, o desinteresse em saber se ele efetivamente está sendo efetivado, em especial numa população já tão exposta à negligência familiar, sinaliza, mais uma vez, o pouco caso do sistema de justiça para com a garantia de direitos da vítima.

A avaliação psicológica da vítima foi recurso buscado por 51,22% (42) dos processos como importante instrumento e elemento de prova. No que se refere à avaliação psiquiátrica, 73,17% (60) das vítimas não a fizeram, medida que ficou restrita a apenas 26,83% (22) dos casos. Nesse contexto, é possível supor que a desproteção da criança se agrava, impedindo identificar o sofrimento psíquico pelo qual ela passa, além de utilizá-la como elemento de prova do dano psíquico provocado pela violência sexual. Nesse sentido, cabe apontar que, ao recorrer às avaliações psicológicas e psiquiátricas, a Justiça pode ter evidências que comprovam a violência sem que a criança tenha que demonstrar com sofrimento os atos de que foi vítima. As avaliações psíquicas, quando adequadamente conduzidas, são também provas materiais que apontam para a existência ou não de abuso, através da constatação dos danos psíquicos.

A avaliação das condições da saúde mental das vítimas permitiria identificar a necessidade de acompanhamento psiquiátrico ou psicológico, independentemente das medidas de cunho penal a serem infringidas ao abusador, em atenção ao direito fundamental à saúde, o que é assegurado no artigo 227 da Constituição Federal.

A respeito da avaliação física na vítima, chama a atenção que 80,49% (66) dos casos não contaram com o exame realizado por pediatra, impossibilitando conhecer eventuais lesões corporais que pudessem estar a exigir cuidados médicos, em atenção ao seu direito fundamental à saúde, como prevê a legislação. Renova-se, desta forma, o descaso com o corpo da criança. No primeiro momento, por parte do abusador; depois da revelação, pelo sistema de justiça, que deixa de determinar o exame físico com vistas a conhecer e tratar eventuais lesões no corpo da vítima. Mais uma vez, negligencia-se com a saúde da criança que foi exposta à grave violação de direitos, como é a violência sexual. Por outro lado, com o objetivo de produzir a prova, 79,27% (65) foram encaminhadas ao Departamento Médico Legal, enquanto 20,73% (17) não se submeteram à perícia por peritos oficiais. Do total de vítimas submetidas ao exame de corpo de delito (65), realizado pelo Departamento Médico Legal, 50,77% (33) apresentou resultado negativo; 40% (26), resultado positivo, e, em 9,23% (6) os resultados restaram prejudicados, em face da demora na realização do exame, impossibilitando ao perito responder aos quesitos.

Especialmente em relação à violência intrafamiliar, é bastante relevante considerar aspectos pertinentes ao abusador, pois seu papel é sempre destacado na constituição familiar e qualquer atitude tomada com ele tem impacto sobre os demais membros da família. Isso significa que os abusadores, constituídos por parentes ou pessoas das relações de conhecimento da vítima, costumam representar figuras de autoridade frente à vítima, o que se constitui em um facilitador para a prática abusiva.

Inquirição da criança vítima de violência sexual

Corroborando os achados de inúmeras pesquisas já realizadas, os abusadores são, na amostra examinada, predominantemente do sexo masculino: 98,78% (81) dos casos. A mulher raramente aparece como agressora sexual. Em contrapartida, a figura masculina, ainda na atualidade, a exemplo do passado, costuma ser a de provedor da família, favorecendo a que muitas mulheres optem por permanecerem ao seu lado, mesmo depois de a violência sexual vir à tona.

No que tange à idade do abusador, este é um dos poucos itens pesquisados em que foi possível conhecer os dados na sua totalidade. O abusador é predominantemente jovem ou adulto jovem, uma vez que a maioria tem menos de 40 anos: 30,49% (25) contavam com idade entre 30 e 39 anos; 19,51% (16) tinham entre 18 e 29 anos, e 7,32% (6) tinham entre 14 e 17 anos, totalizando 57,32%. A maioria apresenta baixa escolaridade, uma vez que 62,19% (51) haviam concluído apenas o ensino fundamental. Com curso superior, foram identificados apenas 7,32% (6).

Quanto à prática de outros crimes pelo abusador, consulta a registros anteriores mostra que a maioria, 59,76% (49), possuía antecedentes judiciais ao tempo da prática do crime de violência sexual.

Considerando o grau de parentesco entre vítima e abusador, o padrasto figura em primeiro lugar, 39,34% (24), seguido do pai, 27,87% (17), do tio, 16,39% (10), do primo, 8,20% (5), do cunhado, 3,28% (2), da mãe, 1,64% (1), índice que se repetiu com relação ao avô e ao ex-companheiro da mãe. O grupo de abusadores que não mantinha vínculo de parentesco com a vítima, correspondente a 25,61% (21), é composto por vizinho, amigo, motorista do transporte escolar, amigo da mãe da vítima, pai de uma amiga, amigo do irmão, monitor do abrigo. Possível apontar que o abusador, tanto nos casos em que mantinha vínculo de parentesco com a vítima, como nas hipóteses em que não era seu parente, mas das relações de conhecimento, proximidade e confiança, em 98,78% (81) dos casos, era do sexo masculino.

Os abusadores, mesmo respondendo perante a Justiça Criminal pela prática de crime que envolve violência sexual contra a criança ou adolescente, no decorrer dos processos que compõem a amostra, não foram submetidos à avaliação psicológica em 95,12% (78) dos casos, medida reservada apenas para 4,88% (4). Relativamente à avaliação psiquiátrica, igualmente os dados mostram pouco interesse do sistema de justiça em conhecer o funcionamento psíquico dos abusadores, uma vez que a medida não foi determinada em 91,46% (75), limitando-se seu uso a 8,54% (7). Ao não recorrer a instrumentos como a avaliação psicológica e psiquiátrica, torna-se quase impossível prevenir novas práticas contra as mesmas vítimas, ou outras crianças que possam manter contato com o abusador. Por outro lado, deixa o sistema de justiça de contribuir para melhor conhecer o perfil do abusador, uma vez que, sobre a quase totalidade dos réus, não é suscitado o exame que apura a inimputabilidade penal, única hipótese em que seriam avaliados por Peritos do Instituto Psiquiátrico Forense, possibilitando identificar suas condições psíquicas.

4. Observações relativas à participação do Conselho Tutelar

O estudo também mostrou que, embora o Conselho Tutelar seja o órgão que deve receber as notificações de suspeita ou confirmação de maus-tratos praticados contra a criança, conforme prevê o Estatuto da Criança e do Adolescente, somente 52,44% dos processos (43) referiram a efetiva participação desse órgão protetivo. Em 30,49% (25) dos casos, não foi possível saber se o Conselho Tutelar foi acionado, embora, indiscutivelmente, todos exigissem sua participação obrigatória. Esta evidência revela desconexão entre os sistemas protetivo e punitivo, além de franco descumprimento da legislação atual, que prevê, em caráter obrigatório, comunicação ao Conselho Tutelar. A corroborar a desobediência aos preceitos legais, em vigor há quase três décadas, em 17,07% (14) dos processos constava explicitamente a informação relativa à falta de intervenção do Conselho Tutelar. Este fato não se deve apenas ao desconhecimento da lei, mas também ao pouco investimento público voltado à estruturação e funcionamento do órgão colegiado, encarregado pela sociedade de zelar pelo cumprimento dos direitos da criança e do adolescente. A escassez de recursos destinados ao Conselho Tutelar acaba por contribuir para a pouca visibilidade do órgão, comprometendo sua credibilidade e impedindo que a situação de muitas crianças chegue ao sistema de proteção.

5. Observações relativas à contribuição do estudo social

Em que pese o estudo social ser instrumento da maior relevância nos processos que envolvem violência sexual intrafamiliar, 81,71% (67) dos casos não recorreram a ele, impedindo que informações importantes sobre a dinâmica familiar pudessem ser consideradas, inclusive, para a aplicação de medidas de proteção à criança (artigo 101 ECA) e medidas aplicadas aos pais (artigo 129 ECA). Mais uma vez, reitera-se o desinteresse da Justiça Criminal com a proteção da vítima, em especial, por contar o Poder Judiciário do Rio Grande do Sul com assistentes sociais em grande parte de suas comarcas, o que investiria nos benefícios advindos da ação colaborativa sem onerar o erário público.

6. Observações relativas à inquirição da vítima

Enquanto outros elementos de prova são desprezados pela Justiça Criminal, a inquirição da vítima está presente na quase totalidade dos

Inquirição da criança vítima de violência sexual

processos examinados (90,24% – 74 casos). Do total de inquirições (74), 81,08% (60) foram obtidas pelo método tradicional; 12,16% (9), pelo depoimento sem dano (hoje depoimento especial), e, 6,76% (5) das vítimas foram inquiridas duas vezes, pelo método tradicional e pelo depoimento sem dano.

Se, no passado, a inquirição da vítima não era questionada, na atualidade não se pode deixar de arrolar os prejuízos que tal procedimento pode acarretar à criança. O prestígio que esse recurso desfruta não o isenta de críticas ao se pensar na proteção da infância, pois a criança que foi exposta a uma situação de violência sexual, especialmente quando de natureza intrafamiliar (93,18%), passa da condição de vítima à condição de testemunha chave da acusação. Em Juízo, ao ser inquirida, exige-se que repita a experiência traumática que vivenciou, pouco importando os sentimentos de angústia, medo e culpa que costumam acompanhá-la.

Como já ficou evidenciado antes, muitos autores classificam a exigência de inquirir a criança vítima como se testemunha fosse como um novo *estupro*. Entretanto, para a Justiça Criminal, assim como foi para o abusador, a situação e o sofrimento da criança pouco importam, desde que possa, através da inquirição, produzir a prova que não foi buscada através de outros instrumentos técnicos disponíveis na contemporaneidade.

Substituir a inquirição da criança vítima, prática que remonta ao tempo da doutrina da situação irregular, por uma alternativa interdisciplinar, onde o compromisso maior seja com a proteção, em consonância com os princípios constitucionais, corresponderá a assegurar perspectivas de respeitá-la como sujeito de direitos, sem retirar-lhe a possibilidade de se avistar com o magistrado, sempre que assim desejar. Além de mais esclarecedora ao processo penal, tal alternativa oferece à vítima um modelo diferente daquele ao qual ela vem sendo submetida no ambiente familiar, marcado pela exigência de ser inquirida sobre fatos extremamente dolorosos que a penalizam e desrespeitam.

7. Observações relativas ao direito à saúde em confronto com a valorização da inquirição da vítima criança

Embora a saúde seja direito fundamental de toda criança e adolescente, este aspecto parece não ter relevância para a Justiça Criminal, descumprindo o que é assegurado na Constituição Federal de 1988 e no Estatuto da Criança e do Adolescente.

O estudo do *corpus* revela que a Justiça Criminal despreza o exame físico da vítima, realizado por pediatra, uma vez que, em 80,49% (66) dos casos, a medida não se fez presente, impedindo que o direito à saúde fosse oportunizado à criança que sofreu a grave violação de seus direitos, manifestada pela violência sexual intrafamiliar. Nos casos estudados, por ser a vítima originária de família vulnerável, com a proteção negligenciada, a medida, que deveria abarcar todas as vítimas, adquire maior importância ainda. Em contrapartida, 79,27% dos casos contaram com o encaminhamento da vítima ao DML, para a realização do exame de corpo de delito, com o exclusivo objetivo de produzir a prova. Para fortalecer a prova, tudo se faz; para proteger a criança, mínimos são os investimentos.

Entre os 65 casos que passaram pelo DML, chama a atenção que 33 apresentaram resultado negativo para o exame de corpo de delito. Destes, 69,70% (23) contaram com sentença condenatória, e 30,30% (10), com sentença absolutória. O exame dos dados colhidos permite inferir que a condenação, quando o resultado foi negativo para a existência de lesões físicas no corpo da vítima, baseou-se na prova obtida pela inquirição, a qual assumiu valor maior do que a própria prova física. Entretanto, na falta de vestígios físicos, não teria maior credibilidade a avaliação por profissionais da saúde mental, a fim de constatar o dano psíquico causado pela violência sexual no aparato mental da vítima, pessoa em fase especial de desenvolvimento? Qual a credibilidade de uma *verdade* extraída através de inquirição, com o objetivo de produzir prova? Por que não recorrer à perícia realizada por pediatras, atuando de forma interdisciplinar e confiando aos profissionais de diversas áreas do conhecimento a utilização de instrumentos de trabalho próprios de sua área de atuação?

A relação entre a inquirição da vítima e o resultado da sentença fica muito clara no presente estudo. Do total de casos em que houve a inquirição (90,24% – 74), em 72,97% (54), a sentença foi de natureza condenatória. Impressiona, por outro lado, a constatação de que, na totalidade dos casos em que a vítima foi inquirida pelo método depoimento sem dano, atualmente denominado depoimento especial (12,16%), a sentença teve natureza condenatória. Este dado, por si só, confirma a equivocada relevância que o sistema de justiça tem dispensado à inquirição da vítima, vista como testemunha chave da acusação do réu, desprezando, em contrapartida, os resultados da prova técnica, colhida através da equipe interdisciplinar. De outro lado, do total dos casos em que houve a inquirição pelo método tradicional (79,27% – 65 casos), em 69,23% (45), a sentença foi condenatória, permitindo inferir que o sistema de justiça deposita no método depoimento sem dano, ou especial, maior probabilidade de extrair da vítima a versão que deseja ouvir para cumprir estritamente o que considera ser sua função específica, desprezando sua parcela de responsabilidade com a proteção integral à criança e ao adolescente, entendida como garantia de direitos à saúde, ao respeito e à dignidade. Se

Inquirição da criança vítima de violência sexual

o papel da Justiça Criminal, em idos tempos, limitava-se a condenar ou absolver o réu, mostrando-se irrelevante à proteção da vítima, em especial se criança, na atualidade tal visão não encontra amparo nos princípios constitucionais.

Os dados colhidos também demonstram que a Justiça Criminal, a exemplo de outros setores, pouco investe em ações interdisciplinares. Ao contrário, privilegia práticas que não valorizam a troca de saberes e que acabam por contribuir para uma compreensão fragmentada dos fatos que circundam a violência sexual praticada contra a criança, inviabilizando a oferta de recursos que possibilitem às pessoas envolvidas neste grave problema de saúde pública investir em novas alternativas de vida.

Mesmo que, nos últimos anos, alterações no tratamento dispensado à criança nas diversas esferas de atuação – família, sociedade e poder público – indiquem uma compreensão do novo lugar social atribuído à infância, as políticas públicas, em especial de cunho preventivo, ainda se mostram frágeis e incipientes, em que pese os alertas da Lei nº 13.257/16. Como não há investimento suficiente em prevenção primária, são grandes as dificuldades para o oferecimento de políticas públicas voltadas para a prevenção secundária e terciária, quando os casos já apresentam certo grau de complexidade e têm custos de implantação bem mais elevados.

No Brasil, não faltam leis, assim como não há carência de profissionais do serviço social, da psicologia, da saúde e do direito. Nesse sentido, a política de atendimento à infância está devidamente anunciada e regulamentada. O país, desde 1990, dispõe de um projeto para a infância, através do Estatuto da Criança e do Adolescente, reforçado pela Lei nº 13.257, de 8 de março de 2016, o que lhe tem rendido reconhecimento de vários países no mundo inteiro.

O que falta então? Carecemos de implementação das políticas públicas voltadas ao período pré-natal, aos primeiros anos de vida, às vítimas de violência, à devida estruturação dos Conselhos Tutelares, à valorização dos Conselhos Municipais da Criança e do Adolescente.

Quanto tempo ainda será necessário para implementar os CRAS e CREAS? Constatada a violência sexual praticada contra a criança, para onde encaminhá-las? A lentidão para implantar as políticas públicas não seria uma forma de o poder público, a exemplo de muitas famílias e profissionais, participar da chamada síndrome da negação a que aludimos no capítulo 2?

Falta, em especial, priorizar a infância de fato, a começar pelos primeiros anos de vida, nos moldes do que vem delineado na Lei nº 13.257/16, o que só será possível através do conhecimento e dos instrumentos que permitam a aplicação da lei. Quase três décadas se passaram desde a proclamação da Constituição Federal de 1988; trinta anos se perderam para milhares de crianças brasileiras. As consequências da reiterada omissão são irrecuperáveis, gerando danos à vida e ao desenvolvimento das crianças, mas também gastos elevados às próximas gerações e ao poder público.

O processo penal e seus atores, nos casos que apuram crimes contra a dignidade sexual de crianças e adolescentes, não dispensam tratamento à vítima condizente com sua condição de sujeito de direitos, insistindo em repetir condutas que podem agravar os danos que o abuso causou. O Estatuto da Criança e do Adolescente, com as alterações advindas da Lei nº 12.010/2009 e da Lei nº 13.257/16, na esteira da *Convenção das Nações Unidas sobre os Direitos da Criança*, valoriza a equipe interdisciplinar, preservando a criança de ser inquirida em audiência, medida reservada apenas aos adolescentes, nos termos do artigo 28 da Lei nº 8.069/90.

Paralelamente, a Justiça Criminal, na instrução dos processos, deixa de registrar dados básicos relacionados à criança, à família e ao abusador, focando seu agir apenas no aspecto penal, o que impede a adoção de Medidas de Proteção (artigo 101 e artigo 129 ECA) previstas em lei, numa clara demonstração da dificuldade de tornar efetiva a proteção integral conferida à criança.

8. Observações relativas à interdisciplinaridade na formação profissional e nas práticas da Justiça Criminal

A doutrina da proteção integral, adotada pela Constituição Federal de 1988, altera profundamente a concepção de criança, não sendo mais possível utilizar qualquer medida que não se coadune com a garantia de direitos.

Mudar condutas que se encontram enraizadas na cultura é tarefa que apresenta grande grau de dificuldade. Não é raro observar práticas anunciadas como inovadoras – como se verifica com o depoimento sem dano, ou especial –, mas que, em sua essência, desconsideram os direitos da criança, colocando em primeiro lugar o interesse do adulto. Preserva-se o juiz, mantendo-o protegido na sala de audiências, em detrimento da garantia do direito ao respeito e à dignidade da criança.

Práticas que invistam na interdisciplinaridade, embora seja preciso algum esforço para sua operacionalização, mostram-se mais capazes de atender o comando constitucional da proteção integral à criança, como vem expresso no artigo 28 do Estatuto da Criança e do Adolescente. No entanto, tais iniciativas são ainda incipientes, assim como são tímidas as ações de formação profissional que as problematizem, desenvolvendo competências e orientando as ações de educação continuada que os habilitem a lidar com a complexa demanda que hoje aporta aos sistemas de educação, saúde e justiça.

Também como ação preventiva, crianças e adolescentes, desde os primeiros anos escolares, precisam ter contato com as disposições trazidas no Estatuto da Criança e do Adolescente, como prevê explicitamente a Lei de Diretrizes e Bases da Educação, para que a cidadania que a lei lhes confere se efetive e se incorpore ao seu desenvolvimento.

Entretanto, é imperioso investir, de forma maciça, na formação profissional das diversas áreas do conhecimento que têm suas práticas voltadas ao atendimento da criança, sem esquecer que o profissional, diretamente em contato com vítimas de violência sexual, também merece atenção e cuidado, devido ao elevado grau de estresse a que está submetido.

9. Observações relativas ao sistema de justiça e às políticas públicas voltadas à proteção integral da criança vítima de violência sexual

Enquanto desconhecer aspectos referentes às condições de vida, saúde física e mental, nível de escolaridade da família, da criança e do abusador, o sistema de justiça permanecerá desarticulado, deixando de contribuir para o aperfeiçoamento das políticas públicas voltadas a esta parcela da população. Este modo de proceder, se foi adequado para o período que antecedeu a Constituição Federal de 1988, nos dias atuais se mostra inaceitável e ao arrepio da lei.

Para agir integradamente e tornar realidade a formulação e execução de políticas públicas voltadas para a abordagem dessa questão, é preciso que os sistemas de educação, saúde e justiça se comuniquem, subsidiando ações voltadas às causas do problema. Sem isso, pouco será possível mudar.

Em nível estadual, por exemplo, a simples adoção, pelo Ministério Público Estadual, de uma Ficha de Coleta de Dados relativos ao perfil da família, da vítima e do abusador em todos os processos que apuram crimes contra a dignidade sexual de crianças e adolescentes, poderá dar visibilidade e ampliar as condições de recolher dados que venham a subsidiar a elaboração de políticas públicas.

Também a discussão de questões relacionadas à condição de sujeito de direitos que caracteriza a criança brasileira, em decorrência de apropriação e desenvolvimento de orientações internacionais, abre perspectiva de problematizar amplamente as formas que, no âmbito do direito e da assistência social, a criança vem sendo tratada, especialmente quando envolve violência familiar.

Na perspectiva da Justiça Criminal, a busca incessante pela produção da prova, desconsiderando o direito ao respeito e à dignidade da criança, precisa ser repensada. O elevado índice de condenação do abusador que, ao tempo que antecedeu a Constituição Federal de 1988, era visto como parâmetro avaliativo do bom desempenho da Justiça Criminal, na atualidade, quando vier desacompanhado da proteção da criança, longe estará de cumprir com os preceitos constitucionais que se originam da normativa internacional.

Decorridas quase três décadas da promulgação da Constituição Federal de 1988, apenas são ensaiados os primeiros passos para a mudança de cultura que as conquistas propiciadas pela normativa internacional impuseram à nação brasileira. A *Convenção das Nações Unidas sobre os Direitos da Criança*, base da legislação pátria na área da infância e juventude, cuja redação foi elaborada por profissionais de várias áreas do conhecimento, é marco divisor a fundamentar as transformações necessárias, substituindo práticas autoritárias por ações interdisciplinares, em atenção à condição de sujeito de direitos atribuída à criança.

Trilhar por caminho ainda não percorrido exige vontade, disposição, compromisso e conhecimento do rumo a seguir pelo caminhante, ainda que sejam desconhecidas as dificuldades que se apresentarão durante o percurso.

Este estudo, agregado a outras iniciativas, pretende contribuir para despertar a atenção e o interesse dos profissionais que, em seu fazer cotidiano, interagem com a criança, no âmbito do serviço social, da saúde, da psicologia, da educação e do direito, de modo a levar adiante, mediante uma ação interdisciplinar e comprometida, a luta e os esforços pela garantia de direitos assegurados à infância, como sinaliza a *Convenção das Nações Unidas sobre os Direitos* da *Criança*, da qual o Brasil é firmatário.

Obras consultadas

ABDALLA-FILHO, Elias; CHALUB, Miguel; TELLES, Lisieux E. de Borba. *Psiquiatria Forense de Taborda*. 3. ed. Porto Alegre: Artmed, 2016.

ABMP. *O Sistema de Justiça da Infância e da Juventude nos 18 anos do Estatuto da Criança e do Adolescente. Desafios na Especialização para a Garantia de Direitos de Crianças e Adolescentes*. Brasília: julho, 2008. Disponível em: <http://www.abmp.org.br/UserFiles/File/levantamento_sistema_justica_ij.pdf>. Acesso em: 10. Ago. 2010.

——. *Reflexões acerca dos 20 anos do ECA*, em 15.07.2010. Disponível em: <http://www.abmp.org.br/UserFiles/File/artigo_20_anos_ECA.doc>. Acesso em: 10. Ago. 2010.

ABRAMOVAY, Miriam; CASTRO, Mary Garcia; PINHEIRO, Leonardo de Castro; LIMA, Fabiano de Sousa; MARTINELLI, Cláudia da Costa. *Juventude, violência e vulnerabilidade social na América Latina: desafios para políticas públicas*. Brasília: UNESCO, BID, 2002.

ABREU, Martha; MARTINEZ, Alessandra Frota. Olhares sobre a criança no Brasil: perspectivas históricas. In: RIZZINI, Irene (Org.). *Olhares sobre a criança no Brasil: séculos XIX e XX*. Rio de Janeiro: AMAIS, 1997, p. 19-38.

AGUINSKY, Beatriz Gershenson. *Eticidades discursivas do Serviço Social no campo jurídico: gestos de leitura do cotidiano no claro-escuro da legalidade da moral*. Tese (Doutorado em Serviço Social) – Pontifícia Universidade Católica do Rio Grande do Sul, Porto Alegre.

ALBERTON, Mariza Silveira. O papel dos Conselhos Tutelares. In: KRISTENSEN, Chistian Haag; OLIVEIRA, Margrit Sauer; FLORES, Renato Zamora. *Violência Doméstica*. Porto Alegre: Fundação Maurício Sirotsky; AMENCAR, 1998.

ALGERI, Simone. *Repercussões de oficinas para educação de responsáveis agressores: interfaces entre educação social, educação para a saúde e educação em enfermagem*. Tese apresentada como requisito parcial para obtenção de grau de Doutor, pelo programa de Doutorado da Faculdade de Educação da Pontifícia Universidade Católica do Rio Grande do Sul, 2006. Porto Alegre, Biblioteca da Universidade.

ALMEIDA, Jaqueline. *Violência sexual contra crianças com deficiência: um tema ainda invisível*, 31.03.2010. Disponível em: <http://www.institutorecriando.org.br/ler.asp?id=12574&titulo=Noticias>. Acesso em: 30. Mar. 2010.

ALVES, Lindgren J. A. *Os direitos humanos como tema global*. São Paulo: Perspectiva, 1994.

ALVES, Rubem. *Escutatória*. Disponível em: <http://www.rubemalves.com.br/escutatorio.htm>. Acesso em: 03. Ago. 2010.

ALTAVILLA, Enrico. *Psicologia Judiciária*. 3. ed. Coimbra: Armênio Amado, 1982.

AMARAL E SILVA, Antônio Fernando do. *A Criança e seus Direitos*. Rio de Janeiro: FUNABEM/UNICEF/PUC-Rio, 1989.

AMAZARRAY, Mayte Raya; KOLLER, Silvia Helena. Alguns aspectos observados no desenvolvimento de crianças vítimas de abuso sexual. *Psicologia: Reflexão e Crítica*, Porto Alegre, v. 11, n. 3, p. 1-17.

AMIN, Andréa Rodrigues. Princípios Orientadores do Direito da Criança e do Adolescente. In: MACIEL, Kátia Regina Ferreira Lobo Andrade (Coord.). *Curso de Direito da Criança e do Adolescente, aspectos teóricos e práticos*. Rio de Janeiro: Lumen Juris, 2007, p. 19-30.

——. Evolução Histórica do Direito da Criança e do Adolescente. In: MACIEL, Kátia Regina Ferreira Lobo Andrade (Coord.). *Curso de Direito da Criança e do Adolescente: aspectos teóricos e práticos*. 4. ed. rev. atual. Rio de Janeiro: Lumen Juris, 2010, p. 3-10.

Inquirição da criança vítima de violência sexual

ANCED. *Relatório sobre violações de Direitos Humanos de crianças e adolescentes no Brasil será apresentado à ONU.* Disponível em: http://www.anced.org.br/?p=5272. Acesso em: 22 set. 2016.

ANDI. *A cada ano, seis milhões de crianças morrem de fome no mundo*, 23.11.2005. Disponível em: <http://www.andi.org.br/noticias/templates/clippings/template_infancia.asp?articleid=9529&zoneid=2>. Acesso em: 16. Dez. 2009.

——. *Brasil ocupa a 3º posição no ranking da mortalidade infantil na América do Sul,* 13.11.2008a. Disponível em: <http://www.andi.org.br/>. Acesso em: 14. Nov. 2008.

——. *Denúncias que ficam pelo caminho,* 24.08.2010a. Disponível em: <http://www.andi.org.br/>. Acesso em: 25. Ago. 2010.

——. *Exploração Sexual em Debate no Canal Futura,* 17.11.2009a. Disponível em: <http://www.redandi.org/verPublicacao.php5?L=PT&idpais=9587>. Acesso em: 27. Jan. 2010.

——. *Negligência vitima 6 mil crianças a cada ano,* 19.04.2006. Disponível em: <http://www.redandi.org/verPublicacao.php5?L=ES&id=1326&idpais=1>. Acesso em: 27. Jan. 2010.

——. *OMS divulga relatório sobre saúde mundial,* 28.08.2008b. Disponível em: <http://www.andi.org.br/>. Acesso em: 29. Ago. 2008.

——. *Organizações apresentam relatório sobre situação das crianças e adolescentes brasileiros,* 27.05.2009b. Disponível em: <http://www.redeandibrasil.org.br/em-pauta/organizacoes-da-sociedade-civil-apresentam-relatorio-sobre-situacao-das-criancas-e-adolescentes-brasileiros/>. Acesso em: 27. Jan. 2010.

——. *SP terá justiça sem dor para crianças,* 28.05.2010b. Disponível em: <http://www.andi.org.br/>. Acesso em: 28. Maio. 2010.

——. *Trabalho infantil preocupa,* 18.05.2010c. Disponível em: <http://www.andi.org.br/>. Acesso em: 18. Maio. 2010.

——. *Um altera sobre castigos físicos,* 15.01.2010d. Disponível em: <http://www.andi.org.br/>. Acesso em: 15. Jan. 2010.

——. *Um milhão de violações aos direitos de crianças no País,* 19.04.2010e. Disponível em: <http://www.andi.org.br/>. Acesso em: 21. Abr. 2010.

ARAGÃO, Selma Regina; VARGAS, Ângelo Luis de Souza. *O Estatuto da Criança e do Adolescente em face do Novo Código Civil.* Rio de Janeiro: Forense, 2005.

ARAÚJO, Luiz Alberto David. *A proteção constitucional do transexual.* São Paulo: Saraiva, 2000.

ARIÈS, Philippe; DUBY, Georges (Org.). *História da vida privada.* Traduzido por Maria Lúcia Machado. São Paulo: Companhia das Letras, 1990.

AYRES J.R.C.M.; FRANÇA JUNIOR I.; CALAZANS G.J.; SALETTI F. Vulnerabilidade e prevenção em tempos de Aids. In: PARKER R., BARBOSA R.M. (Orgs.). *Sexualidade pelo avesso*: direitos, identidades e poder. São Paulo: Ed. 34, 2000. p. 49-73.

ASSIS, Simone G. de. Crianças e adolescentes violentados: passado, presente e perspectivas para o futuro. *Cadernos de Saúde Pública,* Rio de Janeiro, v. 10, supl. n. 1, 1994. Disponível em: <http://www.scielo.br/pdf/csp/v10supl1a08.pdf>. Acesso em: 30. Jul. 2009.

——; AVANCI, Joviana Q.; SANTOS, Nilton C.; MALAQUIAS, Juaci V.; OLIVEIRA, Raquel V.C. *Violência e representação social na adolescência no Brasil,* 31.07.2004. Disponível em: <http://journal.paho.org/index.php?a_ID=402>. Acesso em: 26. Jan. 2010.

AZAMBUJA, Maria Regina Fay de. Caminho percorrido pela criança vítima. *Revista Igualdade,* Curitiba: Centro de Apoio Operacional das Promotorias da Infância e Juventude do Ministério Público do Paraná, v. 7, n. 25, p. 1-7. out./dez. 1999.

——. *Violência sexual intrafamilar: é possível proteger a criança?* Porto Alegre: Livraria do Advogado, 2004.

——; FERREIRA, Maria Helena Mariante. Aspectos jurídicos e psíquicos da inquirição da criança vítima de violência sexual intrafamiliar. In: ——; —— (Coords.). *Violência Sexual contra Crianças e Adolescentes.* Porto Alegre: ARTMED, 2011, p. 48-66.

AZEVEDO, Maria Amélia; GUERRA, Viviane Nogueira de Azevedo. *Mania de Bater: a punição corporal doméstica de crianças e adolescentes no Brasil.* São Paulo: Iglu, 2001.

——; ——. *Pele de Asno não é só história... um estudo sobre a vitimização sexual de crianças e adolescentes em família.* São Paulo: Rocca, 1988.

BALLONE, G.J. *Transtornos da Linhagem Sociopática,* 2008. Disponível em: <http://www.psiqweb.med.br/site/?area=NO/LerNoticia&idNoticia=52>. Acesso em: 23. Set. 2010.

BALTIERI, Danilo Antonio. *Agressores sexuais e uso de drogas*, 2007. Disponível em: <http://psiquiatria.incubadora.fapesp.br/portal/pos/Disciplinas/aulas/mps5737/aula-5-9-2007/danilo%20baltieri.ppt/view>. Acesso em: 20. Ago. 2008.

BAPTISTA, Rosilene Santos; FRANÇA, Inácia Sátiro Xavier de; COSTA, Carlione Moneta Pontes da; BRITO, Virgínia Rossana de Sousa. Caracterização do abuso sexual em crianças e adolescentes notificado em um Programa Sentinela. *Acta Paulista de Enfermagem*, São Paulo, v. 21, n. 4, 2008.

BARBOSA, Ruy. *Comentários à Constituição Federal Brasileira*. São Paulo: Saraiva, 1993.

BARROS, Mari Nilza Ferrari; SUGUIHIRO, Vera Lúcia Tieko. A interdisciplinaridade como instrumento de inclusão social: desvelando realidades violentas. *Revista Virtual Textos & Contextos*, n. 2, dez. 2003. Disponível em: <http://revistaseletronicas.pucrs.br/ojs/index.php/fass/article/viewFile/968/748>. Acesso em: 3. Mar. 2010.

BATTISTELA, Sônia. *Responsabilidade do Estado e do Poder Judiciário na Efetivação do Direito Fundamental à Saúde através do Fornecimento de Medicamentos*. Monografia apresentada em Curso de Pós-Graduação, Especialização em Direitos Fundamentais, na Pontifícia Universidade Católica do Rio Grande do Sul, 2009.

BELLINI, Maria Ysabel Barros. *Desenvolvimento do sujeito contemporâneo e saúde: algumas respostas possíveis*, 2003. Disponível em: <http://www.cpihts.com/PDF02/M%C2%AA%20Isabel%20Bellini.pdf>. Acesso em: 23. Abr. 2010.

BENFICA, Francisco Silveira; SOUZA, Jeiselaure Rocha de. A importância da perícia na determinação da materialidade dos crimes sexuais. *Revista do Ministério Público do Rio Grande do Sul*, Porto Alegre, n. 46, p. 173-186, jan./mar. 2002.

BEUTER, Carla Simone. *A (des)consideração pela infância: uma análise dos direitos sexuais diante das redes de exploração sexual*. Caxias do Sul: Educs, 2007.

BÍBLIA SAGRADA – Edição Pastoral. 17. ed. São Paulo: Paulus Editora, 2006.

BIELEFELDT, Heiner. Os direitos humanos num mundo pluralista. Tradução Bruno Cunha Weyne. *Pensar*, Fortaleza, v. 13, n. 2, p. 166-174, jul/dez 2008. Disponível em: <http://www.unifor.br/notitia/file/2829.pdf>. Acesso em: 06. Abr. 2010.

BOBBIO, Norberto. *A Era dos Direitos*. Rio de Janeiro: Elsevier, 2004.

BOFF, Leonardo. Cuidado: o *ethos* do humano. In: FERREIRA, Gina; FONSECA, PAULO (Orgs). *Conversando em casa*. Rio de Janeiro: 7 Letras, 2000, p. 73-87.

BORBA, Maria Rosi de Meira. *O duplo processo de vitimização da criança abusada sexualmente: pelo abusador e pelo agente estatal, na apuração do evento delituoso*, 2002. Disponível em: <http://jus2.uol.com.br/doutrina/texto.asp?id=3246> Acesso em: 01. Dez. 2005.

BORDALHO, Galdino Augusto Coelho. Ministério Público. In: MACIEL, Kátia Regina Ferreira Lobo Andrade (Coord.). *Curso de Direito da Criança e do Adolescente: aspectos teóricos e práticos*. Rio de Janeiro: Lumen Juris, 2007.

BOWLBY, John. *Uma Base Segura*. Traduzido por Sonia Monteiro de Barros. Porto Alegre: Artes Médicas, 1989.

BRASIL. Conselho Federal de Serviço Social. Resolução nº 554/2009, de 15 de setembro de 2009. *Dispõe sobre o não reconhecimento da inquirição das vítimas crianças e adolescentes no processo judicial, sob a Metodologia do Depoimento Sem Dano/DSD, como sendo atribuição ou competência do profissional assistente social*. Disponível em: <http://www.cfess.org.br/arquivos/Resolucao_CFESS_554.pdf>. Acesso em: 30. Set. 2009.

——. Conselho Federal de Psicologia. Resolução nº 010/2010, de 29 de junho de 2010. *Institui a regulamentação da Escuta Psicológica de Crianças e Adolescentes envolvidos em situação de violência, na Rede de Proteção*. Disponível em: <http://www.pol.org.br/pol/export/sites/default/pol/legislacao/legislacaoDocumentos/resolucao2010_010.pdf>. Acesso em: 26. Jul. 2010.

——. Conselho Federal de Psicologia. *Manifesto da Psicologia*. Disponível em: <http://crpms.org.br/noticias.php?id=5315>. Acesso em: 05. Nov. 2010.

_____. Conselho Nacional de Justiça. *Recomendação nº 33, de 23 de novembro de 2010*. Disponível em: <http://www.cnj.jus.br/atosnormativos?tipo%5B%5D=13&numero=33&data=2010&expressao=&origem=Origem&situacao=Situa%C3%A7%C3%A3o&pesq=1>.

_____. Conselho Nacional de Justiça. *Recomendação nº 43, de 13 de setembro de 2016*. Disponível em: <http://www.cnmp.mp.br/portal_2015/atos-e-normas/norma/4466/>. Acesso em: 13.10.2016.

——. *Constituição da República Federativa do Brasil de 1988*. Brasília, 5 de outubro de 1988.

Inquirição da criança vítima de violência sexual

——. Decreto n° 1.331-A, de 17 de fevereiro de 1854. Approva o regulamento para a reforma do ensino primário e secundário do Município da Côrte. *Colecção das Leis do Imperio do Brasil*, 17 de fevereiro de 1854.

——. Decreto-Lei n° 2.848, de 7 de dezembro de 1940. Código Penal. *Diário Oficial*, Brasília, 31 de dezembro de 1940.

——. Decreto-Lei n. 3.689, de 3 de outubro de 1941. Código de Processo Penal. *Diário Oficial*, Brasília, 31 de outubro de 1941.

——. Decreto n° 7.037, de 21 de dezembro de 2009. Aprova o Programa Nacional de Direitos Humanos – PNDH-3 e dá outras providências. *Diário Oficial*, Brasília, 22 de dezembro de 2009.

——. Decreto n° 7.334, de 19 de outubro de 2010. Institui o Censo do Sistema Único de Assistência Social – Censo SUAS, e dá outras providências. *Diário Oficial*, Brasília, 20 de outubro de 2010.

——. Decreto n° 99.710, de 21 de novembro de 1990. Promulga a Convenção sobre os Direitos da Criança. *Diário Oficial*, Brasília, 22 de novembro de 1990.

——. Lei n° 8.069, de 13 de julho de 1990. Dispõe sobre o Estatuto da Criança e do Adolescente e dá outras providências. *Diário Oficial*, Brasília, 16 de julho de 1990.

——. *Departamento Estadual da Criança e do Adolescente (DECA)* – Secretaria da Justiça e da Segurança do Estado do Rio Grande do Sul. Disponível em: <http://deca.pc.rs.gov.br/inicial>. Acesso em: 02.09.2016.

——. *Secretaria Especial de Direitos Humanos*. Disponível em: <http://www.sdh.gov.br/noticias/2016/maio/disque-100-recebe-quase-cinco-mil-denuncias-de-violencia-sexual-contra-criancas-e-adolescentes-nos-primeiros-quatro-meses-de-2016>. Acesso em 09 dez. 2016.

——. IBGE- *Pesquisa Nacional pór Amostra de Domicílios*, Síntese de indicadores 2014. Disponível em: http://biblioteca.ibge.gov.br/visualizacao/livros/liv94935.pdf. Acesso em: 10. ago., 2016.

——. Lei n° 9.394, de 20 de dezembro de 1993. Estabelece as diretrizes e bases da educação nacional. *Diário Oficial*, Brasília, 23 de dezembro de 1996.

——. Lei n° 10.406, de 10 de janeiro de 2002. Institui o Código Civil. *Diário Oficial*, Brasília, 11 de janeiro de 2002.

——. Lei n° 10.792, de 1° de dezembro de 2003. Altera a Lei n° 7.210, de 11 de junho de 1984 – Lei de Execução Penal e o Decreto-Lei n° 3.689, de 3 de outubro de 1941 – Código de Processo Penal e dá outras providências. *Diário Oficial*, Brasília, 2 de dezembro de 2003.

——. Lei n° 11.690, de 9 de junho de 2008. Altera dispositivos do Decreto-Lei n° 3.689, de 3 de outubro de 1941 – Código de Processo Penal, relativos à prova, e dá outras providências. *Diário Oficial*, Brasília, 10 de junho de 2008.

——. Lei n° 11.829, de 28 de novembro de 2008. Altera a Lei n° 8.069, de 13 de julho de 1990 – Estatuto da Criança e do Adolescente, para aprimorar o combate à produção, venda e distribuição de pornografia infantil, bem como criminalizar a aquisição e a posse de tal material e outras condutas relacionadas à pedofilia na internet. *Diário Oficial*, Brasília, 26 de novembro de 2008.

——. Lei n° 12.010, de 3 de agosto de 2009. Dispõe sobre adoção; altera as Leis n°s 8.069, de 13 de julho de 1990 – Estatuto da Criança e do Adolescente, 8.560, de 29 de dezembro de 1992; revoga dispositivos da Lei n° 10.406, de 10 de janeiro de 2002 – Código Civil, e da Consolidação das Leis do Trabalho – CLT, aprovada pelo Decreto-Lei n° 5.452, de 1° de maio de 1943; e dá outras providências. *Diário Oficial*, Brasília, 4 de agosto de 2009.

——. Lei n° 12.015, de 7 de agosto de 2009. Altera o Título VI da Parte Especial do Decreto-Lei n° 2.848, de 7 de dezembro de 1940 – Código Penal, e o art. 1° da Lei n° 8.072, de 25 de julho de 1990, que dispõe sobre os crimes hediondos, nos termos do inciso XLIII do art. 5° da Constituição Federal e revoga a Lei no 2.252, de 1o de julho de 1954, que trata de corrupção de menores. *Diário Oficial*, Brasília, 10 de agosto de 2009.

——. Lei n° 12.038, de 1° de outubro de 2009. Altera o art. 250 da Lei n° 8.069, de 13 de julho de 1990 – Estatuto da Criança e do Adolescente, para determinar o fechamento definitivo de hotel, pensão, motel ou congênere que reiteradamente hospede crianças e adolescentes desacompanhados dos pais ou responsáveis, ou sem autorização. *Diário Oficial*, Brasília, 2 de outubro de 2009.

——. Ministério da Saúde. Secretaria de Atenção à Saúde. Secretaria de gestão do Trabalho e da Educação na Saúde. *Guia Prático do Cuidador*. Brasília – DF: 2008.

——. Superior Tribunal de Justiça. *Conflito de Competência n° 108.442*, julgado em 10 de março de 2010, Segunda Seção, Relatora Ministra Nancy Andrighi, DJe 15.03.2010.

——. Superior Tribunal de Justiça. *Habeas Corpus n° 136.750/AC*, julgado em 30 de junho de 2010, Sexta Turma, Relator Ministro Og Fernandes, DJe 02.08.2010.

——. Superior Tribunal de Justiça. *Habeas Corpus n° 110.876/RS*, julgado em 4 de abril de 2010, Sexta Turma, Relator Nilson Naves, DJe 20.09.2010.

——. Superior Tribunal de Justiça. *Medida Cautelar n° 16.357*, julgado em 2 de fevereiro de 2010, Terceira Turma, Relatora Ministra Nancy Andrighi, DJe 16.03.2010.

——. Superior Tribunal de Justiça. *Recurso Especial n° 1.021.634/SP*, julgado em 14 de setembro de 2010, Quinta Turma, Relator Ministro Jorge Mussi, DJe 04.10.2010.

——. Superior Tribunal de Justiça. *Recurso Ordinário em Mandado de Segurança n° 19103/RJ*, julgado em 27 de setembro de 2005, Quarta Turma, Relator Ministro Jorge Scartezzini, DJ 17.10.2005.

——. Superior Tribunal de Justiça. *Recurso Ordinário em Mandado de Segurança n° 11064/MG*, julgado em 22 de março de 2005, Quarta Turma, Relator Ministro Jorge Scartezzini, DJ 25.04.2005.

——. Superior Tribunal de Justiça. *Recurso Especial n° 1.172.067*, julgado em 18 de março de 2010, Terceira Turma, Relator Ministro Massami Uyeda, DJe 14.04.2010.

——. Superior Tribunal de Justiça. *Recurso Especial n° 1.032.875*, julgado em 28 de abril de 2009, Terceira Turma, Relatora Ministra Nancy Andrighi, DJe 11.05.2009.

——. Superior Tribunal de Justiça. *Recurso Especial n° 916.350*, julgado em 11 de março de 2008, Terceira Turma, Relatora Ministra Nancy Andrighi, DJe 26.03.2008.

——. Superior Tribunal de Justiça. *Recurso Especial n° 1.106.637*, julgado em 1° de junho de 2010, Terceira Turma, Relatora Ministra Nancy Andrighi, DJe 01.07.2010.

——. Superior Tribunal de Justiça. AgRg no REsp 1497113/RJ, julgado em 9 de junho de 2015, Terceira Turma, Rel. Ministro João Otávio De Noronha.

——. Superior Tribunal de Justiça. REsp 1448969/SC, julgado em 21 de outubro de 2014, Terceira turma, Rel. Ministro Moura Ribeiro.

——. Superior Tribunal de Justiça. REsp1.582.124/RS, julgado em 01 de abril de 2016, Ministro Reynaldo Soares da Fonseca.

——. Superior Tribual de Justiça. Recurso Especial n° REsp1.400.878/RS, julgado em 05 de abril de 2016,Ministro Reynaldo Soares da Fonseca.

——. Superior Tribunal de Justiça. *Recurso em Habeas-Corpus n° 70.976 – MS* (2016/01211838-5), julgado em 02 de agosto de 2016, Quinta Turma, Relator Ministro Ilan Paciornik, Mato Grosso do Sul.

——. Supremo Tribunal Federal. *Habeas Corpus n° 67.052*, julgado em 3 de março de 1989, Primeira Turma, Relator Ministro Octavio Gallotti, Pernambuco.

——. Supremo Tribunal Federal. *Habeas Corpus n° 101.456*, julgado em 9 de março de 2010, Segunda Turma, Relator Ministro Eros Grau, Minas Gerais.

——. Supremo Tribunal Federal. *Recurso Extraordinário Criminal n° 85.594*, julgado em 18 de outubro de 1977, Primeira Turma, Relator Ministro Antonio Neder, Minas Gerais.

——. Tribunal de Justiça do Rio Grande do Sul. *Agravo de Instrumento n° 70015391758*, julgado em 16 de agosto de 2006, Sétima Câmara Cível, Relatora Desembargadora Maria Berenice Dias, Passo Fundo.

——. Tribunal de Justiça do Rio Grande do Sul. *Agravo de Instrumento n° 70016798654*, julgado em 08 de novembro 2006, Sétima Câmara Cível, Relator Desembargador Luiz Felipe Brasil Santos, Espumoso.

——. Tribunal de Justiça do Rio Grande do Sul. *Agravo de Instrumento n° 70015902729*, julgado em 06 de setembro 2006, Sétima Câmara Cível, Relator Desembargador Luiz Felipe Brasil Santos, Porto Alegre.

——. Tribunal de Justiça do Rio Grande do Sul. *Agravo de Instrumento n° 70014814479*, julgado em 07 de junho de 2006, Sétima Câmara Cível, Relatora Desembargadora Maria Berenice Dias, Santa Vitória do Palmar.

——. Tribunal de Justiça de Minas Gerais. *Apelação Cível n° 1.0079.11.052500-7/001*, Julgado em 05 de junho de 2014, 4ª Câmara Cível, Relator Des. Dárcio Lopardi Mendes.

——. Tribunal de Justiça do Rio Grande do Sul. *Apelação Cível n° 70014552947*, julgado em 02 de agosto de 2006, Sétima Câmara Cível, Relator Desembargador Luiz Felipe Brasil Santos, Alvorada.

——. Tribunal de Justiça do Rio Grande do Sul. *Agravo de Instrumento N° 70070635164*, julgado em 05 de agosto de 2016, Sétima Câmara Cível, Relatora Desembargadora Liselena Schifino Robles Ribeiro.

Inquirição da criança vítima de violência sexual

——. Tribunal de Justiça do Rio Grande do Sul. *Apelação e Reexame Necessário N° 70068747625*, julgado em 27 de julho de 2016, Sétima Câmara Cível, Relator Desembargador Sérgio Fernando de Vasconcellos Chaves.

——. Tribunal de Justiça do Rio Grande do Sul. *Conflito de Competência N° 70058601295*, julgado em 27 de fevereiro de 2014, Sétima Câmara Cível, Relator: Des. Sérgio Fernando de Vasconcellos Chaves.

——. Tribunal de Justiça do Rio Grande do Sul. *Conflito de Competência N° 70069627693*, julgado em 28 de julho de 2016, Oitava Câmara Cível, Relator: Rui Portanova.

——. Tribunal de Justiça do Rio Grande do Sul. *Agravo de Instrumento N° 70065686636*, julgado em 19 de novembro de 2015, Oitava Câmara Cível, Relator: Luiz Felipe Brasil Santos.

——. Tribunal de Justiça do Rio Grande do Sul. *Agravo de Instrumento N° 70066815416*, julgado em 24 de fevereiro de 2016, Sétima Câmara Cível, Tribunal de Justiça do RS, Relator: Jorge Luís Dall'Agnol.

——. Tribunal de Justiça de Santa Catarina. *Agravo de Instrumento N° 2015.051018-1*, julgado em 28 de janeiro de 2016, 4ª Câmara de Direito Civil, Relator: Joel Dias Figueira Júnior.

——. Tribunal de Justiça de Minas Gerais. *Apelação n° 1.0647.13.002668-3/002*, julgado em 19 de março de 2015, 4ª Câmara Cível, Relator Des. Dárcio Lopardi Mendes.

——. Tribunal de Justiça do Rio Grande do Sul. *Apelação Crime n° 70008977142*, julgado em 23 de setembro de 2004, Sétima Câmara Criminal, Relator Desembargador Marcelo Bandeira Pereira, Pelotas.

——. Tribunal de Justiça do Rio Grande do Sul. *Apelação Crime n° 70027394782*, julgado em 10 de setembro de 2009, Sexta Câmara Criminal, Relator Desembargador Aymoré Roque Pottes de Mello, Farroupilha.

——. Tribunal de Justiça do Estado do Rio Grande do Sul, *Apelação e Reexame Necessário n° 70003029501*, julgado em 12 de setembro de 2001, Sétima Câmara Cível, Relator Desembargador Luiz Felipe Brasil Santos, Santa Cruz do Sul.

——. Tribunal de Justiça do Estado do Rio Grande do Sul, *Conflito de Competência N° 70058601295*, Sétima Câmara Cível, Tribunal de Justiça do RS, Relator: Sérgio Fernando de Vasconcellos Chaves, Julgado em 27/02/2014)

——. Tribunal de Justiça do Estado do Rio Grande do Sul, *Agravo n° 70068078617*, julgado em 24 de fevereiro de 2016, 7ª Câmara Cível Relator Desª Liselena Schifino Robles Ribeiro.

——. UNICEF. *UNICEF pede 'tolerância zero' à violência contra crianças e adolescentes*. Disponível em: https://nacoesunidas.org/brasil-unicef-pede-tolerancia-zero-a-violencia-contra-criancas-e-adolescentes/. Acesso em: 10 ago. 2016.

BRAUN, Suzana. *A violência sexual infantil na família: do silêncio à revelação do segredo*. Porto Alegre: AGE, 2002.

BRAUNER, Maria Claudia Crespo. Apresentação. In: BEUTER, Carla Simone. *A (des) consideração pela infância: uma análise dos direitos sexuais diante das redes de exploração sexual*. Caxias do Sul: Educs, 2007.

——. Nascer com dignidade frente à crescente instrumentalização da reprodução humana. *Revista de Direito*. Santa Cruz do Sul, n. 14, jul/dez 2000.

—— (Org). *Violência Sexual Intrafamiliar: uma visão interdisciplinar, contribuições do Direito, da Antropologia, da Psicologia e da Medicina*. Pelotas: Delfos, 2008.

BRENDLER, John *et al. Doença mental, caos e violência: terapia com famílias à beira da ruptura*. Traduzido por Rose Eliane Starosta. Porto Alegre: Artes Médicas, 1994.

BRITO, Leila Maria Torraca de. Diga-me agora... O depoimento sem dano em análise. *Revista Psicologia Clínica*, Rio de Janeiro, v. 20, n. 2, p. 113-125, 2008. Disponível em: <http://www.scielo.br/pdf/pc/v20n2/a09v20n2.pdf>. Acesso em: 12. Mar. 2009.

BRUÑOL, Miguel Cillero. O interesse superior da criança no marco da Convenção Internacional sobre os Direitos da Criança. In: MENDEZ, Emílio García; BELOFF, Mary (Orgs.). *Infância, Lei e Democracia na América Latina*. v. 1. Blumenau: FURB, 2001.

BÜHRING, Marcia Andrea. *Direitos Humanos e Fundamentais: Para Além da Dignidade da Pessoa Humana*, v.1, Porto Alegre: Editora Fi, 2014.

CAMINHA, Renato M. O Conselho de Direitos frente à violência e os maus-tratos. In: KRISTENSEN, Chistian Haag; OLIVEIRA, Margrit Sauer; FLORES, Renato Zamora. Violência contra crianças e adolescentes na Grande Porto Alegre. In: —— *et al. Violência Doméstica*. Porto Alegre: Fundação Maurício Sirotsky; AMENCAR, 1998.

CAMÕES, Cristina. *Violência sexual em menores*, 2006. Disponível em: <http://www.psicologia.com. pt/artigos/textos/A0245.pdf>. Acesso em: 18. Jun. 2010.

CAMPANHOLE, Hilton Lobo; CAMPANHOLE, Adriano. *Constituições do Brasil.* 14. ed. São Paulo: Atlas, 2000.

CAMPOS, Maria Angela Mirim da Rosa; SCHOR, Néia. Violência sexual como questão de saúde pública: importância da busca ao agressor. *Saúde Soc.* [online], v. 17, n. 3, p. 190-200, 2008. Disponível em: <http://www.scielo.br/pdf/sausoc/v17n3/19.pdf>. Acesso em: 16. Abr. 2010.

CARRION, Eduardo Kroeff Machado. *Direitos Humanos. Apontamentos de Direito Constitucional.* Porto Alegre: Livraria do Advogado, 1997.

———. A Efetividade dos Direitos Fundamentais. *Revista da FEMARGS.* Porto Alegre: FEMARGS, n. 4, p. 17-19, dez. 2001.

CASTEX, Mariano. *Dano Psíquico.* Buenos Aires: Tekné, 1997.

CÉLIA, Salvador. Maltrato e negligência: intervenção a nível preventivo. In: LIPPI, José Raimundo da Silva. *Abuso e negligência na infância: prevenção e direitos.* Rio de Janeiro: Científica Nacional, 1990.

CENTRO DE APOIO DA INFÂNCIA E DA JUVENTUDE DO MINISTÉRIO PÚBLICO DO RIO GRANDE DO SUL. *Caderno de Prestação de Contas dos Conselhos Tutelares de Porto Alegre,* 2010. Disponível em: <http://www.mp.rs.gov.br/areas/infancia/arquivos/caderno_prestacao_contas_ct2009.pdf>. Acesso em: 16. Abr. 2010.

CENTRO DE REFERÊNCIA, ESTUDOS E AÇÕES SOBRE CRIANÇAS E ADOLESCENTE – CECRIA. *Políticas públicas e estratégias contra a exploração sexual e comercial e o abuso sexual intrafamiliar de crianças e adolescente,* 1997. Disponível em: <http://www.cecria.org.br/pub/oficina_de_politicas_publicas_mj.rtf>. Acesso em: 16. Abr. 2010.

CEZAR, José Antônio Daltoé. A escuta de crianças e adolescentes em juízo. Uma questão legal ou um exercício de direitos? In: POTTER, Luciane (Org.). *Depoimento sem Dano: uma política de redução de danos.* Rio de Janeiro: Lumen Juris, 2010, p. 71-86.

CHALK, Rosemary; GIBBONS, Alison; SCARUPA, Harriet J. The multiple dimensions of child abuse and neglect: New insights into na old problem. *Child Trends,* November 20, Washington, 2006. Disponível em: <www.childtrends.org/files/ChildAbuseRB.pdf>. Acesso em: 15. Set. 2010.

CHARAM, Isaac. *O estupro e o assédio sexual: como não ser a próxima vítima.* Rio de Janeiro: Editora Rosa dos Tempos, 1997.

CHAVES, Sérgio Fernando Vasconcellos. O papel do Poder Judiciário. In: AZAMBUJA, Maria Regina Fay de; FERREIRA, Maria Helena Mariante (Coords). *Violência Sexual contra Crianças e Adolescentes.* Porto Alegre: ARTMED, 2011, p. 340-352.

CHRISTOFFEL, Katherine Kaufer; SCHELDT, Peter; AGRAN, Phyllis; KRAUS, Jess; MCLOUGHLIN, Elizabeth; PAULSON, Jerome. *Standart definition for childhood injury research.* Washington, DC: NICHD, 1992.

COELHO, Bernardo Leôncio Moura. O bloco de constitucionalidade e a proteção à criança. *Revista de Informação Legislativa,* Brasília, v. 31, n. 123, jul.-set. 1994, p. 259 – 266.

COHEN, Cláudio (Coord.). *Abuso sexual: que violência é essa?* São Paulo: Cearas/Santo André, CRAMI-ABCD, 2000.

CONSELHO NACIONAL DE JUSTIÇA. *Resolução nº 75,* de 12 de maio de 2009. Disponível em: <http://www.cnj.jus.br/images/stories/docs_cnj/resolucao/rescnj_75.pdf>. Acesso em: 15. Maio. 2010.

CONSELHO NACIONAL DOS DIREITOS DA CRIANÇA E DO ADOLESCENTE (CONANDA). *Deliberações: Diretrizes, Moções e Recomendações da 8ª Conferência Nacional dos Direitos da Criança e do Adolescente,* 2009. Disponível em: <http://www.presidencia.gov.br/estrutura_presidencia/sedh/conselho/conanda/>. Acesso em: 09. Jun. 2010.

———. *Os congressos anteriores,* 2010. Disponível em: <http://www.presidencia.gov.br/estrutura_presidencia/sedh/spdca/congresso_mundial/congressos/>. Acesso em: 06. Set. 2010.

CONSELHO TUTELAR. *Prestação de contas do Conselho Tutelar.* Ano Base 2015. Dados Sintéticos. Disponível em: <http://www2.portoalegre.rs.gov.br/conselhos_tutelares/default.php?p_secao=29>. Acesso em: 12 ago. 2016.

CONTE, Bárbara de Souza. Depoimento sem dano: a escuta da psicanálise ou a escuta do direito? *Revista Psico da PUC.* Porto Alegre, v. 39, n. 2, p. 219-223, abr.-jun. 2008,. Disponível em: <http://revistaseletronicas.pucrs.br/ojs/index.php/revistapsico/article/viewFile/2262/3043>. Acesso em: 15. Maio. 2008.

Inquirição da criança vítima de violência sexual

CONANDA. Disque 100 recebe quase cinco mil denúncias de violência sexual contra crianças e adolescentes nos primeiros quatro meses de 2016. Disponível em: <http://www.sdh.gov.br/noticias/2016/maio/disque-100-recebe-quase-cinco-mil-denuncias-de-violencia-sexual-contra-criancas-e-adolescentes-nos-primeiros-quatro-meses-de-2016>. Acesso em: 15 ago. 2016.

CORAZZA, Sandra Mara. *História da infância sem fim*. Ijuí (RS): UNIJUÍ, 2000.

——. *Infância & Educação – Era uma vez – quer que conte outra vez?* Petrópolis (RJ): Vozes, 2002.

COUTO, Berenice Rojas. A Assistência Social como Política Pública: do Sistema Descentralizado e Participativo ao Sistema Único da Assistência Social – SUAS. In: MENDES, Jussara Maria Rosa; PRATES, Jane Cruz; AGUINSKY, Beatriz. *Capacitação sobre PNAS e SUAS: no caminho da implantação*. Porto Alegre: EDIPUCRS, 2006, p. 26-37.

——; SILVA, Marta Borba. A política de assistência social e o Sistema Único da Assistência Social: a trajetória da constituição da política pública. In: MENDES, Jussara Maria Rosa; PRATES, Jane Cruz; AGUINSKY, Beatriz G. *O Sistema Único de Assistência Social, entre a fundamentação e o desafio da implantação*. Porto Alegre: EDIPUCRS, 2009, p. 31-44.

COUTO, Mia. *O último sol do flamingo*. São Paulo: Companhia das Letras, 2001.

——. O menino que fazia versos. In: ——. *O fio das missangas*. São Paulo: Companhia das Letras, 2009.

CRAMI. Centro Regional de Atenção aos Maus-Tratos na Infância do ABCD. *Pesquisa: casos notificados em 2015*. Disponível em: <http://crami.org.br/pesquisa/>. Acesso em 09.08.2016.

CRETELLA JÚNIOR, José. *Comentários à Constituição de 1988*. Rio de Janeiro: Forense Universitária, 1992.

CROMBERG, Renata Udler. *Cena Incestuosa: abuso e violência sexual*. São Paulo: Casa do Psicólogo, 2001.

——. *Cena Incestuosa, Clínica Psicanalítica*. São Paulo: Casa do Psicólogo, 2004.

CRUZ, Lilian Rodrigues da. Entre as legislações e a práxis do acolhimento para crianças e adolescentes. In: MENDES, Jussara Maria Rosa; PRATES, Jane Cruz; AGUINSKY, Beatriz G. *O Sistema Único de Assistência Social, entre a fundamentação e o desafio da implantação*. Porto Alegre: EDIPUCRS, 2009, p. 225-244.

CURY, Munir. Da Constituição Federal ao Estatuto da Criança e do Adolescente. *Revista Justitia*, São Paulo, n. 164, out/dez 1993.

——; AMARAL E SILVA, Antônio Fernando; GARCÍA MENDEZ, Emílio (Coords.). *Estatuto da Criança e do Adolescente Comentado*. 10. ed. atual. São Paulo: Malheiros, 2010.

DALLARI, Dalmo de Abreu. *Bioética e Direitos Humanos*, 1998. Disponível em: <http://www.ufpel.tche.br/medicina/bioetica/artigo6.pdf>. Acesso em: 18. Jan. 2010.

DAY, Vivian Peres; TELLES, Lisieux E. de B.; ZORATTO, Pedro Henrique; AZAMBUJA, Maria Regina Fay de; MACHADO, Denise Arlete; SILVEIRA, Marisa Braz; DEBIAGGI, Moema; REIS, Maria da Graça; CARDOSO, Rogério Göettert; BLANK, Paulo. Violência doméstica e suas diferentes manifestações. *Revista de Psiquiatria do Rio Grande do Sul*, v. 25, p. 9-21, abril 2003.

DEBASTIANI, Cínara; BELLINI, Maria Ysabel Barros. Fortalecimento da rede e empoderamento familiar. *Boletim da Saúde*, Porto Alegre, v. 21, n. 1, p. 77-87, jan.-jun. 2007.

DECLARAÇÃO DO RIO DE JANEIRO E CHAMADA PARA AÇÃO PARA PREVENIR E ELIMINAR A EXPLORAÇÃO SEXUAL DE CRIANÇAS E ADOLESCENTES. Disponível em: <http://iiicongressomundial.net/congresso/arquivos/Declaracao%20do%20Rio%20e%20Chamada%20para%20Acao%20-%20Versao%20FINAL.pdf>. Acesso em: 06. Set. 2010.

DEKEUWER-DÉFOSSEZ, Françoise. *Les droits de l'enfant*. Paris: PUF, 1991.

DELFINO, Vanessa; BIASOLI-ALVES, Zélia Maria Mendes; SAGIM, Mírian Botelho; VENTURINI, Fabiola Perri. A identificação da violência doméstica e da negligência por pais de camada média e popular. *Texto contexto – enfermagem* [online], 2005, v. 14, p. 38-46. Disponível em: <http://www.scielo.br/pdf/tce/v14nspe/a04v14nspe.pdf>. Acesso em: 16. Abr. 2010.

DESLANDES, Suely Ferreira; MENDES, Corina Helena Figueira; LUZ, Eliane Santos da. Análise de desempenho de sistema de indicadores para o enfrentamento da violência intrafamiliar e exploração sexual de crianças e adolescentes. *Ciência e saúde coletiva*, Rio de Janeiro, v. 3, n. 19, p. 865-874, 2014.

DIAS. Isabel. *Exclusão social e violência doméstica: que relação?*, 2007. Disponível em: <http://ler.letras.up.pt/uploads/ficheiros/1457.pdf>. Acesso em: 22. Jun. 2007.

DIAS, Maria Berenice. *Manual de Direito das Famílias*. 3. ed. rev. atual. e ampl. São Paulo: Revista dos Tribunais, 2006.

——. *Manual de Direito das Famílias*. 4. ed. São Paulo: Revista dos Tribunais, 2007.

DICIONÁRIO ELETRÔNICO AURÉLIO – Século XXI.

DREZETT, Jefferson. Aspectos biopsicossociais da violência sexual. *Anais da Reunión Internacional Violência: Ética, Justicia y Salud para la Mujer*, agosto de 2000, Monterrey, Nuevo Leon, México. Disponível em: <http://www.ipas.org.br/arquivos/jefferson/mexico.doc>. Acesso em: 30. Mar. 2010.

DURAN, Sérgio. *Violência mata 4 mil crianças por ano*, 2008. Disponível em: <http://www.estadao.com.br/estadaodehoje/20080421/not_imp160209,0.php>. Acesso em: 17. Jan. 2010.

DSM-5. *Manual Diagnóstico e Estatístico de Transtornos Mentais*. 5ª edição. American Psychiatric Association. Porto Alegre: Armed, 2014.

EISLER, Riane. *Os benefícios da parceria: quando as crianças são honradas, há paz e prosperidade*. In: CAVOUKIAN, Raffi; OLFMAN, Sharna (Orgs.). *Honrar a Criança: como transformar este mundo*. Tradução Alyne Azuma. São Paulo: Instituto Alana, 2009, p. 83-92.

FACHIN, Luiz Edson. *Comentários ao Novo Código Civil. do Direito de Família. Do Direito Pessoal. Das Relações de Parentesco. Arts. 1.591 a 1.638. v. XVIII*. Rio de Janeiro: Forense, 2003.

——. *Elementos críticos do direito de família: curso de direito civil*. Rio de Janeiro: Renovar, 1999.

——. Direito além do novo Código Civil: novas situações sociais, filiação e família. *Revista Brasileira de Direito de Família*, Porto Alegre, Síntese, IBDFAM, v. 5, n. 17, p. 7-35, abr./maio 2003.

FALEIROS, Eva T. Silveira. *Repensando os conceitos de violência, abuso e exploração sexual de crianças e adolescentes*. Brasília: Thesaurus, 2000.

——; CAMPOS, Josete de Oliveira. *Repensando os conceitos de violência, abuso e exploração sexual de crianças e de adolescentes*, 2000. Disponível em: <http://www.cecria.org.br/pub/livro_repensando_os_conceitos_eva_publicacoes.pdf> Acesso em: 09. Jun. 2010.

FALEIROS, Vicente de Paula. *A violência sexual contra crianças e adolescentes e a construção de indicadores: a crítica do poder, da desigualdade e do imaginário*, 2007. Disponível em: <http://www.cecria.org.br/banco/indicadores%20texto%20faleiros.rtf>. Acesso em: 23. Jun. 2008.

——. Desafios para o serviço social na era da globalização. *Serviço Social & Sociedade*, São Paulo, v. 20, n, 61, p. 152-186, 1999.

FARIA, Bento de. *Código de Processo Penal*. Rio de Janeiro: Livraria Jacintho, 1942.

FARINATTI, Franklin; BIAZUS, Daniel; LEITE, Marcelo Borges. *Pediatria Social: a criança maltratada*. Rio de Janeiro: MEDSI, 1993.

——. A criança vitimizada. *Revista Médica da Santa Casa*, Porto Alegre, ano IV, n. 7, p. 684-689, 1992.

FÁVERO, Eunice Teresinha. Depoimento sem dano, proteção integral e serviço social: refletindo sobre a (im)propriedade da exposição da criança e do adolescente e uso de intérprete. In: POTTER, Luciane (Org.). *Depoimento sem dano: uma política criminal de redução de danos*. Rio de Janeiro: Lumen Juris, 2010, p. 177-209.

——. *Instruções sociais de processos, sentenças e decisões*. Texto original preparado para o Curso de Especialização à Distância – Serviço Social: Direitos Sociais e Competências Profissionais. Organizado pelo CFESS, ABEEPSS e certificado pela UNB, Brasília, 2007.

——. O Estudo Social. Fundamentos e particularidades de sua construção na área judiciária. In: Conselho Federal de Serviço Social CFESS (Org.). *O estudo social em perícias, laudos e pareceres técnicos, contribuição ao debate no Judiciário, Penitenciário e na Previdência Social*. 6. ed. São Paulo: Cortez, 2006.

——. O Estudo Social. Fundamentos e particularidades de sua construção na área judiciária. In: Conselho Federal de Serviço Social CFESS (Org.). *O estudo social em perícias, laudos e pareceres técnicos, contribuição ao debate no Judiciário, Penitenciário e na Previdência Social*. 8. ed. São Paulo: Cortez, 2008.

FERNANDES, Antônio. Os Direitos da Criança no Contexto das Instituições Democráticas. In: OLIVEIRA-FORMOSINHO, Júlia (Org.). *A Criança na Sociedade Contemporânea*. Lisboa: Universidade Aberta, Manual da Disciplina, 2004.

FERREIRA, Ana Lúcia; GONÇALVES, Hebe Signorini; MARQUES, Mário José Ventura; SOUZA MORAES, Sylvia Regina. A prevenção da violência contra a criança na experiência do Ambulatório de Atendimento à Família: entraves e possibilidades de atuação. *Ciência & Saúde Coletiva*, Rio de Janeiro, v. 4, n. 1, 1999.

Inquirição da criança vítima de violência sexual

FERREIRA, Jefferson Drezett. *Estudo de fatores relacionados com a violência sexual contra crianças, adolescentes e mulheres adultas.* Tese de Doutorado. Centro de referência da Saúde da Mulher e de Nutrição, Alimentação e desenvolvimento Infantil, Escola de Medicina/USP, 2000. Disponível em: <http://www.ipas.org.br/rhamas/tese.html>. Acesso em: 12. Abr. 2010.

FERREIRA, Lúcia Maria Teixeira. Crianças abandonadas e o cuidado: estudo a partir do final do século XIX até a construção do amanhã. In: PEREIRA, Tânia da Silva; OLIVEIRA, Guilherme de (Coords). *O cuidado como Valor Jurídico.* Rio de Janeiro: Forense, 2008, p. 139-162.

FERREIRA, Luiz Antonio Miguel. O Ministério Público e o direito da criança à convivência familiar. In: AZAMBUJA, Maria Regina Fay de; FERREIRA, Maria Helena Mariante (Coords). *Violência Sexual contra Crianças e Adolescentes.* Porto Alegre: ARTMED, 2011, p. 318-326.

FERREIRA, Maria Helena Mariante. Algumas reflexões sobre a perplexidade compartilhada diante do abuso sexual. *Revista de Psicoterapia da Infância e Adolescência,* Porto Alegre, CEAPIA, n. 12, nov. 1999.

——; MARCZIK, Camile Fleury; ARAUJO, Marlene Silveira; ZELMANOWICZ Andréa Higert Cardoso. O brinquedo no diagnóstico de abuso. In: AZAMBUJA, Maria Regina Fay de; FERREIRA, Maria Helena Mariante (Coords). *Violência Sexual contra Crianças e Adolescentes.* Porto Alegre: ARTMED, 2011, p. 150-161.

FERREIRA, Maria Inês Caetano. Violência contra a criança na família e fora da família abordada pela imprensa. *Revista Brasileira de Ciências Criminais,* São Paulo; Revista dos Tribunais, ano 4, n. 15, jul/set 1996.

FISCHER, Rosa Maria; SCHOENMAKER, Luana. *Retratos dos direitos da criança e do adolescente no Brasil: pesquisa de narrativas sobre a aplicação do ECA.* São Paulo: Ceats/FIA, 2010.

FLORIANO, Miriam Villamil Balestro. *A Declaração dos Direitos Humanos e sua perspectiva tradução em políticas públicas: obrigação de todos para com todos,* 2008. Disponível em: <http://intra.mp.rs.gov.br/atuacao/artigo/id16556.html>. Acesso em: 18. Jan. 2010.

FOLHA DE PERNAMBUCO. *Violência contra criança,* Recife, 02 jun. 2009. Disponível em: <www.achanoticias.com.br/noticia_pdf.kmf?noticia=8511851>. Acesso em: 18. Jan. 2010.

FONSECA, Antônio Cezar Lima da. A ação de destituição do pátrio poder. *Revista Igualdade,* Curitiba: Centro de Apoio Operacional das Promotorias da Infância e Juventude do Ministério Público do Paraná, v. 8, n. 29, out/dez 2000.

FONSECA, Arilton Martins; GALDUROZ, José Carlos Fernandes; TONDOWSKI, Cláudia Silveira; NOTO, Ana Regina. Padrões de violência domiciliar associada ao uso de álcool no Brasil. *Rev. Saúde Pública* [online], v. 43, n. 5, p. 743-749, 2009. Disponível em: <http://www.scielo.br/scielo.php?script=sci_arttext&pid=S0034-89102009000500002&lng=pt&nrm=i&tlng=pt>. Acesso em: 19. Jan. 2010.

FÓRUM NACIONAL DOS DIREITOS DA CRIANÇA E DO ADOLESCENTE. *CDC completa 20 anos e Brasil ainda não apresentou relatório,* 21 out. 2009. Disponível em: <http://www.forumdca.org.br/index.cfm?pagina=noticiasicia=92>. Acesso em: 27. Jan. 2010.

FRANÇA, Genival Veloso de. *Medicina Legal.* 5. ed. Rio de Janeiro: Guanabara Koogan, 1998.

FREITAS, Marcos Cezar de (Org.). *História Social da Infância no Brasil.* 2. ed. São Paulo: Cortez, 1997.

FREUD, Sigmund (1919). Uma criança é espancada: uma contribuição ao estudo das perversões sexuais. In: *Edição Standard Brasileira das Obras Psicológicas Completas de Sigmund Freud.* Rio de Janeiro: Imago, 1996.

FURNISS, Tilman. *Abuso Sexual da Criança: uma abordagem multidisciplinar, manejo, terapia, e intervenção legal integrados.* Traduzido por Maria Adriana Veríssimo Veronese. Porto Alegre: Artes Médicas, 1993.

FUZIWARA; Aurea Satomi; FÁVERO, Eunice Teresinha. A violência sexual e os direitos da criança e do adolescente. In: AZAMBUJA, Maria Regina Fay de; FERREIRA, Maria Helena Mariante (Coords). *Violência Sexual contra Crianças e Adolescentes.* Porto Alegre: ARTMED, 2011, p. 35-47.

GABEL, Marceline. Algumas observações preliminares. In: GABEL, Marceline (Org.). *Crianças vítimas de abuso sexual.* São Paulo: Summus, 1999, p. 9-13.

GALVÃO, Ana Luiza; ABUCHAIM, Cláudio Moojen. *Alcoolismo e Adições: transtornos psiquiátricos relacionados ao uso de álcool e outras substâncias psicoativas,* 01.11.2001. Disponível em: <http://www.abcdasaude.com.br/artigo.php?16>. Acesso em: 08. Jun. 2010.

GAMA, Guilherme Calmon Nogueira da. *A nova filiação: o biodireito e as relações parentais.* Rio de Janeiro: Renovar, 2003.

——. *Princípios Constitucionais de Direito de Família: Família, Criança, Adolescente e Idoso.* São Paulo: Atlas, 2008.

GARFINKEL, Barry D.; CARLSON, Grabrielle A.; WELLER, Elizabeth B. *Infância e adolescência.* Porto Alegre: Artes Médicas, 1992.

GESSE, Claudia Maria Camargo; AQUOTTI, Marcus Vinicius Feltrim. As consequências físicas e psíquicas da violência no crime de estupro e no de atentado violento ao pudor. *Intertem@s*, v. 16, n. 16, 2008. Disponível em: <http://intertemas.unitoledo.br/revista/index.php/Juridica/article/view/683/703>. Acesso em: 04. Ago. 2010.

GIÁCOMO, Murillo José. Análise da sistemática de atendimento adotada pelo Centro de Referência Especializado de Assistência Social – CREAS, no Município de Ponta Grossa. *Revista do Juizado da Infância e da Juventude do Tribunal de Justiça do Rio Grande do Sul*, ano VII, n, 17, p. 9-12. Disponível em: <http://jij.tj.rs.gov.br/jij_site/docs/REVISTA/JIJ+17.PDF>. Acesso em: 23. Abr. 2010.

GIORGIS, José Carlos Teixeira. Os crimes sexuais e a pessoa vulnerável. In: *Criança e Adolescente. Revista Digital Multidisciplinar do Ministério Público – RS*, n. 1, p. 26-42, jul. / set. 2010,. Disponível em: <http://www.mp.rs.gov.br/areas/infancia/arquivos/revista_digital/revista_digital_ed_01.pdf>. Acesso em: 27. Jul. 2010.

GODBOUT, Jacques. *O Espírito da dádiva.* Rio de Janeiro: Fundação Getulio Vargas, 1999.

GOMES, Romeu; SILVA, Cosme Marcelo Furtado Passos da; NJAINE, Kathie. Prevenção à violência contra a criança e o adolescente sob a ótica da saúde: um estudo bibliográfico. *Ciência e Saúde Coletiva* [online], v. 4, n. 1, p. 171-181, 1999. Disponível em: <http://www.scielo.br/pdf/csc/v4n1/7140.pdf>. Acesso em: 16. Mar. 2010.

GOMES FILHO, Antonio Magalhães. *Presunção de inocência e prisão cautelar.* São Paulo: Saraiva, 2001.

GONZÁLEZ, Rodrigo Stumpf. A violência contra a criança e o adolescente no Brasil. *Estudos Jurídicos*, São Leopoldo, v. 29, n. 75, jan. /abr., 1996.

——. Criança também é gente: a trajetória brasileira na luta pelo respeito aos direitos humanos da infância e juventude. In: VIOLA, Solon; PIRES, Cecília; ALBUQUERQUE, Paulo de; KEIL, Ivete (Org.). *Direitos Humanos – Pobreza e Exclusão.* São Leopoldo: [s.n.], 2000.

——. *Saiba como dizer não à violência.* Porto Alegre: Movimento Nacional de Meninos e Meninas de Rua, 1995.

GROSMAN, Cecilia. Los derechos humanos del niño. In: HERRERA, Marisa (Coord.). *La familia em el nuevo derecho.* Tomo II. Santa Fé: Rubinzal-Culzoni, 2009, p. 115-130.

GROSSI, Patrícia Krieger. Relação entre abuso de álcool e violência conjugal. *Revista EDUCAÇÃO*, Pontifícia Universidade Católica do Rio Grande do Sul, ano XVIII, n. 28, p. 103-108, 1995.

GROSSMANN, Elias. *Paz e república mundial: de Kant a Höffe.* Tese de doutorado apresentado no Programa de Pós-Graduação em Filosofia da Pontifícia Universidade Católica do Rio Grande do Sul, 2006.

GRUPO DE INVESTIGACIÓN LABORATORIO UNIVERSITARIO DE ESTUDIOS SOCIALES. *Encuentros inevitables entre incluidos y excluidos en espacios sociales escolares de la ciudade de Medellín.* Colômbia: Fundación Universitaria Luis Amigó, 2005.

GUERRA, Viviane Nogueira de Azevedo. *Violência de Pais contra Filhos: a tragédia revisitada.* 3. ed. São Paulo: Cortez, 1998.

——; SANTORO JÚNIOR, Mário; AZEVEDO, Maria Amélia. Violência doméstica contra crianças e adolescentes e políticas de atendimento: do silêncio ao compromisso. *Revista Brasileira do Crescimento e Desenvolvimento Humano*, São Paulo, v.2, n.1, 1992.

GUSMÃO, Paulo Dourado de. *Introdução ao estudo do Direito.* 29. ed. Rio de Janeiro: Forense, 2001.

HERBST, M; GALVANO, A; ZEIGUER, N; TIBERTI, P; BIGNES, A; MACHADO O; MUCHINIK, G; FABRE, R. Hallazgos en niñas y púberes sexualmente abusadas. *Rev. Soc. Argent. Ginecol.*, Infanto Juvenil v. 6, p. 3-14. 1999.

HEYWOOD, Colin. *Uma história da infância: da Idade Média à época contemporânea no Ocidente.* Porto Alegre: Artmed, 2004.

HIRATA, Paula Quessada; BALTAZAR, José Antônio. Os efeitos psicossociais causados em vítimas de abuso sexual. *Revista Terra e Cultura*, ano 22, n, 43, p. 90-92, jul. /dez. 2006. Disponível em: <http://web.unifil.br/docs/revista_eletronica/terra_cultura/n43/terra_09.pdf>. Acesso em: 17. Jun. 2010.

HOSPITAL DE CLÍNICAS DE PORTO ALEGRE. *Relatório Anual*, 2001.

Inquirição da criança vítima de violência sexual

HOSPITAL MATERNO INFANTIL PRESIDENTE VARGAS. *Ata da Reunião do CRAI e dos Conselhos Tutelares de Porto Alegre*, realizada em 27.07.2010.

IAMAMOTO, Marilda Villela. Projeto profissional, Espaços Ocupacionais e Trabalho do Assistente Social na Atualidade. In: CONSELHO FEDERAL DE SERVIÇO SOCIAL. *Atribuições Privativas do(a) Assistente Social*. Brasília: CFESS, 2002. p. 13-50.

INSTITUTO BRASILEIRO DE GEOGRAFIA E ESTATÍSTICA (IBGE). *Síntese de indicadores sociais: uma análise das condições de vida da população brasileira 2008*. Disponível em: <http://www.ibge. gov.br/home/estatistica/populacao/condicaodevida/indicadoresminimos/sinteseindicso-ciais2008/indic_sociais2008.pdf>. Acesso em: 01. Jun. 2010.

——. Pesquisa *Nacional por Amostra de Domicílios: Síntese de Indicadores 2014*. Coordenação de Trabalho e Rendimento. Rio de Janeiro: IBGE, 2015.

JAERGER, Fernanda Pires; MOTTA, Roberta Fin; ROCHA, Amanda Oliveira; PAULI, Cassiele Gomes; HOFFMEISTER, Fernanda Xavier; SCOTT, Juliano Beck. *Políticas públicas e as situações de violência contra a criança*, 2010. Disponível em: <http://www.abrapso.org.br/siteprincipal/images/Anais_XVENABRAPSO/188.%20pol%CDticas%20p%DAblicas%20e%20as%20situa%C7%D5es%20de%20viol%CAncia%20contra%20a%20crian%C7a.pdf>. Acesso em: 16. Abr. 2010.

JAPIASSU, Hilton. *Interdisciplinaridade e patologia do saber*. Rio de Janeiro: Imago, 1976.

JOHNSON, Charles F. Abuse and neglect of children. In: Behman RE, Kliegman RM, Jenson HB. *Nelson textboock of pediatrics*. 17. ed. Pennsylvania: Elsevier Science, 2004.

——. Abuso na infância e o psiquiatra infantil. In: GARFINKEL, Barry D.; CARLSON, Gabrielle A.; WELLER, Elizabeth B. *Infância e Adolescência*. Porto Alegre: Artes Médicas, 1992.

JUNG, Flávia Hermann. *Abuso sexual na infância: uma leitura fenomenológica-existencial através do Psidiagnóstico Rorschach*. Dissertação apresentada no Mestrado em Psicologia na Universidade Católica de Goiás, março de 2006. Disponível em: <http://tede.biblioteca.ucg.br/tde_busca/arquivo. php?codArquivo=154>. Acesso em: 27. Jan. 2010.

JUNQUEIRA, Luciano A. Prates. Descentralização, intersetorialidade e rede como estratégias de gestão da cidade. *Revista FEA-PUC-SP*, São Paulo, v. 1, p. 57-72, nov. 1999.

KAPLAN, Sandra J. Abuso Físico e Negligência. In: LEWIS, Melvin (Org.). *Tratado de psiquiatria da infância e adolescência*. Porto Alegre: Artes Médicas, 1995.

KAREN, R. *Becoming Attached: First Relationships and How They Shape Our Capacity to Love*. Nova Iorque: Oxford University Press, 1998.

KEMPE, Ruth S.; KEMPE, C. Henry. *Niños maltratados*. 4. ed. Madrid: Ediciones Morata, S. L., 1996.

KERN, Francisco Arseli. A rede como estratégia metodológica de operacionalização do SUAS. In: MENDES, Jussara Maria Rosa; PRATES, Jane Cruz; AGUINSKY, Beatriz. *Capacitação sobre PNAS e SUAS: no caminho da implantação*. Porto Alegre: EDIPUCRS, 2006. p. 62-74.

KERNBERG, Paulina F.; WEINER, Alan S.; BARDENSTEIN, Karen K. *Transtornos da Personalidade em Crianças e Adolescentes*. Trad. Maria Helena Mariante Ferreira. Porto Alegre: Artes Médicas, 2003.

KONDEFF, Mayra del Toro; DIEGUEZ, Hugo González; MARTÍNEZ, Damaris González. *Violencia sexual y peritaje médico-legal psiquiátrico*. Revista Hospital Psiquiátrico. La Habana v. 10, n. 1, 2013.

KRISTENSEN, Chistian Haag; OLIVEIRA, Margrit Sauer; FLORES, Renato Zamora. Violência contra crianças e adolescentes na Grande Porto Alegre. In: —— et al. *Violência Doméstica*. Porto Alegre: Fundação Maurício Sirotsky; AMENCAR, 1998.

——. *Violência Doméstica*. Porto Alegre: Fundação Maurício Sirotsky; AMENCAR, 1998.

KUHN, Thomas. *O conceito de paradigma*. Disponível em: <http://esbclubefilosofia.blogspot. com/2006/03>. Acesso em: 14. Set. 2008.

LAJOLO, Marisa. Infância de papel e tinta. In: FREITAS, Marcos Cezar. *História Social da Infância no Brasil*. 2. ed. São Paulo: Cortez, 1997. p. 225-246.

LEACH, Penélope. Começando com o Pé Direito. In: CAVOUKIAN, Raffi; OLFMAN, Sharna (Orgs.). *Honrar a Criança: como transformar este mundo*. Trad. Alyne Azuma. São Paulo: Instituto Alana, 2009. p. 53-66.

LENAD. *Segundo Levantamento Nacional de Álcool e Drogas*. 2014. Disponível em: <http://inpad.org. br/lenad/>. Acesso em: 15 ago. 2016.

LIMA, João Batista de Souza. *As mais antigas Normas de Direito*. 2. ed. Rio de Janeiro: Forense, 1983.

LIPPI, José Raimundo da Silva. *Abuso e negligência na infância: prevenção e direitos*. Rio de Janeiro: Científica Nacional, 1990.

——. *Entrevista concedida a Mateus Castanha*, em 20.04.2009. Disponível em: <http://wwo.uai.com. br/UAI/html/sessao_2/2009/04/20/em_noticia_interna,id_sessao=2&id_noticia=106983/em_ noticia_interna.shtml>. Acesso em: 06. Set. 2010.

LOBATO, Anderson Cavalcante. A contribuição da jurisdição constitucional. *Anuário do Programa de Pós-Graduação em Direito, Mestrado e Doutorado*, São Leopoldo, UNISINOS, 1999.

LOPES, Márcia Helena Carvalho; LEITÃO, Elizabeth Milwart; LEAL, Maria Lúcia; RIZOTTI, Maria Luiza Amaral; NOGUEIRA NETO, Wanderlino Nogueira. *Políticas Intersetoriais Integradas*. III Congresso Mundial de Enfrentamento da Exploração Sexual de Crianças e Adolescentes. Rio de Janeiro, nov. 2008. Disponível em: <http://www.violes.unb.br/artigos/Politicas%20Intersetoria is%20Integradas.pdf>. Acesso em: 26. Jul. 2010.

LORENZO, Cláudio. Vulnerabilidade em Saúde Pública: implicações para as políticas públicas. *Revista Brasileira de Bioética*, v. 2, n. 3, p. 299-312, 2006.

LOURO, Guacira Lopes. Gênero, história e educação: construção e reconstrução. *Educação & Realidade*, v. 20, nº 2, Porto Alegre, p. 101-132, jul./ dez. 1995.

LUCK, Heloísa. *Pedagogia Interdisciplinar, Fundamentos Teórico-Metodológicos*. 9. ed. Petrópolis: Vozes, 1994.

LUZ, Cláudia; PERIN, Silvana; TEJADAS, Silvia. *Orientações quanto a política de assistência social: do advento da LOAS ao desafio da implementação do SUAS*. DOC Divisão de Assessoramento Técnico/ Unidade de Assessoramento em Direitos Humanos nº 0223/2009. Disponível no *site* do Ministério Público do Rio Grande do Sul, https://www.mprs.mp.br/dirhum Acesso em: jul. 2016.

MACHADO, Heloisa Beatriz; LUENEBERG, Caroline Fabre; REGIS, Enedina Izabel; NUNES, Michelli Proença Palma. Abuso sexual: diagnóstico de casos notificados no município de Itajaí/SC, no período de 1999 a 2003, como instrumento para a intervenção com famílias que vivenciam situações de violência. *Revista Texto & contexto – Enfermagem* [online], Florianópolis, v. 14, p. 54-63, 2005. Disponível em: <http://www.scielo.br/pdf/tce/v14nspe/a06v14nspe.pdf>. Acesso em: 30. Mar. 2010.

MACHADO, Lia Zanotta. Sexo, estupro e purificação. *Série Antropologia*, n. 286. Brasília, UNB, 2000. Disponível em: <http://vsites.unb.br/ics/dan/Serie286empdf.pdf>. Acesso em: 12. Ago. 2010.

MACHADO, Martha de Toledo. *A proteção Constitucional de Crianças e Adolescentes e os Direitos Humanos*. Barueri (SP): Manole, 2003.

MACIEL, Kátia Regina Ferreira Lobo Andrade (Coord.). *Curso de Direito da Criança e do Adolescente, aspectos teóricos e práticos*. Rio de Janeiro: Lumen Juris, 2007.

MAIO, Jaqueline. *Abuso Sexual Intrafamiliar*. Dissertação de Mestrado, 2005. Disponível em: <http:// www.wcf.org.br/lacosdarede/files/Biblioteca/abuso_sexual_intrafamiliar.pdf>. Acesso em: 27 Jan. 2010.

MANGASARIAN, M. M. The punishment of children. *International Journal of Ethics*, v. 4, n. 4, p. 493-498, jul/1894.

MANZINI, Vicenzo. *Tratado de Derecho Procesal Penal*. v. III. Buenos Aires: El Foro, 1951.

MARCHESAN, Ana Maria Moreira. Conselhos Tutelares e participação comunitária. *Revista do Ministério Público do Estado do Rio Grande do Sul*, Porto Alegre, n. 37, 1996.

——. O princípio da prioridade absoluta aos direitos da criança e do adolescente e a discricionariedade administrativa. *Revista dos Tribunais*, v. 749, p. 82-103, mar/1998.

MARIN, Isabel da Silva Kahn. *Violências*. São Paulo: escuta/FAPESP, 2002.

MARQUES, João Benedito Azevedo. *Estatuto da Criança e do Adolescente Comentado* (Coords. Cury, Amaral e Silva e Méndez). São Paulo: Malheiros, 2005.

MARTINS COSTA, Tarcísio José. *Estatuto da Criança e do Adolescente Comentado*. Belo Horizonte: Del Rey, 2004.

MATIOLLA, Miguel. *Disque 100 Denúncia encaminhou 100 mil ligações*, 27.07.2009. Disponível em: <http://softwarelivre.org/portal/governos/disque-100-denuncia-encaminhou-100-mil-ligacoes>. Acesso em: 08. Mar. 2010.

MATTAR, Rosiane; ABRAHÃO, Anelise Riedel; ANDALAFT NETO, Jorge; COLAS, Osmar; SCHROEDER, Irene; MACHADO, Salvina Jesus Reis; MANCINI, Silvana; VIEIRA, Beatriz de Aguiar; BERTOLANI, Georgia Bianca Martins. Assistência multiprofissional à vítima de violência sexual: a experiência da Universidade Federal de São Paulo. *Cadernos de Saúde Pública*, Rio de Janeiro, v. 23, n. 2, p. 459-464, 2007.

MEES, Lúcia Alves. *Abuso sexual, trauma infantil e fantasias femininas*. Porto Alegre: Artes e Ofícios, 2001.

MENDES, Jussara Maria Rosa; LEWGOY, Alzira Maria Baptista; SILVEIRA, Esalba Carvalho. Saúde e Interdisciplinaridade: mundo vasto mundo. In: *Revista Ciência & Saúde*, Porto Alegre, v. 1, n. 1, p. 24-32, jan/jun 2008.

MINAYO, Maria Cecília de S. A violência social sob a perspectiva da saúde pública. *Caderno Saúde Pública*, Rio de Janeiro, v. 10, n. supl. p. 7-18, 1994.

MINISTÉRIO DA JUSTIÇA. *Programa Nacional de Direitos Humanos II*. Secretaria de Estado dos Direitos Humanos, Brasília, 2002a. Disponível em: <http://www.ceceddh.rj.gov.br>. Acesso em: 26. Nov. 2002.

_____. *Plano Nacional de Enfrentamento da Violência Sexual Infanto-Juvenil*. Secretaria de Estado dos Direitos Humanos, Brasília, 2002b. Disponível em: <http://portal.mj.gov.br/sedh/ct/conanda/plano_nacional.pdf>. Acesso em: 06. Set. 2010.

MINISTÉRIO DO DESENVOLVIMENTO E COMBATE À FOME. *Política Nacional de Assistência Social – PNAS*. Brasília, Distrito Federal, 2004.

MONTEIRO, Lígia Cláudia Gonçalves. *Educação e Direitos da Criança: perspectiva histórica e desafios pedagógicos*. Dissertação submetida à Universidade de Minho, Portugal, jul. 2006. Disponível em: <http://www.notapositiva.com/monograf/cienciaseducacao/mestrado/007histdicria.htm>. Acesso em: 31. Jan. 2010.

MORAES, Maria Celina Bodin de. O conceito de dignidade humana: substrato axiológico e conteúdo normativo. In: SARLET, Ingo W. *Constituição, Direitos Fundamentais e Direito Privado*. Porto Alegre: Livraria do Advogado, 2006.

NUCCI, Guilherme de Souza. *Código de Processo Penal comentado*. 13. ed. rev., e ampl. Rio de Janeiro: Forense, 2014.

_____. *Crimes contra a Dignidade Sexual*. 5. ed. rev., atual e ampl. Rio de Janeiro: Forense, 2014b.

OLIVEIRA, Italu Bruno Colares de. *Tópicos especiais sobre o desenvolvimento dos direitos humanos*, 2010. Disponível em: <http://www.webartigos.com/articles/30746/1/TOPICOS-ESPECIAIS-SO-BRE-O-DESENVOLVIMENTO-DOS-DIREITOS-HUMANIOS/pagina1.html>. Acesso em 25. Mar. 2010.

OLIVEIRA LEITE, Eduardo de. A oitiva de crianças nos processos de família. *Revista Jurídica*, n. 278, p. 22-38, dez. 2000.

ORGANIZAÇÃO DAS NAÇÕES UNIDAS (ONU). *Declaração dos Direitos Humanos*, 1948. Disponível em: <http://www.onu-brasil.org.br/documentos_direitoshumanos.php>. Acesso em: 16. Abr. 2010.

_____. Conselho Econômico e Social. *Resolução nº 20, de 10 de agosto de 2005. Guia Jurídico em Processos que envolvem Crianças como Vítimas e Testemunhas de Crimes*. Disponível em: <http://www.acnur.org/biblioteca/pdf/3773.pdf>. Acesso em: 10. Jun. 2010.

ORGANIZAÇÃO MUNDIAL DA SAÚDE (OMS). *Informe mundial sobre la violencia y salud*. Genebra: OMS, 2002. Disponível em: <http://www.paho.org/Spanish/AM/PUB/Violencia_2003.htm>. Acesso em: 16. Abr. 2010.

_____. *Report of the Consultation on Child Abuse Prevention*. Genebra: WHO, 1999 (document WHO/HSC/PVI/99.1). Disponível em: <http://www5.who.int/violence-injury-prevention/main.cfm?p=0000000682>. Acesso em: 24. Out. 2002.

PAULA, Paulo Afonso Garrido de. *Direito da criança e do adolescente e tutela jurisdicional diferenciada*. São Paulo: Revista dos Tribunais, 2002.

PAVIANI, Jayme. *Interdisciplinaridade: conceitos e distinções*. 2. ed. rev. Caxias do Sul: EDUCS, 2008.

PEDERSEN, Jaina Raqueli; GROSSI, Patrícia Krieger. O abuso sexual intrafamiliar e a violência estrutural. In: AZAMBUJA, Maria Regina Fay de; FERREIRA, Maria Helena Mariante (Coords). *Violência Sexual contra Crianças e Adolescentes*. Porto Alegre: ARTMED, 2011. p. 25-34.

PEREIRA, Lucimara Martins *et al*. *Abuso Sexual Doméstico: atendimento às vítimas e responsabilização do agressor*. Organização CRAMI – Centro Regional aos Maus-tratos na Infância. v. 1. São Paulo: Cortez. Brasília/DF: UNICEF, 2002.

PEREIRA, Rodrigo da Cunha. *Direito de Família: uma abordagem psicanalítica*. Belo Horizonte: Del Rey, 1997.

PEREIRA, Tânia da Silva. *A Convenção e o Estatuto: um ideal comum de proteção ao ser humano em vias de desenvolvimento*, 1992b. Disponível em: <http://www.abmp.org.br/textos/409.htm >. Acesso em: 12. Jan. 2010.

———. A Convenção sobre os direitos da criança (ONU) e a proteção da infância e adolescência no Brasil. *Revista de Direito Civil, Imobiliário, Agrário e Empresarial*, n. 60, abr./ jun. 1992a.

———. *Direito da Criança e do Adolescente, uma proposta interdisciplinar*. Rio de Janeiro: Renovar, 2008.

———. *O melhor interesse da criança: um debate interdisciplinar*. Rio de Janeiro: Renovar, 1999.

———. Visão holística do sujeito. *Boletim IBDFAM*, ano 10, n. 62, p. 3-5, maio/ jun. 2010.

———; MELO, Carolina de Campos. Infância e Juventude: os direitos fundamentais e os princípios consolidados na Constituição de 1988. *Revista Trimestral de Direito Civil*, Rio de Janeiro, v. 3, p. 89-109, jul. /set. 2000.

PFEIFFER, Luvi; SALVAGNI, Edila P. Visão atual do abuso sexual na infância e adolescência. *Jornal de Pediatria*, v. 5, n. 81, p. 197-204, 2005.

PILOTTI, Francisco; RIZZINI, Irene (Org.). *A arte de governar crianças: a história das políticas sociais, da legislação e da assistência à infância no Brasil*. Rio de Janeiro: Amais, 1995.

PIMENTEL, Adelma; ARAUJO, Lucivaldo da Silva. Violência sexual intrafamiliar. *Revista Paraense de Medicina* [online], v. 20, n. 3, p. 39-42, set. 2006. Disponível em: <http://scielo.iec.pa.gov.br/scielo.php?script=sci_arttext&pid=S0101-59072006000300008&lng=pt&nrm=iso>. Acesso em: 09. Jun. 2010.

PINTO, Céli Regina Jardim. Foucault e as Constituições Brasileiras: quando a lepra e a peste se encontram com os nossos excluídos. *Revista Educação & Realidade*, Porto Alegre, FACED/UFRGS, v. 24, n. 2, jul. /dez. 1999a.

———. O sujeito insuficiente: a dupla face do esgotamento do sujeito político no fim do século. In: SANTOS, José Vicente Tavares dos (Org.). *Violência em Tempo de Goblalização*. São Paulo: Hucitec 1999b. p. 101-117.

PIOVESAN, Flávia. A concepção contemporânea de direitos humanos. In: HADDAD, Sérgio; GRACIANO, Mariângela (Orgs). *A educação entre os direitos humanos*. Campinas (SP): Autores Associados; São Paulo (SP): Ação Educativa, 2006.

_____. Direitos Humanos e Constitucionalismo regional transformador. Cadernos de Pós-Graduação em Direito da Faculdade de Direito da USP, São Paulo, n. 36, 2016, p. 4-22. Disponível em: <http://www.direito.usp.br/pos/arquivos/cadernos/caderno_36_2016.pdf>. Acesso em: 20 ja. 2017

———. *Direitos Humanos e o Direito Constitucional Internacional*. 8. ed. São Paulo: Saraiva, 2008.

———. *Temas de Direitos Humanos*. 9. ed. rev., ampl. e atual. São Paulo: Saraiva, 2016.

POCHMANN, Marcio (Org.). *Atlas de Exclusão Social*. v. 3. São Paulo: Cortez, 2004.

PORTO ALEGRE. Secretaria Municipal de Coordenação Política e Governança Local. *Caderno de Prestação de Contas dos Conselhos Tutelares de Porto Alegre*. Período compreendido entre 01 de janeiro de 2009 a 31 de dezembro de 2009. Disponível em: <http://www.mp.rs.gov.br/areas/infancia/arquivos/caderno_prestacao_contas_ct2009.pdf>. Acesso em: 08. Jun. 2010.

POSTMAN, Neil. *O desaparecimento da infância*. Rio de Janeiro: Graphia, 1999.

POTTER, Luciane (Org.). *Depoimento sem Dano: uma política criminal de redução de danos*. Rio de Janeiro: Lumen Juris, 2010.

PRADO, Maria do Carmo Cintra de Almeida; PEREIRA, Ana Carolina Covas. Violências sexuais: incesto, estupro e negligência familiar. *Estudos de Psicologia* [online], v. 25, n. 2, abr. / jun. 2008, Campinas, p. 277-291. Disponível em: <http://www.scielo.br/pdf/estpsi/v25n2/a12v25n2.pdf>. Acesso em: 05. Mar. 2010.

QUAGLIA, Márcia de Castro; MARQUES, Myriam Fonte; PEDEBOS, Geneviève Lopes. O assistente social e o atendimento a famílias em situação de violência sexual infantil. In: AZAMBUJA, Maria Regina Fay de; FERREIRA, Maria Helena Mariante (Coords). *Violência Sexual contra Crianças e Adolescentes*. Porto Alegre: ARTMED, 2011. p. 261-285.

RAMOS, Fábio Pestana. A História trágico-marítima das crianças nas embarcações portuguesas do século XVI. In: PRIORE, Mary Del (Org.). *História das Crianças no Brasil*. São Paulo: Contexto, 1999.

REICHENHEIM, Michael E.; HASSELMANN, Maria Helena; MORAES, Cláudia Leite. Consequências da violência familiar na saúde da criança e do adolescente: contribuições para a elaboração de proposta de ação. *Ciência e Saúde Coletiva*, n. 4 v.1, 1999.

REIS, Carlos Nelson; OLIVEIRA, Mara de; PINHEIRO, Lessi. A pobreza na América Latina após as reformas estruturais: a permanência da iniquidade. *Revista Eletrônica EXAMÃPAKU* v. 7 n.3 set.-dez. 2014 Disponível em: http://revista.ufrr.br/index.php/examapaku Acesso em mar. 2016.

REIS, Érika Figueiredo. *Varas de Família: um encontro entre Psicologia e Direito*. Curitiba: Juruá, 2010.

REIS, J. N.; MARTIN, C. S.; BUENO, S. M. V. Violência sexual, vulnerabilidade e doenças sexualmente transmissíveis. *DST: Jornal Brasileiro de Doenças Sexualmente Transmissíveis*, Rio de Janeiro, v. 13, n. 4, p. 30-45, 2001.

RIBEIRO, Márcia Aparecida; FERRIANI, Maria das Graças Carvalho; REIS, Jair Naves dos. Violência sexual contra crianças e adolescentes: características relativas à vitimização nas relações familiares. *Cadernos de Saúde Pública* [online], v. 20, n. 2, p. 456-464, 2004. Disponível em: <http://www.scielo.br/pdf/csp/v20n2/13.pdf>. Acesso em: 3. Mar. 2010.

RIO GRANDE DO SUL. Secretaria da Segurança Pública. Departamento de Gestão da Estratégia Operacional. Divisão de Estatística Criminal. *Ocorrências cadastradas (delitos consumados), crimes contra a criança e a dignidade sexual, de menores de 12 anos, no Estado, período 2007 a 2010*.

RIVERA, Alvaro Enrique Morales. La dinámica social y institucional del abuso sexual intrafamiliar, bajo la óptica de la atención, en el Instituto Nacional de Medicina Legal y Ciencias Forenses en Santa Fe de Bogotá, Colombia. Tesis presentada a la Escuela Nacional de Salud Pública con el propósito de obtención del Título de Doctor en Ciencias en el área de Salud Pública, abril de 2003. Disponível em: <http://www.comunidadesegura.org/files/tese_abuso%20sexual%20na%20familia.pdf>. Acesso em: 13. Nov. 2010.

RIZZINI, Irene; ZAMORA, Maria Helena; CORONA, Ricardo Fletes. Niños y adolescentes creciendo en contextos de pobreza, marginalidad y violência em América Latina. Rio de Janeiro: CIESP, 2004.

ROCHA, Leonel Severo. Direito, Cultura Política e Democracia. *Anuário do Programa de Pós-Graduação em Direito*, Mestrado e Doutorado, São Leopoldo, UNISINOS, 2000.

ROQUE, Eliana Mendes de Souza Teixeira; FERRIANI, Maria das Graças Carvalho. Desvendando a violência doméstica contra crianças e adolescentes sob a ótica dos operadores do direito na comarca de Jardinópolis-SP. *Revista Latino-Americana de Enfermagem [online]*, v. 10, n. 3, p. 334-344, 2002. Disponível em: <http://www.scielo.br/pdf/rlae/v10n3/13343.pdf>. Acesso em: 19. Jan. 2010.

ROSA, Alexandre Morais da. Introdução crítica ao ato infracional: princípios e garantias constitucionais. Rio de Janeiro: Lumen Juris, 2007.

——. O Depoimento sem dano e o advogado do diabo: a violência branca e quadro mental paranóico (Cordero) no processo penal. In: POTTER, Luciane. *Depoimento sem dano: uma política criminal de redução de danos*. Rio de Janeiro: Lumen Juris, 2010, p. 151-176.

——. O Depoimento sem dano e o advogado do diabo: a violência branca e quadro mental paranoico no processo penal. In: AZAMBUJA, Maria Regina Fay de; FERREIRA, Maria Helena Mariante (Coords). *Violência Sexual contra Crianças e Adolescentes*. Porto Alegre: ARTMED, 2011, p. 88-106

ROSA E CAMPOS, Maria Angela Miriam da; SCHOR, Néia. Violência sexual como questão de saúde pública: importância da busca ao agressor. *Saúde e Sociedade*, v. 17, n. 3, São Paulo, jul.-set. 2008.

ROUYER, Michele. As crianças vítimas, consequências a curto e médio prazo. In: GABEL, Marceline (Org.). *Crianças vítimas de abuso sexual*. São Paulo: Summus, 1997, p. 62-71.

SAFFIOTI, Heleieth I. B. No fio da navalha: violência contra crianças e adolescentes no Brasil. In: Madeira, Felícia Reicher (Org.) *Quem mandou nascer mulher? Estudos sobre crianças e adolescentes pobres no Brasil*. Rio de Janeiro: Rosa dos Tempos, 1997, p. 135-211.

——. Rearticulando gênero e classe social. In: COSTA, Albertina de Oliveira; BRUSCHINI, Cristina (Orgs.) *Uma questão de gênero*. Rio de Janeiro: Rosa dos Tempos, 1992, p. 183-215.

SALVAGNI, Edila Pizzato; WAGNER, Mário Bernardes. Estudo de caso controle para desenvolver e estimar a validade discriminante de um questionário de avaliação de abuso sexual em crianças. *Jornal de Pediatria*, Porto Alegre, v. 82, n. 6, nov.-dez. 2006.

——; LUESKA, Sônia Domingues. O pediatra diante da criança abusada. In: AZAMBUJA, Maria Regina Fay de; FERREIRA, Maria Helena Mariante (Coords). *Violência Sexual contra Crianças e Adolescentes*. Porto Alegre: ARTMED, 2011, p. 291-297.

SANTOMÉ, Jurjo Torres. *Globalização e Interdisciplinaridade, o currículo integrado*. Traduzido por Cláudia Schilling. Porto Alegre: Artes Médicas, 1998.

SANTOS, Beatriz Camargo dos; SILVA, José Adair Santos da; MARTINS, Márcia R. Silva; ZAN-CHET, Odete. *Maus-tratos e abuso sexual contra crianças e adolescentes: perfil da situação no Estado do Rio Grande do Sul.* Série Cadernos. Centro de Defesa da Criança e do Adolescente Bertholdo Weber. São Leopoldo: Con-Texto, 1998.

SANTOS, Elaine Celina Afra da Silva. *Histórico dos Direitos Humanos. Sua implantação e consolidação,* 2004. Disponível em: <http://www.juspodivm.com.br/i/a/%7B698B8AC0-BAEB-4FDE-9DB5-B17F7AE7DDC0%7D_9.pdf>. Acesso em: 6. Abr. 2010.

SANTOS, Helio de Oliveira; BADAN PALHARES, Fortunato Antonio; OLIVO, Lucenilda. Maus-tratos na infância: uma proposta de atuação multidisciplinar a nível regional. *Pediatria Moderna,* v. 21, n 1, fev. 1986.

SANTOS, José Vicente Tavares dos (Org.). Por uma sociologia da conflitualidade no tempo da globalização. In: ——. *Violência em tempo de globalização.* São Paulo: Hucitec, 1999.

SANTOS, Samara Silva dos; DELL'AGLIO, Débora Dalbisco. Compreendendo as mães de crianças vítimas de violência sexual: ciclos da violência. *Estudos de Psicologia,* Campinas (SP), v. 25, n, 4, out.-dez.2008.

SANTOS, Viviane Amaral dos; COSTA, Liana Fortunato. A violência sexual contra crianças e adolescentes: conhecer a realidade possibilita a ação protetiva. *Estudos de psicologia.* Campinas, v. 28 n. 4 p. 529-537, out.-dez. 2011.

SARLET, Ingo. *A eficácia dos direitos fundamentais.* 12. ed. ver., atual. e ampl. Porto Alegre: Livraria do Advogado, 2015.

——. *A eficácia dos direitos fundamentais.* Porto Alegre: Livraria do Advogado, 2008.

——. *Constituição, Direitos Fundamentais e Direito Privado.* Porto Alegre: Livraria do Advogado, 2006.

——. *Dignidade da pessoa humana e direitos fundamentais na Constituição Federal de 1988.* Porto Alegre: Livraria do Advogado, 2001.

——. *Os Direitos Fundamentais Sociais na Ordem Constitucional Brasileira.* In: Em Busca dos Direitos Perdidos – uma discussão á luz do Estado Democrático de Direito. *Revista do Instituto de Hermenêutica Jurídica.* Porto Alegre, v. 1, n. 1, 2003.

SATTLER, Marli Kath. O abusador: o que sabemos. In: AZAMBUJA, Maria Regina Fay de; FERREIRA, Maria Helena Mariante (Coords). *Violência Sexual contra Crianças e Adolescentes.* Porto Alegre: ARTMED, 2011, p. 234-247.

SCHMICKLER, Catarina Maria. *O protagonista do abuso sexual, sua lógica e estratégias.* Chapecó: Argos, 2006.

SCHREIBER, Elisabeth. *Os Direitos Fundamentais da Criança na Violência Intrafamiliar.* Porto Alegre: Ricardo Lenz, 2001.

SECRETARIA DE DIREITOS HUMANOS DA PRESIDÊNCIA DA REPÚBLICA. *Links e Endereços.* Disponível em: <http://www.presidencia.gov.br/estrutura_presidencia/sedh/spdca/linkss-pdca/>. Acesso em: 04. Mar. 2010.

——. *Plano Nacional de Promoção, Proteção e Defesa do Direito de Crianças e Adolescentes à Convivência Familiar e Comunitária,* dezembro de 2006. Disponível em: <http://www.conselhodacrianca.al.gov.br/publicacoes/PNCFC%20_%2028_12_06%20_%20Documento%20Oficial%20_2_.pdf>. Acesso em: 02. Jan. 2007.

——. *Programa Nacional de Enfrentamento da Violência Sexual Contra Crianças e Adolescentes – Disque Denúncia Nacional: DDN 100,* 2010. Disponível em: <http://www.soscriancaeadolescente.com.br/arquivos/RelatorioGeral-maio_2003amarco_2010-1.pdf>. Acesso em: 30. Abr. 2010.

SÊDA, Edson. A criança e sua convenção no Brasil: pequeno manual. *Acervo Operacional dos Direitos da Criança e do Adolescente.* Edição I, julho de 2004, versão 1.12 ABMP/UNICEF.

SEFFNER, Fernando. *O conceito de vulnerabilidade: uma ferramenta útil em seu consultório,* 1998. Disponível em: <http://www.aids.gov.br/data/documents/storedDocuments/%7BB8EF5DAF-23AE-4891-AD36-1903553A3174%7D/%7B8BB6162B-BC83-4C44-B5A3-B7D21BBAE2B1%7D/vulnerabilidade.rtf>. Acesso em: 05. Abr. 2010.

SEN, Amartya. *Desenvolvimento com liberdade.* Tradução Laura Teixeira Motta. São Paulo: Companhia das Letras, 2000.

SERAFIM, Antonio de Pádua; SAFFI, Fabiana; RIGONATTI, Sérgio Paulo; CASOY, Ilana; BARROS, Daniel Martins de. Perfil psicológico e comportamental de agressores sexuais de crianças. *Revista de Psiquiatria Clínica,* São Paulo, v. 36, n. 3. 2009.

Inquirição da criança vítima de violência sexual

SIERRA, Vânia Morales; MESQUITA, Wania Amélia. Vulnerabilidades e fatores de risco na vida de crianças e adolescentes. *São Paulo em Perspectiva*, São Paulo, Fundação Seade, v. 20, n. 1, jan.-mar. 2006, p. 148-155.

SILVA, Ana Maria Barbosa. *Mentes perigosas: o psicopata mora ao lado*. Rio de Janeiro: Objetiva, 2008.

SILVA, Cláudia Maria da. Descumprimento do dever de convivência familiar e indenização por danos à personalidade do filho. *Revista Brasileira de Direito de Família*, Porto Alegre, n. 25, p. 122-147, ago.-set. 2004.

SILVA, De Plácido. *Vocabulário Jurídico*. v. 1. Rio de Janeiro: Forense, 1987.

SILVA, José Afonso. *Curso de Direito Constitucional Positivo*. 2. ed. São Paulo: Malheiros, 2002.

SILVEIRA, Esalba; MENDES, Jussara Maria Rosa. Derrubando paredes: a construção da interdisciplinaridade. In: MENDES, Jussara Maria Rosa; PRATES, Jane Cruz; AGUINSKY, Beatriz G. *O Sistema Único de Assistência Social, entre a fundamentação e o desafio da implantação*. Porto Alegre: EDIPUCRS, 2009, p. 45-62.

SIMON, Robert I. *Homens Maus Fazem o que os Homens Bons Sonham*. Tradução Laís Andrade e Rafael Rodrigues Torres. Porto Alegre: ARTMED, 2009.

SISTEMA DE INFORMAÇÃO PARA A INFÂNCIA E A ADOLESCÊNCIA (SIPIA). *Consulta ao sistema de dados dos Conselhos Tutelares – Módulo Direito Violado*. Disponível em: <http://portal.mj.gov. br/sipia/>. Acesso em: 19. Out. 2010.

SOUZA, Augusto G. Pereira de. *A Declaração dos Direitos da Criança e a Convenção sobre os Direitos da Criança. Direitos Humanos a proteger em um mundo em guerra*, 2001. Disponível em: <http://jus2. uol.com.br/doutrina/texto.asp?id=2568>. Acesso em: 11. Jan. 2010.

SOUZA, Cecília de Mello; ADESSE, Leila (Orgs.). *Violência sexual no Brasil: perspectivas e desafios*. Brasília: Secretaria Especial de Políticas para as Mulheres, 2005.

SOUZA, Ivone M. Candido Coelho de; COSTA, Maria Aracy Menezes da. A intervenção interdisciplinar na família atingida pelo abuso. In: AZAMBUJA, Maria Regina Fay de; FERREIRA, Maria Helena Mariante (Coords). *Violência Sexual contra Crianças e Adolescentes*. Porto Alegre: ARTMED, 2011, p. 129-135.

SOUZA, Luiz Carlos Pereira de. Atitude Interdisciplinar: virtude e força nas realidades cotidianas. In: FAZENDA, Ivani (Org.). *A virtude da força nas práticas interdisciplinares*. Campinas (SP): Papirus, 1999.

SPALDING, Walter. *Construtores do Rio Grande*. Porto Alegre: Sulina, 1969.

STRECK, Lenio Luiz. *Hermenêutica Jurídica e(m) Crise*. 2. ed. Porto Alegre: Livraria do Advogado, 2000.

——. Hermenêutica (Jurídica) e Estado Democrático de Direito: uma análise crítica. *Anuário do Programa de Pós-Graduação em Direito, Mestrado e Doutorado*, São Leopoldo, UNISINOS, 1999.

——. Violência, criminalidade, segurança pública e a modernidade tardia no Brasil. In: SANTOS, José Vicente Tavares dos (Org.) *Violência em tempo de globalização*. São Paulo: HUCITEC, 1999.

STREY, Marlene Neves. Violência de gênero: uma questão complexa e interminável. In: ——. AZAMBUJA, Mariana P. Ruwer de; JAEGER, Fernanda Pires (Orgs). *Violência, Gênero e Políticas Públicas*. Porto Alegre: EDIPUCRS, 2004, p. 13-44.

SUGUIHIRO, Vera Lúcia Tieko; SUGUIHIRO, Lívia Lumiko. *Violência contra criança e adolescente: definindo uma agenda de políticas públicas e sociais*, 2003. Disponível em: <http://www.abmp.org. br/textos/439.htm>. Acesso em: 13. Abr. 2010.

TABAJASKI, Betina; PAIVA, Cláudia Victolla; VISNIEVSKI, Vanea Maria. Um novo olhar sobre o testemunho infantil. In: POTTER, Luciane (Org.). *Depoimento sem Dano: uma política criminal de redução de danos*. Rio de Janeiro: Lumen Juris, 2010, p. 57-70.

TAVARES, Patrícia Silveira. A política de atendimento. In: MACIEL, Kátia Regina Ferreira Lobo Andrade (coord.). *Curso de Direito da Criança e do Adolescente: aspectos teóricos e práticos*. 4. ed. rev. atual. Rio de Janeiro: Lumen Juris, 2010, p. 297-351.

TEJADAS, Silvia da Silva. *Juventude e ato infracional: as múltiplas determinações da reincidência*. Porto Alegre: EDIPUCRS, 2008.

TELLES, Lisieux Elaine de Borba. Pedofilia. In: SOUZA, Carlos Alberto Crespo de; CARDOSO, Rogério Göttert (Orgs.). *Psiquiatria forense – 80 anos de prática institucional*. Porto Alegre: Sulina, 2006, p. 275-286.

———; TEITELBAUM, Paulo Oscar; DAY, Vivian Peres. A avaliação do abusador. In: AZAMBUJA, Maria Regina Fay de; FERREIRA, Maria Helena Mariante (Coords). *Violência Sexual contra Crianças e Adolescentes*. Porto Alegre: ARTMED, 2011, p. 248-257.

TEPEDINO, Gustavo. *A disciplina civil-constitucional das relações familiares. Temas de Direito Civil-Constitucional*. Rio de Janeiro: Renovar, 1998.

———. A Disciplina Jurídica da Filiação. In: TEIXEIRA, Sálvio de Figueiredo (Coord.). *Direitos de Família e do Menor: inovações e tendências*. 3. ed. Belo Horizonte: Del Rey, 1993.

TOSI, Giuseppe. *História e Atualidade dos Direitos Humanos*, 2002. Disponível em: <http://www2. ibam.org.br/municipiodh/biblioteca%2FArtigos/HistoriaDH.pdf>. Acesso em: 17. Jan. 2010.

TRINDADE, Augusto A. Cançado. *A Proteção Internacional dos Direitos Humanos e o Brasil*. Brasília: Editora Universidade de Brasília, 1998.

UNICEF. *Relatório Situação Mundial da Infância*. Edição Especial, 2009. Disponível em: <http://www.unicef.pt/18/sowc-20anoscdc.pdf>. Acesso em: 31. Jan. 2010.

———. *Estado Mundial de la infancia*. New Yokr, United Nations; 1997.

———. *The Yokohama global commitment 2001*. Yokohama, 2001. Disponível em: <http://www.unicef.org/events/yokohama/outcome.html>. Acesso em: 6. Set. 2010.

VASCONCELLOS, Amélia Thereza de Moura. A relação família, escola, comunidade. In: FICHTNER, Nilo (org.). *Transtornos mentais da infância e da adolescência, um enfoque desenvolvimental*. Porto Alegre: Artes Médicas, 1997.

VERONESE, Josiane Rose Petry. *Os Direitos da Criança e do Adolescente*. São Paulo: LTr, 1999.

VIEIRA, Evaldo. O Estado e a sociedade civil perante o ECA e a LOAS. *Serviço Social e Sociedade*, São Paulo, n. 56, p. 9-22, mar.1998.

VIEIRA, Lucas. *As Bases do Direito Internacional dos Direitos Humanos*, 2008. Disponível em: <http://www.webartigos.com/articles/12259/1/As-Bases-do-Direito-Internacional-dos-Direitos-Humanos/pagina1.html>. Acesso em: 6. Abr. 2010.

VILHENA, Junia de. Nas raízes do silêncio: sobre o estupro feminino. *Revista Tempo Psicanalítico*, Rio de Janeiro, SPID, n. 33, p. 55-69, 2001.

———; ZAMORA, Maria Helena. Além do ato: os transbordamentos do estupro. *Revista Rio de Janeiro*, n. 12, p. 115-130, jan.-abr. 2004. Disponível em: <http://www.forumrio.uerj.br/documentos/revista_12/12_dossie_JuniaVilhena.pdf>. Acesso em: 06. Ago. 2010.

WEBER, Lídia Natália Dobriansky. Olhando através do espelho: abandono, pobreza, institucionalização e o direito à convivência familiar. *Revista Igualdade*, Curitiba, Centro de Apoio Operacional das Promotorias da Infância e Juventude do Ministério Público do Paraná, v. 7, n. 23, p. 8-14, abr.-jun. 1999.

WELTER, Belmiro Pedro. *Guarda Compartilhada: um jeito de conviver e de ser-em-família*. Disponível em: <http://intra.mp.rs.gov.br/atuacao/artigo/id16611.html>. Acesso em: 14. Jan. 2009.

WERNER, Jairo; WERNER, Maria Cristina Milanez. Direito de Família e Psiquiatria Forense da Criança e do Adolescente. In: TABORDA, José J. V.; CHALUB, Miguel; ABDALLA-FILHO, Elias. *Psiquiatria Forense*. Porto Alegre: Artmed, 2004.

WOLFF, Maria Palma. Inquirição de Crianças Vítimas de Violência e Abuso Sexual: uma análise da participação do Serviço Social. In: POTTER, Luciane (Org.) *Depoimento sem dano: uma política criminal de redução de danos*. Rio de Janeiro: Lumen Juris, 2010, p. 115-132.

YASBEK, Maria Carmelita. Globalização, precarização das relações de trabalho e seguridade social. *Cadernos Abong*, n. 19, out.1997.

ZAVASCHI, Maria Lucrécia Scherer; ESTRELLA, Cláudia; JARDIM, Fernanda Caldas; DRIEMEIER, Fernanda Munhoz. A avaliação da criança vítima de violência sexual. In: AZAMBUJA, Maria Regina Fay de; FERREIRA, Maria Helena Mariante (Coords). *Violência Sexual contra Crianças e Adolescentes*. Porto Alegre: ARTMED, 2011, p. 136-149.

———; COSTA, Flávia; BRUNSTEIN, Carla. O bebê e os pais. In: EIZIRIK, Cláudio Laks; KAPCZINSKI, Flávio; BASSOLS, Ana Margareth Siqueira. *O ciclo da vida humana: uma perspectiva psicodinâmica*. Porto Alegre: Artes Médicas, 2001.

———; QUINALHA, Alena Franze; ENK, Ilson; TETELBOM, Miriam; DEFEVERY, Ricardo. Abuso sexual em crianças: uma revisão. *Jornal de Pediatria*, v. 67, 1991a.

———; SATLER, Fabíola; POESTER, Daniela; VARGAS, Cláudia Ferrão; PIAZENSKI, Rafael; ROHDE, Luís Augusto Paim; EIZIRIK, Cláudio Laks. Associação entre trauma por perda na infância e depressão na vida adulta. *Revista Brasileira de Psiquiatria*, São Paulo, v. 24, n. 4, p. 189-195, 2002. Disponível em: <http://www.scielo.br/pdf/rbp/v24n4/12728.pdf>. Acesso em: 05. Ago. 2010.

——; TETELBOM, Miriam; GAZAL, Christina Hallal; SHANSIS, Flávio Milman. Abuso sexual na infância: um desafio terapêutico. *Revista de Psiquiatria*, Porto Alegre, n. 13, p. 136-145, set./dez., 1991b.

ZERO HORA. *Testemunhos são falhos. Provas científicas, não.*Entrevista com o Promotor de Justiça Francisco Cembranelli, Porto Alegre, p. 48, 12 de ago. de 2010.

ZOTTIS, Graziela Aline Hartmann. *O Uso de punições corporais para disciplinar crianças: uma revisão integrativa.* Trabalho de conclusão do Curso de Enfermagem, Universidade Federal do Rio Grande do Sul, 2009.

SITES ACESSADOS

<http://www.camara.gov.br/internet/sileg/Prop_Detalhe.asp?id=146518>. Acesso em: 19. Out. 2010.

<http://www.senado.gov.br/sf/atividade/materia/detalhes.asp?p_cod_mate=81194>. Acesso em: 10. Jun. 2010.

<http://www.sul-sc.com.br/afolha/pag/thomas_Kuhn.htm>. Acesso em: 15. Set. 2008.

<http://noticias.uol.com.br/ultnot/afp/2005/12/14/ult1806u2962.jhtm>. Acesso em: 17. Jan. 2010.

<http://www.unijui.edu.br/cursos/graduacao/presencial/direito-bacharelado>. *Universidade Regional do Noroeste do Estado Do Rio Grande Do Sul.* Acesso em: 11 Ago. 2016

<http://www.unisc.br/portal/upload/com_arquivo/direito_107_108_2010.pdf>. *Universidade de Santa Cruz do Sul.* Acesso em: 11 Ago. 2016

<http://www.unicruz.edu.br/site/cursos/direito/downloads/4.05-GRADE%20CURRICULAR%20DIREITO.PDF>. *Universidade de Cruz Alta.* Acesso em: 11 Ago. 2016.

<http://www.pucrs.br/pos-graduacao/especializacao/>. *Faculdade de Direito PUCRS.* Acesso em: 11 Ago. 2016

<http://www.portalfai.com/>. *Faculdade dos Imigrantes.* Acesso em: 11 Ago. 2016

<http://www.fmp.edu.br/graduacao/184/grade-curricular/>. *Fundação Escola Superior do Ministério Público.* Acesso em: 11 Ago. 2016

<http://www.pucrs.br/humanidades/curso/servico-social/#curriculo>. *Faculdade de Serviço Social PUCRS.*Acesso em: 11 Ago. 2016.

<http://www.cesfar.edu.br/painel/_imagensfck/file/_2016_NOVAMATRIZ_DIREITO_ultima-versao.pdf>. *Centro de Ensino Superior Cenecista de Farroupilha.* Acesso em: 11 Ago. 2016

<http://ipametodista.edu.br/direito/curriculo-do-curso>. *Centro Universitário Metodista IPA.* Acesso em: 11 Ago. 2016.

<http://www.univates.br/graduacao/direito/disciplinas>. *Centro Universitário UNIVATES.* Acesso em: 11 Ago. 2016.

Impressão:
Evangraf
Rua Waldomiro Schapke, 77 - POA/RS
Fone: (51) 3336.2466 - (51) 3336.0422
E-mail: evangraf.adm@terra.com.br